科技部—宁波市部市合作国家软科学计划重大课题

走向智慧城市

我国智慧城市建设若干关键问题研究

《我国智慧城市建设若干关键问题研究》课题组 著

科学出版社
北京

内 容 简 介

本书针对全球化、信息化和城市化大背景下，现代城市发展所面临的突出难题，在总结和借鉴国内外智慧城市建设经验和相关研究的基础上，运用理论与实证相结合的方法，对智慧城市建设的系统架构、发展模式、评价指标、保障体系等关键问题进行深入研究，构建宏观和原则性指导我国智慧城市建设的概念性框架和要求，并依据这一概念性框架和要求，对宁波市智慧城市建设进行创新设计和系统规划，以期为我国智慧城市建设提供一个可供选择和推广的范本。

本书主要面向从事智慧城市建设理论研究和实践的城市管理者、学者及相关社会人士。

图书在版编目（CIP）数据

走向智慧城市：我国智慧城市建设若干关键问题研究/《我国智慧城市建设若干关键问题研究》课题组著.—北京：科学出版社，2014.6

ISBN 978-7-03-041101-3

I.①走… II.①我… III.①现代城市-城市建设-研究-中国 IV.①C912.81

中国版本图书馆CIP数据核字（2014）第129186号

责任编辑：杨婵娟 / 责任校对：刘亚琦

责任印制：李 彤 / 封面设计：铭轩堂

编辑部电话：010-64035853

E-mail: houjunlin@mail.sciencep.com

科学出版社 出版

北京东黄城根北街16号

邮政编码：100717

http://www.sciencep.com

北京建宏印刷有限公司 印刷

科学出版社发行 各地新华书店经销

*

2014年7月第 一 版 开本：720×1000 1/16

2022年2月第八次印刷 印张：18

字数：267 000

定价：86.00元

（如有印装质量问题，我社负责调换）

《我国智慧城市建设若干关键问题研究》
课题组

顾问：潘云鹤

组长：刘　奇

成员：陈炳荣　谢月娣　吴胜武　顾德道
高光耀　刘　伟　林承亮　阎　勤
钱斌华　闫国庆　熊德平　全继业
刘良华　陈　博

序

改革开放30多年，我国的城市化建设取得了令世界瞩目的成就。未来30年，推动城市化向更高层次的纵深方向发展，是践行中华民族伟大复兴“中国梦”的核心主题之一。

党的十八大报告提出，要“促进工业化、信息化、城镇化、农业现代化同步发展”。“智慧城市”是城市发展的智能型“升级版”，其建设就是用创造性智慧让城市更加巧妙地发展，让产业更加巧妙地升级，让生活更加巧妙地变好的进程。“智慧城市”建设处于“新四化”的结合位置，是城镇化2.0、信息化2.0和工业化2.0的深度融合。它既是加快推动“新四化”协调、和谐互动发展的有效抓手，也是促进创新驱动发展、推动产业转型升级、全面建成小康社会的有力举措。2013年年初，住房和城乡建设部（以下简称住建部）确立了首批90个国家试点“智慧城市”，随后又确立了第二批103个试点城市，“智慧城市”建设的号角从此在全国各大中小城市吹响，“智慧城市”的中国时代已经来临。

值此“智慧城市”的中国时代来临之际，我们需要清醒地认识到，我国的智能城市发展之路与西方发达国家相比，有很多不同：西方发达国家是在工业化、城镇化基本完成后推动信息化，而我国则是工业化、城镇化和信息化同时推进。城镇化并不是一场简单的“造城运动”，而是在基础设施建设和人口集聚基础上，以人为本，更加注重城镇的全面协调和可持续发展，促进城市服务水平提升和城镇产业转型升级的进程。因此，如何把我们对中国城市发展规律的认识提高到一个新的水平，落实到一个可执行的平台，走出一条具有中国特色的城市智能化发展道路，是当前一项重要而紧迫的战略任务。

有鉴于此，中国工程院在2012年启动了“中国智能城市建设与推进战略研究”重大咨询项目，专门研究中国特色智能城市建设的理论与实践问题，防止城市化的多种陷阱，促进我国走上一条更加智能的城市发展道路。其中，宁波市就被选取为6个典型城市之一进行重点研究。

宁波市是智能化发展起步早、总体建设水平比较领先的城市。早在2010年，宁波市委、市政府就出台了关于建设智慧城市的决定。在这短短三年多时间里，宁波市在“智慧城市”实践上取得了不少亮点。例如，围绕解决经济转型升级、城市管理服务创新、民生改善等重点问题，坚持试点先行，形成了“统筹式谋划、联动式推进、集约化建设、智慧化应用”的推进模式，建成了包括智慧物流、智慧健康、智慧城管等在内的国内领先的智能应用体系。再如，宁波智慧城市博览会连续成功举办，水平不断提高。这些工作都属于比较扎实的实践性探索。

而这本专著则体现了宁波市对“智慧城市”建设理论研究的创新性成果。它是“科技部—宁波市部市合作国家软科学计划重大课题”课题组立足于宁波市对“智慧城市”的理论探索和实践经验，并经过对我国珠江三角洲、新加坡、巴塞罗那等国家和地区典型城市的广泛考察调研，历时两年精心研究，多方征求意见，反复讨论，多次修改完善后所形成的总结性成果之一。它在总结和借鉴国内外“智慧城市”建设经验与相关研究成果基础上，结合我国“智慧城市”建设发展现状，对智能城市的系统架构、发展模式、保障体系和评价指标等若干关键问题，进行了深入、系统的理论与实证分析，丰富和发展了我国智能城市建设的理论体系。

该书内容充实,具有较好的理论价值和实践借鉴意义。第一,从内涵上,构建了我国智慧城市的“四四一一四四”内涵结构分析模型，为我国不同城市进一步植入自身的特殊要素，形成更加个性化的智慧城市提供了基础框架。第二，基于“人—物—问题”(PTP)系统架构认知模型，结合系统和空间分析原理，提出了智慧城市系统架构一般模型，进而阐述了不同城市建立其自身智慧城市系统架构时需要遵循的五项准则。第三，依据智慧城市定义，结合模式内涵及其“场景—动机—方案”（CFS）范式，按照推动主体、驱动因素、切入路径、资源投入来源四个分类标准，以及政府市场介入程度、城市发展战略、城市信息化水平、城市开放程度四大选择准则，提出了我国智慧城市发展模式的选择思路。第四，依据科学性、操作性、导向性、代表性等原则，根据智慧城市建设的主体、对象与过程及其互动关系的“主体—对象—过程”（SOP）模型，设计了我国智慧城市发展评价指标体系。

相信本书的出版面市，对于提高公众对我国“智能城市”发展道路的认识，帮助广大建设者走出一条有中国特色的“智能城市”发展道路，避免陷入“城市化陷阱”，会起到非常积极和有益的作用。也相信各界读者在阅读后，会有很多崭新的启发和收获，同时也会激发社会各界产生关于“智能城市”建设的更多的独到的创见。

我衷心地期待着集约、绿色、宜人、可持续发展的美好智能城市能够早日从蓝图转变为现实，更多地在我们国家涌现！

是以为序。

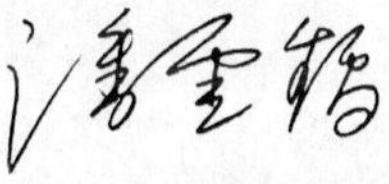

中国工程院常务副院长

中国工程院院士

2013年12月

前 言

纵观人类历史长河，城市作为人类社会发展的载体和结晶，一方面哺育和催化着人类城市文明的发展，另一方面也记载着人类文明进步的脚印。从石器时代河姆渡原始村落的形成，到2500年前璀璨的雅典城邦文明，再到18世纪蒸汽时代工业化城市的兴起，19世纪以电力、汽车和飞机等的广泛应用为特征的电气时代城市的进一步发展，以及20世纪中叶到21世纪初期以计算机、互联网、移动通信等应用为代表的数字化城市的演化历程，我们可以清晰地看到：城市依靠人类的创造性智慧，不断解决其在发展过程中凸显的矛盾与问题，从而向更高的层次演进，不断谱写人类文明新的篇章。

从社会发展的态势看，当前，全球已进入城市化发展加速期。20世纪初，世界城市人口仅2.2亿，并且主要集中在西方国家①；到2011年，世界城市人口36.32亿，城市化率达52.1%②，人口千万以上的城市达到31个，人口百万以上的城市超过280个，每天约有10万人从农村进入城市③；2030年世界城市人口将达到50亿，而亚洲将有一半区域实现城市化，有近10亿的农村人口将转移为城市人口④；据联合国测算，到2050年，世界城市

---

①④ 网易探索．2011-5-19．大都市时代的中国城市病．http://news.163.com/11/0519/15/74E79OV500014JHT.html．

② 中国发展观察．2013-1-11．世界城市化和城市发展的若干新趋势和新理念．http://news.xinhuanet.com/politics/2013-01/11/c_124220169.htm．

③ 成思危．2011-2-9．“智慧城市”需四大要素．http://nbsc.cnnb.com.cn/system/2011/02/09/010085378.shtml．

化率将会超过70%①。一些世界城市成为全球政治、文化发展交流的枢纽，同时成为世界经济的中心节点和重要增长极。然而，世界城市发展也面临着资源约束日趋突出、利益冲突日趋严重、运营环境日趋恶化等一系列共同挑战，城市化过程中交通拥堵、环境污染、住房紧张、健康危害、安全弱化等"城市病"也日益凸显，因此迫切需要建立起一套崭新的城市发展与运营模式，来解决城市可持续发展所面临的一系列难题。

从技术变革的视角看，在第三次工业革命背景下，以物联网、云计算、大数据等技术为代表的智慧化浪潮蓬勃兴起，方兴未艾。这种新兴革命性技术应用驱动下的新的经济模式将从根本上改变和重新塑造这个世界，城市文明发展范式也将随之发生根本性的变革和升级。这种城市文明范式的变革既包含了物联网、云计算、移动互联网、大数据等新一代智慧型信息技术的应用，也包括了技术应用所带来的政治、经济、文化、社会、生活方式等方面的变革，以及由此而来的城市运营模式和管理模式的深层次转型升级。我们可以将这种崭新的城市文明范式概括为"智慧城市"。

目前，智慧城市建设已经成为全球城市发展的共识。在国际上，美国、欧盟、韩国、日本、新加坡、澳大利亚等先进国家和地区普遍加快了智慧城市建设步伐，并形成了美国的奥克兰和迪比克、西班牙的巴塞罗那、瑞典的斯德哥尔摩、英国的曼彻斯特、韩国的首尔、日本青森、中国台湾桃园县等一批智慧城市典型。在国内，宁波、北京、上海、广州、深圳、武汉、南京、扬州、无锡、株洲、佛山等200余个城市提出了智慧城市的建设目标，其中，45个城市将其纳入区域"十二五"发展规划，用于指导区域未来的城市发展。2013年1月29日，住建部在国家智慧城市试点创建工作会议上，明确提出将智慧城市建设作为贯彻落实党中央、国务院城镇化战略部署的具体任务和扩大内需、启动投资、促进产业转型升级的新要求，并与首批90个试点单位签订了共同推进智慧城市创建协议；2013年8月，第二批103个智慧城市试点名单公布，智慧城市建设工作在我国各地广泛开

① 联合国人口议题. 2009-1-15. 世界人口趋势. http://www.un.org/zh/development/population/urbanization.shtml.

展。2013年11月21日，中欧智慧城市合作正式开启，工业和信息化部（以下简称工信部）与欧盟委员会通信网络技术和内容总司在中国和欧盟成员国中各选择15个试点城市，共同推进中欧智慧城市合作。智慧城市建设不仅仅是全社会关注的焦点、热点，而且已经成为国民经济与社会发展中的重要课题。

宁波作为我国首批对外开放的沿海城市和副省级计划单列市，以及长江三角洲南翼经济中心，在新一轮的城市大发展中，抓住了上海世博会“信息化与城市发展”主题论坛在宁波举办的契机，依托城市信息化总体水平领先和经济社会综合实力强等优势，在国内率先提出了智慧城市建设的构想，出台了《中共宁波市委宁波市人民政府关于建设智慧城市的决定》（甬党〔2010〕14号）和《宁波市加快创建智慧城市行动纲要（2011—2015）》，并将加快创建智慧城市作为“六个加快”重大战略之一纳入宁波市的“十二五”发展规划。

“十二五”以来，宁波以体制机制创新为关键，不断优化智慧城市发展环境，具体所采取的一系列创新性举措包括：第一，完善组织协调机制，成立了以市长任组长的宁波市智慧城市建设工作领导小组及办公室，各县（市、区）也相继建立了智慧城市建设领导小组及相应的办公室。第二，建立了宣传培训制度，运用网络、报纸、电视、广播等媒体开展智慧城市宣传推广工作，提高全社会对智慧城市建设的认知度，组织开展了各个层级的专题培训班，不断提升各级领导干部指导和推进智慧城市建设工作的能力。第三，强化政策扶持机制，市和县（市、区）政府出台专项扶持政策，推进智慧城市重点项目建设。第四，建立决策咨询和评估考核机制，成立了宁波市智慧城市规划标准发展研究院和智慧城市建设专家咨询委员会，为宁波智慧城市建设提供智力支撑。由市智慧城市建设工作办公室负责对县（市、区）和各部门进行年度智慧城市建设工作考核，保证智慧城市建设任务落到实处。第五，构建了合作交流机制，连续举办了多届中国（宁波）智慧城市技术与应用产品博览会，规模和影响力持续扩大，促进了国内外智慧城市建设全方位的交流与合作。第六，加强标准法规和信息安全保障机制建设，形成较为完善的智慧城市建设法规和标准保障体系，保障了全市信息网络的安全。经过三年多的努力建设，目前，宁波市的智慧城市建设在智慧基础设施建设、智慧应用体系建设和智慧产业发展等方面已取得了显著成效，建设成果正在更广泛地惠及民生。

智慧城市建设毕竟是一个全新的探索与实践。在智慧城市建设如同雨后春笋般在我国迅速展开的同时，我们也清醒地看到，当前我国智慧城市建设还处于初期的起步和探索阶段。不仅仅是普通老百姓，许多智慧城市的建设者和管理者对智慧城市的认识和理解尚停留在比较粗浅的层面上，智慧城市的发展愿景、建设目标与建设路径不清晰，缺乏对智慧城市高屋建瓴的宏观把握。这样很有可能造成诸如“资源共享困难、智慧应用滞后；评价体系不灵，整体效率不高；商业模式缺乏，持续能力不强；核心技术薄弱，信息安全脆弱”等一系列的突出问题，从而有可能使智慧城市建设陷入到一个高投入、高成本、高风险和低水平、低效益、低可靠性的困境当中。因此，从理论上梳理智慧城市建设的相关关键问题，形成建设共识，对于少走弯路、提高成效，达到智慧性地建设智慧城市至关重要。

我们认为智慧城市的内涵概念梳理，以及智慧城市的系统架构、发展模式、保障体系和评价指标体系这五个方面是当前智慧城市建设中亟须探索的关键问题。深入研究上述问题，不仅对于加深智慧城市建设的认识，明确智慧城市建设的目标、方向和路径，保障我国智慧城市的健康快速发展，而且对于探索具有中国特色的新型城市化道路，构建新型智慧型城市文明具有十分重要的现实意义和理论价值。

本书即是研究组在全面搜集、整理和分析智慧城市建设理论和实践资料及典型案例，全方位跟踪国内外智慧城市建设研究和实践的最新进展，同时调研考察了我国长江三角洲（以下简称长三角）、珠江三角洲（以下简称珠三角）、环渤海地区等地区 20 余个代表性城市，以及通过宁波市智慧城市建设部署、考核、调研所获取到的第一手资料基础上，经过课题组成员系统思考、反复论证和认真撰写，形成课题总研究报告后，进一步凝练完善所形成的最终成果。诚挚希望本书的研究与出版，能够对我国智慧城市建设的健康发展起到较好的推动和促进作用。

在理论上，本书取得的成果主要有如下几点。

（1）基本构建了我国智慧城市建设关键问题的理论体系。提出了“以人为本”、“集聚人的智慧”和“赋予物以智能”相结合，智能的技术和智慧的制度安排相融合的智慧城市建设新理念。率先对我国智慧城市建设的系统架构、发展模式、评价指标体系、保障体系等关键问题进行深入系统分析和研究，基本构建了我国智慧城市建设关键问题的理论体系。

（2）提出了智慧城市的内涵和系统架构。提出了智慧城市的内涵；构建了我国智慧城市的“四四——四四”结构模型；分析了智慧城市的系统架构特征；根据“人—物—问题”（PTP）智慧城市系统架构认知模型，提出了我国智慧城市系统架构的一般模型；阐述了系统架构构建过程中需要遵循的五项准则。

（3）提出了我国智慧城市发展模式的分析范式和选择思路。依据智慧城市发展模式的四大构成要素（发展主体、动因、路径、资源投入），按照推动主体、驱动因素、切入路径、资源投入来源等四个分类标准，根据政府市场介入程度、城市发展战略、城市信息化水平、城市开放程度等四大选择准则，提出了我国智慧城市发展模式的分析范式和选择思路。

（4）提出了我国智慧城市建设保障体系构成要素和构建思路。从认知、技术管理、制度、要素和组织五个方面构建了我国智慧城市建设的保障体系。智慧城市建设必须以认知水平为先导，以技术管理为基础，以资源要素供给为重点，以政策制度为根本，以组织协调为核心。

（5）建立了我国智慧城市发展评价指标体系。以推进科学发展、促进社会和谐为目的，根据智慧城市建设的主体、对象与过程及其互动关系的SOP模型，设计了我国智慧城市发展评价指标体系，比较全面客观地反映了智慧城市发展水平。

在研究方法上，我们进行了如下一些创新。

（1）多学科理论与方法的综合集成与运用。项目综合运用自然科学、社会科学、工程技术科学、管理科学与数学等学科的现代理论与方法，研究解决广泛涉及科技、经济与社会发展的复杂性问题，充分展示了软科学研究的优势与特点。

（2）理论研究与实践探索同步推进。在总结实践经验（感性认识）的基础上，提炼、概括、归纳出系统的理论观点（理性认识），并反过来指导新的实践，同时在新的实践中对理论体系进行不断的检验与完善，形成更新、更完善并能更有效指导实践的理论体系。

（3）跨地区、跨部门、跨学科联动推进，政、产、学、研、用共同推进。项目研究采取中央政府部门与地方政府会商合作的形式，涉及宁波、浙江、北京等多个地方，关系到行政、教育、科技、建设、生产、经营等多个部门，是一个由政府部门、产业部门、学术研究部门及广大用户等利益相关者联动推进的庞大的系统工程。

本书是课题组全体成员共同努力所形成的智慧结晶。其中，中国工程院潘云鹤常务副院长担任本书的顾问，中共宁波市委书记刘奇主持了本书研究工作，市政府副秘书长陈炳荣协助主持了本书，宁波市智慧城市规划标准发展研究院具体组织和实施了本书研究，宁波大学、浙江大学宁波理工学院、浙江万里学院、宁波工程学院等高等院校，以及宁波市政府发展研究中心等科研院所的部分教授、博士参加了本书研究，研究过程中得到了科技部、工信部、中国工程院的大力支持，北京、上海、重庆、广东、江苏、湖北、浙江等地有关部门和相关城市为课题调研提供了大力支持，在此课题组一并真诚致谢！

尽管我们做出了很大的努力，书中仍难免存在一些不足和偏颇，敬请各位领导、专家和读者批评指正，以便日后再版时修改完善。

《我国智慧城市建设若干关键问题研究》课题组

2013年12月

目录

第一章 绪　论

第一节　智慧城市研究的意义

（1）充分利用新一代“智慧”型信息技术，解决快速城市化进程中所面临的可持续化难题，实现城市文明的再升华，是当今城市现代化发展的核心特征和基本态势。

进入21世纪，随着全球化、信息化和城市化步伐加快，世界城市正以史无前例的速度和规模快速扩张，人类已经开始全面进入城市社会。

然而，伴随着快速城市化的进程，受各类资源和条件约束，城市可持续发展中的一系列问题和矛盾日益凸显：交通拥堵、环境污染、住房紧张、健康危害、安全弱化，等等。如何积极有效地应对城市化过程中显现的资源约束日趋突出、利益冲突日趋明显、运营环境日趋艰难等一系列严峻挑战，已成为城市现代化进程中必须认真思考和严肃对待的关键性问题。

有学者戏称：“城市化，干得好成欧美，干不好成拉美”，并从现实角度出发，列举了我国城市化过程中存在的六大问题：内涵模糊、格局模糊、路径模糊、速度模糊、功能模糊和规模模糊（刘奇，2013）。兰惠（2013）认为，城镇化推进过程中面临的三大突出问题是：第一，城市的规划、建设和发展的问题；第二，城市管理和运营问题；第三，城市的功能问题。城市学家弗里德曼（J. Friedman）认为城市化不仅包括非城市景观向城市景观转化的地域推进过程，更包括非物化的文化与生活方式

（包括价值观、态度、行为等）的变迁（康就升，1990）。城市学家霍华德（Ebenezer Howard）在1965年出版的《明日的花园城市》（Garden Cities of Tomorrow）一书中，从生态学和社会学的视角出发，绘制了一幅城乡一体化发展的绿色田园城市美好愿景。事实上，城市作为一个典型的巨型复杂系统（Santa Fe Institute，2013），其城市化进程是一个经济的、社会的、政治的、技术的、人口的、生态的等多方面综合演进的复杂过程。如何更好地规划城市、建设城市、运营和管理城市，为全体市民提供一个健康的、绿色的、智能的、高效的、幸福的、和谐的城市生活和工作环境，是所有城市建设者和管理者所必须要深入思考和积极实践的重大课题。

而从社会技术进步的视角看，3D打印、新能源、新材料技术等新的可持续发展技术层出不穷，尤其是以物联网、云计算、大数据等技术为代表的“智慧化”浪潮蓬勃兴起，方兴未艾。新兴的技术革命将从根本上重新改变和塑造这个世界，其在城市中的应用，也将为解决前述城市可持续发展中的挑战和问题，以及提升城市生活品质提供一种全新的“智慧化”的解决方案。可以预见，城市文明的范式也将随之发生根本性的变革和升级。这种城市范式的变革既包含了物联网、社交网络新一代“智慧”型信息技术的应用，也包括了技术应用所带来的政治、经济、文化、社会、生活方式等方面的变革，以及由此而来的城市运营模式和管理模式的深层次转型升级。这样一种崭新的城市文明范式，我们可以称之为“智慧城市”。

（2）作为未来城市文明的新范式，“智慧城市”建设已形成时代潮流，相关社会实践和理论探索正在向纵深发展。

“智慧城市”的提法最早起源于2008年IBM公司首席执行官彭明盛所提出的“智慧地球”理念。“智慧地球”的基本想法就是物联网的思想，即将传感器和芯片等嵌入和装备到全球的供电、交通、建筑、桥梁等公共基础设施，以及人们日常的生产和生活的系统当中，使得它们能够彼此连接和通信，从而构成“物物互联”的网络，实现对现实物理世界的跨时空的实时“感知”、“协同”与“控制”。同年，美国奥巴马政府上台后，为了应对全球性的金融危机，将“智慧地球”上升到国家战略，并作为新的经济增长点和技术制高点。

而“智慧城市”作为整个“智慧地球”战略中的核心组成部分，在全球范围内得到了广泛的推广和实践。智慧城市建设作城市信息化的进一步发展，受到境内外越来越多城市的关注和重视，成为世界先进城市创新发展的重要选择。

在国际上，近年来，美国、欧盟、韩国、日本、新加坡、澳大利亚等世界先进国家和地区普遍加快了智慧城市和智慧社区的建设步伐。据不完全统计，截至 2012 年年底，全球已有 400 多个城市明确提出和实施了智慧城市建设计划。新加坡 2006 年提出了“智慧国 2015 计划”，将信息通信技术应用到经济社会的各个领域，以提升国家竞争力。韩国 2006 年为满足市民及企业对无线互联的多样化需求，推出了 U-City（智慧城）计划，并以首尔（Seoul）为重点，开展 U-Seoul 智慧城建设。中国台湾 2008 年提出了“智慧台湾”建设（2009-2016）计划，专门制定了《I-236 智慧生活科技运用计划》，以智慧小镇（I-Smart Town）和智慧经贸园区 (I-Park) 为两个推动主轴，开展了智慧生活科技创新应用的试点示范。2009 年 9 月美国爱荷华州迪比克市与 IBM 合作，将城市的所有资源智能互联，打造出美国第一个“智慧社区”。荷兰阿姆斯特丹的智慧城市建设，体现了创新技术应用与城市居民行为转变相结合的理念，并在智慧工作、智慧生活、移动通信、公共场所无线网络建设等领域进行了大量的投资。英国爱丁堡、西班牙巴塞罗那、美国俄亥俄州的哥伦布、加拿大的多伦多、芬兰的奥卢、爱沙尼亚的塔林等许多城市也先后启动了智慧城市建设的实践。将智慧城市作为未来城市发展的重要目标和抓手，已经成为世界性共识，并正在掀起一股浪潮，形成不可阻挡的趋势。

在国内，宁波市抓住了成功举办上海世博会“信息化与城市发展”主题论坛的契机，在国内率先提出了智慧城市建设设想，出台了相关政策，并将加快创建智慧城市作为“六个加快”重大战略之一。继宁波之后，北京、上海、广州、深圳、武汉、南京、扬州、无锡、株洲、佛山等城市也纷纷把智慧城市建设纳入了“十二五”规划。据国家信息中心信息化研究部统计显示，2012 年年底，我国已有 154 个城市提出建设智慧城市的目标，有 70 多个城市完成了智慧城市的发展规划，其中 45 个地级以上城市（含 4 个省级城市和 10 个副省级城市）在其政府工作报告或“十二五”规划中正式提出建设智慧城市，各种有实无名的智慧城市建设更是难计其数，我国智慧城市规划和建设已经如火如荼，蔚然成势。

2013 年 1 月 29 日住建部在国家智慧城市试点创建工作会议上明确将智慧城市建设作为贯彻落实党中央、国务院城镇化战略部署的具体任务和扩大内需、启动投资、促进产业转型升级的新要求，并公布了首批 90 个（其中地级市 37 个，区（县）50 个，镇 3 个）国家智慧城市试点名单，与首批 90 个试点城市（区、县、镇）代表及其上级人民政府签订了共同推进智慧城市创建协议，联合国家开发银行合作投资 800 亿元，用于引导“十二五”后三年的智慧城市建设。据有关研究预测，“十二五”期间智慧城市建设的总投资将达 5000 亿～ 7000 亿元，可带来 2 万亿元以上的产业机会，“十三五”期间累计总投资将达到数万亿，带来 10 万亿元以上的产业机会和百万以上的知识型就业岗位①。

为适应智慧城市建设和相关产业发展的需要，在技术和产业发展层面，我国将智慧城市的关键支撑技术，比如物联网、车联网等，列入“国家重大科技专项”，将智慧城市相关的新一代信息技术产业、新能源、新材料等列入七大战略性新兴产业的核心成分；在理论研究层面，全国哲学社会科学规划办公室、中国工程院等机构和部门从软科学的角度出发，发布和启动了一批具有较大影响力的重大重点项目，如 2011 年国家社会科学基金重大项目“中国城市社会来临与智慧城市设计及发展战略研究”、2012 年中国工程院重大咨询项目“中国智能城市建设与推进战略研究”，以及本书依托的项目等。与此同时，各级政府、高等院校、科研院所和有关企业等，纷纷建立智慧城市相关研究机构，专门从事相关研究和实践工作。例如，本书的组织和实施机构——宁波市智慧城市规划标准发展研究院，是国

① 当前对于智慧城市投资预测的研究较少，课题组参考了有准确预测数据的《羊城晚报》和《民生证券》的预测结果。

内首家政府下属的智慧城市专业研究机构（2010 年成立）；同年，北京国脉互联信息公司与浙江大学软件学院合作，率先建立了具有校企合作背景的“浙大一国脉智慧城市研究中心”；2013 年，杭州电子科技大学依托本校电子通信和经济管理等学科的优势，挂牌成立了“浙江省杭电智慧城市研究中心”等。智慧城市相关研究成果也不断涌现。在中国知网上以“智慧城市”作为篇名进行检索，可以搜到 966 条期刊文献，其中 98% 的文献集中在最近四年（2010 年至今）；此外，近年来，以智慧城市为主题的论坛、博览会等也是精彩纷呈。

由此，无论是从理论还是实践，可以发现智慧城市建设在国内外已经形成一种不可阻挡的趋势，并不断取得新进展、新成果和新经验。

（3）智慧城市建设是一项艰巨而复杂的巨大系统工程，需要科学的理论指导。当前我国智慧城市还处于“摸着石头过河”阶段，加强我国智慧城市建设若干关键问题研究很有必要而且十分迫切。

智慧城市建设如同雨后春笋般在我国如火如荼展开的同时，我们也必须清楚地看到，智慧城市内涵深刻，外延宽泛，具有动态性、层次性和多维性特点，智慧城市建设是人类城市发展中从未有过的复杂而巨大的系统工程。著名城市学家刘易斯 • 芒福德（Lewis Mumford）曾经说过：“人类用了 5000 多年时间，才对城市的本质和演变过程获得了一个局部的认识，也需要用更长的时间才可以弄清它那些不为人知的潜在特性。”所以说只有进行深入的科学研究，把握其特点和规律，找准思路和切入点，才能科学推进智慧城市建设。

当前我国智慧城市建设不仅还处于起步和探索阶段，远落后于世界先进水平，而且存在诸多亟待解决的问题。一是缺少统筹管理和顶层规划。国家层面还未明确智慧城市建设牵头部门，也未形成总体规划设计，存在多头管理现象。各地智慧城市建设基础参差不齐，对智慧城市理解不一，低水平重复建设现象严重。二是重硬件建设，轻制度安排，政策法规滞后。在硬件建设上，全国仅大规模云计算区域中心就已建立十多个，远远超过现阶段需求水平。而智慧城市建设的制度设计滞后，相关法规和管理制度还很不健全，也未形成高效有序的管理组织体系，存在造成经济损失和社会不良影响的隐患。三是缺少核心技术及产品，技术支撑体系不健全。高端芯片、关键组件、基础软件等核心技术储备不足，大部分核心技术、产品依赖国外；基础技术研究、产品研发、成果转化等技术支撑能力不强。缺乏技术创新带动，发展后劲不足。四是信息安全隐患堪忧。由于部分关键核心技术依赖国外，甚至一些规划设计可能由国外的组织和企业主持或参与，可能造成国家安全隐患。五是缺少统一标准和规范。智慧城市建设覆盖诸多领域，目前缺乏统一的行业标准、建设标准和评估标准等来约束和指导，不同系统之间接口复杂，不易实现系统互联互通和信息的共享协同，有形成“信息孤岛”的可能。更为突出的是缺乏智慧城市必需的物联网、云计算等技术标准，若照搬国际组织控制的相关标准，未来要支付大量的专利费用，大大增加成本和风险。六是缺少合理的产业规划和良性循环的商业模式。智慧城市建设进程和产业发展不协调，对涉及的物联网、云计算等产业缺乏统筹规划、合理布局和有效支持。商业模式单一，智慧城市建设主要依靠政府的投资和管理，未能有效引入社会力量，不利于产业转型升级和发展方式转变。当前我国智慧城市建设尤其要防止陷入高投入、高成本、高风险和低水平、低效益、低可靠性并存的“泥沼”。

理论是实践的指南。我国智慧城市建设存在的问题，从根本上讲是我国智慧城市建设理论研究的不足所致。当前，我国智慧城市建设亟待符合我国国情的理论指导。然而，由于智慧城市在世界范围还是一件新鲜事物，智慧城市建设的诸多基本理论问题还没有得到解决，相应的学科也未系统建立起来，而且我国智慧城市建设还处于起步和探索阶段，中国特色的智慧城市建设内涵、系统架构、发展模式、保障体系、评价标准等关键问题，在理论上并没有形成共识，不少属于空白，相关问题的研究尽管十分热门，研究成果也是林林总总，但究其实质，则很容易发现，既有研究成果，不仅分散凌乱，而且往往就事论事，流于现象和经验的总结，以及基于主观判断的观点论述，缺少基于理论和实践相结合的系统和深刻的科学分析，还难以对我国智慧城市建设提供系统有效的指导。毫无疑问，我国智慧城市建设正在“摸着石头过河”，研究我国智慧城市建设的关键问题，对我国智慧城市的健康快速发展具有非常重要的现实意义。

第二节 本书的主要内容、研究思路、技术路线和方法

一、本书主要内容

（1）智慧城市建设的理论基础与经验借鉴研究。首先，通过对城市起源与发展的内在逻辑、世界城市发展的阶段与趋势、我国城市发展的问题与特征、我国城市发展的机遇与转型四个问题的分析，建立智慧城市建设的逻辑起点；其次，通过剖析技术进步与城市建设的关系，总结和分析智慧城市建设的现实，比较智慧城市建设的不同观点，揭示了智慧城市建设的演变规律；最后，比较系统地总结了欧美、亚洲及国内智慧城市建设的经验与启示，形成了研究的逻辑基点。

（2）智慧城市的概念内涵及其系统架构的构建。提出了全新的智慧城市概念内涵。从结构、功能等方面揭示了智慧城市系统架构的理论内涵，然后基于智慧城市系统架构的认知模型，从系统分析原理与空间分析原理出发，提出了我国智慧城市系统架构的一般模型和不同城市的智慧城市系统架构的构建准则。

（3）我国智慧城市的发展模式研究。在界定发展模式概念基础上，探讨了城市发展模式的概念内涵、智慧城市发展模式的分析范式和研究框架。研究分析了智慧城市发展模式的层次结构、构成要素和逻辑框架，进而探讨了智慧城市发展模式的四种类型和四个视角的选择准则；研究了国内外智慧城市发展模式选择的经验和启示；进而在剖析我国智慧城

市发展模式选择的背景和存在问题的基础上，提出了我国智慧城市发展模式的选择路径。

（4）我国智慧城市建设保障体系研究。在系统回顾和总结国内外智慧城市建设保障体系内涵和研究进展的基础上，通过国内外智慧城市建设保障体系实践的解读，构建了智慧城市建设保障体系的基本框架，详细论述了其基本构成要素。在深入分析我国智慧城市建设保障体系构建面临的问题与难点的基础上，提出了我国智慧城市建设保障体系构建的总体思路、基本原则及其依据、目标方向，最后对保障体系构建的路径进行了总体设计，提出了相应的策略。

（5）我国智慧城市发展的评价指标与方法研究。首先，对国内外已有的城市信息化评价指标体系进行概括和评述，然后，探讨国内外若干具有典型意义的智慧城市发展评价指标体系实践，评述其价值和局限。指出智慧城市发展评价指标设计的重要意义，并提出设计的依据、原则，探讨了设计重点的选择，以及智慧城市发展评价指标设计的 SOP 模型。进而遵循 SOP 模型，构建了我国智慧城市建设的评价指标体系及其综合评估方法。

二、研究思路和技术路线

以城市可持续发展为目标，广泛挖掘和科学吸收、利用已有理论资源，以适用的研究成果为起点，在充分认识中国智慧城市内涵及其建设特殊性的基础上，将智慧城市置于典型的开放复杂巨系统假设下，从历史与现实、经济和社会、技术和制度相结合的视角，依据“概念是反映客观现实本质属性的思维形式”，“概念的展开就表现为理论”的哲学认识，联系客观现实深入剖析基本概念，界定智慧城市建设的理论内涵，高度归纳我国城市社会面临的重大问题，将研究重点凝练到智慧城市建设在理论、技术和方法与时间层面能解决的范畴之中，注重把握城市社会的历史演进和发展趋势，在总结智慧城市建设理论与实践的基础上，围绕智慧城市系统架构、发展模式、保障体系、评估指标体系等关键问题，从战略体系、经济活动体系、社会活动体系、支撑体系和空间体系方面，探索具有科学依据与广泛适应性的智慧城市建设方案，应对当前和今后城市化进程中城市形态与经济、社会活动的动态均衡问题，从而为信息化、全球化背景下中国城市化发展的“智慧化”转型，提供理论和实证支持。

在系统总结国内外相关理论研究成果的基础上，结合国内外智慧城市建设经验及宁波智慧城市建设的当前状况，以“智慧城市概念、内涵、特征→国内外智慧城市建设经验与启示→智慧城市系统架构→智慧城市发展模式→智慧城市建设保障体系→智慧城市发展评价指标体系”为逻辑主线展开研究。

智慧城市内涵、特征是本书研究的逻辑起点，智慧城市建设系统架构和基本模式是本书研究的逻辑重点，智慧城市发展的评价指标体系是本书研究的逻辑延展，智慧城市建设的保障体系是本书研究的逻辑终点和新起点。具体研究技术路线如图 1.1 所示。

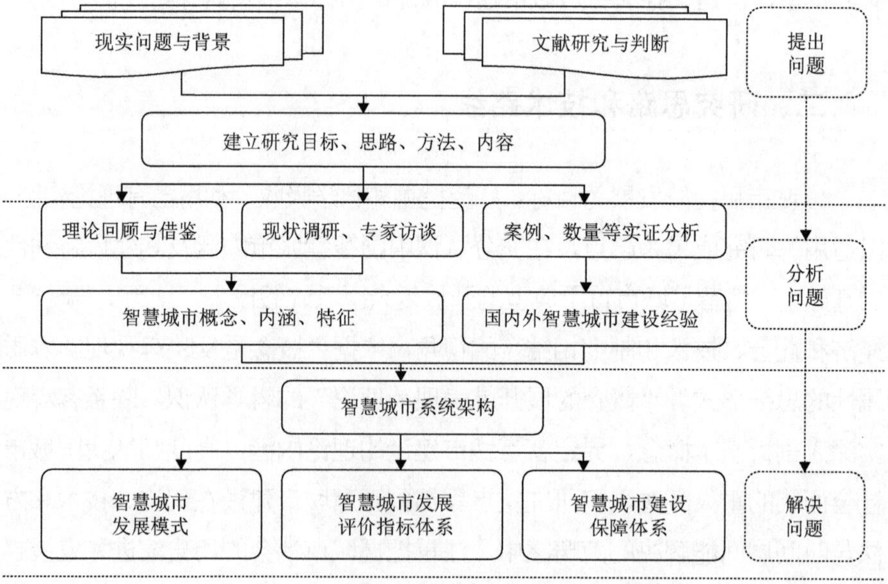

图1.1　技术路线图

三、研究方法

1. 总体方法

（1）文献研究与实地考察相结合。在对大量中外文献进行调研的同时，实地考察国内外有关智慧城市建设的现状，以掌握智慧城市建设的现实基础、主要挑战及未来努力方向。

（2）理论推演与实证研究相结合。在文献研究的基础上，运用分析与综合、归纳与演绎等科研方法，结合对特定样本城市智慧城市建设案例共性与特性的识别、分析，对城市创新发展的新方向，以及智慧城市建设的基本内容、主要特点、普遍规律、基本模式与发展趋势等进行探索性研究。

（3）定性研究与定量研究相结合。综合运用观察与实验、假设与推理、分析与比较、还原论与整体论，以及数学、统计学、计量经济学等学科的一系列方法，确立智慧城市建设的各项评价指标，构建智慧城市建设的评价指标体系，并明确各项评价指标在评价指标体系中的相应权重。

（4）系统分析与重点研究相结合。全面、系统地分析智慧城市建设的各项保障措施及其内在逻辑关联，构筑智慧城市建设的保障体系；并基于宏观管理的视角，重点研究政府管理部门在智慧城市建设中的角色分工、功能定位、政策工具以及保障手段。

（5）理论研究与实践探索相结合。在实践探索的基础上，提炼、概括出相应的智慧城市建设理论，以指导下一阶段的实践活动。如此循环往复，推动智慧城市建设理论研究与实践探索不断深入。

2. 具体方法

（1）智慧城市的内涵、特征、目标定位研究方面：通过文献研究和专家访谈确定智慧城市内涵的理论定位；通过国内外智慧城市建设现状调研和统计数据分析明确智慧城市发展的目标定位。

（2）国内外智慧城市建设经验与启示研究方面：在文献调研与实地考

察的基础上，把握国内外智慧城市建设的基本状况，概括、归纳出国内外智慧城市建设的主要经验，并进而探讨其对中国智慧城市建设的启示。

（3）智慧城市建设系统架构研究方面：采用文献归纳和哲学思辨的方式，分析相关概念；采用类比的方式，剖析智慧城市的系统架构；从认知的视角，采用系统分析和空间分析的方法，同时基于国内外相关实践，建构智慧城市的系统架构。

（4）智慧城市建设的发展模式研究方面：综合运用管理学、社会学、历史学、统计学、数学、制度经济学、技术经济学、演化经济学等学科的理论与方法，运用逻辑分析、归纳与演绎，以及科学抽象等思维工具，总结、概括出具有推广价值的智慧城市建设基本模式。

（5）智慧城市建设保障体系研究方面：利用实证研究和理论推演相结合的方法，分析智慧城市保障体系建设的基本内容；运用专家建议和民意调研相结合的方法，论证实现智慧城市建设对政府管理的要求；结合主管部门会议讨论与民意测评确定保障体系建设的原则和目标方向。

（6）智慧城市发展评价指标体系研究方面：采用归纳对比的方法，比较和评价各个典型智慧城市评价指标体系；按维度分解解构智慧城市发展评价，运用系统建模法和面向对象法构建智慧城市指标体系；运用专家打分结合层次分析法（AHP）判定各级指标的权重。

第二章

智慧城市建设的理论基础和实践经验

第一节　智慧城市建设的逻辑起点

一、城市演化与发展的一般原理

城市作为一个人工系统，既是人类社会发展的结晶，也是人类交互作用的载体。它一方面哺育和催化着人类城市文明的发展，另一方面也记载着人类文明进步的脚印。

（一）概念溯源、城市形态与本质

“城市”，顾名思义，就是“城”和“市”的有机结合。“城”，强调的是城市的防御和保护功能；“市”突出的是城市的经济和社会功效。

显然，城市最初起源于“城”和“市”。或者由于军事目的先设置“城”，然后再衍生出经济功能在“城”内设置“市”；或者由于农业、手工业、商贸业的繁荣和发展，或者交通要道等因素，造成人口集聚，也就是先有“市”，而后才有“城”。作为人类社会的集聚区，在生生不息的演化动力机制的作用下，“城”和“市”进一步地融合，其内涵与外延不断得到拓展和升华，于是才有了今天外在形态和内在精神丰富多彩的人类城市，而这正是人类城市演化发展的历史逻辑。正如著名城市理论家刘易斯（Lewis，1961）极为深刻地阐述道：“城市从无到有，从简单到复杂，从低级到高级的发展历史，反映着人类社会自身同样的发展过程。”

城市形态是城市物质形状和文化内涵等演化的外在呈现。在城市发展的历史长河中，不同的资源禀赋、初始水平、外部环境，以及经济结构、社会结构、科技水平和生活方式、民族心理、文化特征等，构成了城市的特定形态，并呈现出动态性、多样性、层次性、多维性、结构性特征。

城市作为一个国家或地区的政治、经济、文化中心，是物质文明和精神文明的重要载体，其价值主要体现为城市所具有的功能——在一定区域范围内所体现的政治的、经济的、军事的、文化的、外交的、交通的、教育的、娱乐的等方面功能和影响力的综合。城市经济学和城市社会学的普遍观点认为：城市的本质是集聚，尤其是人的集聚（单文慧，1998），以及由此带来的集聚效益（刘歧等，1990）；是人类为满足自身生存和发展需要而创造的人工环境（纪晓岚，2002）；个人与群体频繁互动的社交活动网络构成了城市的深层次结构（单文惠，1998），而这正是城市充满生机与活力的真正原因。从人本主义的观点看，城市集聚的目的是对人的关注和人的完善（杨红，2010），是为了更好地服务于人。“城市乃是人类挚爱的一部分，因而最优化的城市经济模式应是关怀人和陶冶人”（Lewis，1961）。因此，可以用一句话来概括城市的本质，那就是“城市让生活更美好”。

（二）城市内涵的不同理解与观点

不同的学科从其自身所关注事物的视角出发，对城市内涵有着不同的诠释。从人口学的观点看，城市是人口高度聚集的地区，人口规模和密度是判断城市的标准（尤建新，2006）；地理学的观点认为，城市是“地处交通环境方便的、覆盖有一定面积的人群和房屋的密集结合体”，“其内部结构各部分表现出适当的差异，城市生活的发展也达到足够的广度，并且有明显的中央性”（李伯重，2001）；马克思和恩格斯（1972）从经济学的角度进行了阐释，认为“城市本身表明了人口、生产工具、资本、享乐和需求的集中，而在乡村里所看到的却是完全相反的情况，孤立和分散”；英国经济学家巴顿（1984）认为，“城市是一个坐落在有限空间区域内的各种经济市场要素和资源，比如住房、劳动力、土地、交通运输等，相互交织在一起汇聚而成的网状系统”，也就是“各种活动要素在地理上的大规模集中”；从生态学的视角看，“城市一方面体现了人对自然改造的水平与成果，另一方面又对人产生重要的影响和作用”（韩世友，2007），突出强调环境这一城市赖以存在的承载体的珍贵性；刘易斯突出强调城市的文化和精神内涵，认为“城市的主要功能是化力为形，化权能为文化，化朽物为活灵灵的艺术形象，化生物繁衍为社会创新”（Lewis，1961）；法国地理学家潘什梅尔（Philippe Pinchemel）（1980）认为：“城市既是一个景观、一片经济空间、一种人口密度；也是一个生活中心和劳动中心；更具体点说，也可能是一种气氛、一种特征或者一个灵魂”；刘金祥（2012）从城市文明的角度进行了阐述，“城市是一本打开的书，从中可以看到它的文化抱负”，“城市文化选择决定城市文明走向，……，城市文明的凝聚力、影响力和辐射力很大程度上取决于城市精英和市民创造的人文精神和人文力量”；而从整体论和系统论的观点看，城市则是一个巨型复杂的综合系统，其功能的发挥依赖于内在成分的有机协同与协调，而这恰恰就是“智慧城市”之所以能显示出“智慧”的缘由。

事实上，城市的确是一个多功能的综合体，是自然、历史、政治、经济、社会、技术、军事、文化等多方面的积淀，且处在持续不断地演化和变迁中。就像一部人类创作的唯美的动态的艺术品，从不同视角进行审视，都会看到一副别样的变化的风景。理解城市的形成与发展的逻辑，必须透过城市形态，抓住城市的本质。

（三）城市发展的关键要素

城市发展是一个综合嬗变的过程，包括城市形态变化、功能提升、经济升级、文明升华等方面内涵，涉及城市定位、城市条件和城市结构等关键要素。

城市定位是制定城市发展战略的基础，简单地说，就是决定城市在一定历史时期在一定区域范围内所扮演的个性化“角色”及其发展方向，具体而言，包括城市主题、目标定位、城市形象、个性特色、功能确定、文化气质等内容，因此必须综合考虑政治、经济、区位、历史和文化等各方面因素，构建靓丽的城市“名片”。城市条件既是城市发展的基础，又包含了城市发展所需的资源，它包括自然资源（基础）和社会资源（基础）两大方面，其中，自然资源指的是城市所拥有的地理区位、动植物、矿产、山川河流等自然条件，社会资源包括城市历史和文化的积淀、各类基础设施、经济基础、人口基础、科技基础、医疗卫生教育、社会制度等方面的基础，以及经过劳动创造的各种物质财富。城市条件是我们思考和决定城市发展战略的基本出发点。城市结构是城市发展的标志，主要包括产业结构、经济结构和社会结构等，其中产业结构是城市持续、健康发展的重要支柱，正在日益影响和改变着城市的发展水平，成为城市转型的关键所在。城市发展必须首先思考清楚以上三个方面的关键要素，才能为新的历史条件下城市的新一轮大发展大升级奠定坚实基础。

二、世界城市发展的历史与趋势

城市的发展史，就是一部人类依靠自身的智慧，不断克服城市在发展过程中出现的矛盾与问题，从而使城市向更为发达的方向和更高的层次演进的历史。

（一）世界城市发展简史

自新石器时代，原始人类开始集聚，逐步产生原始村落。这种较为稳定的原始村落为人类的繁衍、营养和防卫提供了最大的便利条件——正是由于分担劳作和对幼儿的照顾，使得人口规模得以逐步扩大（刘易斯，2005）。逐渐地，村落的不同地理空间位置分化呈现出不同的功能：农田、集会地、道路、农舍、祠堂、蓄水塘、猪圈、议事厅、集市，等等。正是在这个分化的基础上，逐步形成了今天城市的功能和文化、制度的雏形。但是，原始时期的村落也往往依附于各种超出掌控能力的自然力的影响——洪灾、雷电、瘟疫等（刘易斯，2005），从而造成村落人口的锐减和村庄形态的变化。

随后，在悠久而漫长的农业社会时期，村庄因为政治的、经济的、文化的、社会心理的、宗教的等种种因素而不断地生长繁荣——其数量不断增加，其地理空间不断拓展和连接，其人口密度不断增长，从而形成城镇、都市、大邑、城堡和关隘。在这个基础上，发生更大人口规模和空间尺度的社会交往与社会活动：贸易、生产、祭祀、繁衍、战争、狩猎、教育、运输、徭役和赋税，等等。在城镇中，人们的身份进一步地分化：官吏、手工艺者、商人、农民、渔夫、士兵和僧侣，等等，社会分层逐渐显著；在地理分布上，逐渐形成统治者的宫殿、神庙、城墙、军营、仓库、府衙和学堂，等等，希腊雅典城邦、奥古斯都统治时期的罗马城和我国长安、开封等都城等都是一些典型的代表。但是这个时期的城市也往往受制于住所的阴暗潮湿、街巷的狭窄拥挤、传染疾病和虫害的肆虐、城市的排泄排水等方面的影响（科特金，2010）。

到了 18 世纪，随着纺纱机、蒸汽机和抽水马桶等一系列发明的问世，人类社会从农业时代跃入工业时代，工业化日益成为城市发展最重要的推动力量之一。城市既是工业革命的摇篮，又因工业革命得到快速发展。许多城市也一跃成为世界上最具经济活力的区域（科特金，2010）。大机器生产加速了城市化进程，越来越多的人从农村转移到城市，城市数量和规模成倍扩大。以英国约克郡布拉德福德（Bradford）为例，它在 1810 年还是一个人口为 16 万人的小城；但到了 19 世纪前半期，其工业产量增长了 600%，人口以爆炸式增长，达到了 103 万之多（科特金，2010）。第一次工业革命深刻地改变了城市的面貌：一系列的新技术发明、卫生医疗条件的改善和相关改革立法，降低了婴儿死亡率，总体上改善了城市生活条件；但是也出现了贫富分化所导致的贫民区，以及工业生产所带来的废气、废水和噪声等环境污染问题。

进入19世纪以后，电力、汽车和飞机等技术的发明和应用，使得人类城市进入到电气化的崭新阶段。城市面貌进一步发生深刻变化：一幢幢摩天大楼拔地而起，夜晚的城市灯火通明、霓虹灯闪耀，纵横交错的街道和桥梁上车来人往，铁路和飞机航班穿梭在城市之间……

到20世纪中叶，计算机、移动通信、互联网等信息技术的兴起，使得现代城市进一步向数字化城市演化：电子化的办公、政务、娱乐和传媒，全球化的企业经营管理活动，精密的数字化生产制造、发达的全球化的证券股票交易、繁荣的网络化电子商务活动，等等。城市人口进一步快速膨胀，城市化的进程正在以史无前例的速度快速推进。

上述城市的演进史充分展示了人类从蒙昧未知的状态到繁荣发达的社会状态演化的历史过程，城市的外在形态（如空间地域、地貌环境、基础设施等）和内在精神（如城市文化、生活方式、素质修养）随着人类社会、经济、文化、政治、技术的变迁而不断发生跃迁和升华。

（二）世界城市发展新趋势

在经济全球化和新技术革命日新月异的时代，发达国家正由工业化迈向后工业化时代，城市经济、社会、生活及其功能、形态正在发生着深刻变化，城市发展呈现新趋势。

在城市经济方面，随着工业化与城市化的快速发展，城市经济发展方式加快转变、产业结构不断优化升级。一方面工业在城市经济中的比重开始下降，服务业不断提升，城市产业结构由“二一三”向“三二一”转变，城市经济由工业型经济向服务型经济转变。另一方面为了进一步提升城市竞争力与承载力，解决城市发展中存在的问题，需要不断提高信息经济、知识经济在城市经济中的比重，提高新兴智慧产业发展水平，形成资源消耗少、效益高的城市产业结构，形成更具竞争力的城市经济发展方式。

在城市社会方面，一方面随着城市经济社会活动的发展，城市功能日趋多样化、复杂化，城市不断发展成为政治、经济、文化、金融、商业、信息、娱乐、体育和交通等各种活动的中心。另一方面城市发展趋同化情况逐渐改变，城市更加注意立足自身自然和人文条件，立足于社会和经济基础，以满足居民个性化需要为出发点和落脚点，进行合理的定位、科学的规划，努力将自身建设成为个性突出、特色鲜明的城市。城市个性化和独有的历史文化特质不仅满足居民的个性化需要，而且成为现代城市竞争和发展的新需要。

在城市生活方面，一方面城市居民从追求财富积累和物质消费逐渐向追求生活质量转变。人们对影响生活质量的城市公共事业、社会关系和环境质量等，给予了更多的关心，并自觉地参与到城市的发展、建设、决策、服务管理事务中，成为城市发展的决策参与者和服务管理参与者。另一方面社区成为居民社会化的体现，也是社会化的组织形式。居民生活社区化成为城市发展不可阻挡的趋势。

在城市布局方面，一方面城市发展呈扩散化趋势，现代化交通运输网络的发展，以及信息网络对交通运输网络的补充，大大拓宽了城市的活动空间，使城市得以延伸其各种功能的地域分布，使城市发展呈现扩散化趋势。扩散化趋势引导了城市产业和人口的疏散，使其部门职能外迁，使城市外围出现了一些新的作为制造中心的区域，促进了城市郊区化的发展。另一方面，城市发展呈现集聚化趋势。不仅表现在大城市数量急剧增加，而且出现了超级城市（400 万人以上）、巨城市（800 万人以上）和大都市区等组织形式，大城市化趋势明显，城市群（圈）和大都市带的不断出现。在经济全球化的形势下，这些城市往往是信息最大化及传输完善化的地点，也是区位条件最好、人口规模最大化的地点。

在城市目标方面，从单一的经济增长型向生态型、和谐化的城市目标迈进。工业革命后的城市，以工矿企业发展为核心和动力，将经济增长作为城市发展的核心目标，城市在成为工业发展主体的同时成为主要污染源，随着环境意识和可持续发展深入人心，维护城市生态平衡，促进城市和自然更加和谐，已成为城市发展的共同目标。相应地，城市也开始循着“生产型城市—消费型城市—生态型城市”的路径转型升级。

三、我国城市发展的问题、机遇和转型

（一）我国城市发展现状与特点

改革开放以来，我国城市化伴随着经济发展而不断加快，城市数量从1978年的193个，1980年的223个，上升到2012年的660个以上，而且截至2013年4月底全国已有至少138个县提出了撤县设市。城市化率也从1978年的15.82%跃升至2012年的52.6%，全球50万以上人口的城市有1/4在中国。党的十八大更是从前所未有的战略高度提出了我国城镇化发展目标，并将城镇化作为我国未来经济社会发展的重要标志和主要抓手。据世界银行估计，2020年中国城市化率将超过60%，100万以上人口的大城市将突破80个，2030年中国城市化率将达到70%，将拥有44个人口超过4百万的城市，2040年中国城市人口将超过10亿人[①]。

我国的特有国情，决定了城市发展具有不同于西方发达国家的特点。

（1）从城市发展的指导思想看，强调深入贯彻落实科学发展观，坚持将发展作为第一要义，将以人为本作为核心，统筹兼顾，以实现全面协调可持续发展。

（2）从城市发展战略看，中国的城市发展正在由以特区、新区、园区为载体的“点状带动”向以综合配套改革试验区为载体的“面状带动”发展，由东部沿海地区向中西部内陆地区纵深发展，由区域间不均衡发展向相对均衡发展转型，由单纯的体制改革向体制改革和发展方式转变的双重演进发展。

（3）从城市化道路看，我国城市发展呈现出工业化、信息化与城市化加速融合推进，集中型城市化与分散型城市化同时推进，城市化与城乡一体化同时推进，大中小城市与小城镇协调发展的新特点。

（4）从城市治理方式看，中国城市发展在法制建设与政策制定层面上

① The World Bank. 2014. Urban China: Toward Efficient, Inclusive, and Sustainable Urbanization. http://www.worldbank.org/en/country/china/publication/urban-china-toward-efficient-inclusive-sustainable-urbanization[2014-04-20].

呈现转折与突破，有关城市规划、城市土地管理、城市经济管理、城市就业管理、城市环境建设等一系列新政法规纷纷出台。

（5）从城市发展方式来看，由原先注重城市外延扩张逐渐向城市内在质量提升转变，由粗放型向集约型转变。

（6）从城市发展重心看，由单纯注重经济增长向同时关注社会发展和民生改善转变。

（二）我国城市发展中产生的问题

当前，我国正处于城镇化快速发展阶段，我国以往的城市化建设已经取得了令世界瞩目的突出成就，但急速扩大城市规模也带来了一系列不容回避的问题。

（1）城市人口严重超载。当前，全国很大一批城市，特别是流动人口过快增长的城市都面临着非常突出的人口过度集中的问题，不少城市已感到不堪重负。城市人口扩容，外来人口增多，给城市带来了繁荣，也带来了一系列隐患。人口过度集中，给城市交通、土地、空间资源、水资源和环境资源等方面的管理造成了很大的困难。流动人口管理、户籍制度管理、城乡结合部的管理等也逐步成为我国城市管理与发展的新课题甚至新难题，若处置不当，可能会成为社会矛盾的爆发点、激发点。同时，城市人口素质整体偏低，15 岁以上人口平均受教育年限仅为 8.5 年。老龄化社会已经来临，“未富先老”问题已经突显。这些都给城市人口管理带来挑战。

（2）城市基础设施建设滞后。由于历史欠账多、人口集聚快、资金需求大、建设周期长、运行效率低等原因，城市基础设施建设仍然滞后于经济社会发展需要。突出表现在交通设施软、硬件严重不足，交通拥堵状况严重；城市配水、排水、供气管网不能适应城市发展的需求。造成城市基础设施供给不足的主要原因是投资不足和需求的过快增长。而基础设施运营管理的方法、手段、理念落后，往往造成已建成的设施不能充分发挥作用，这也是城市基础设施有效供给不足的一个原因。此外，规划、设计的指导思想传统，不符合可持续发展原则和要求也是造成城市基础设施供给不足的另一原因。

（3）城市基本服务供需矛盾突出。住房、医疗、教育、交通等城市基本服务与城市居民的需求和期待存在较大差距。住房方面，除了房价过高不堪重负之外，住房的绿色化、智能化、安全化等方面的步伐缓慢。医疗方面，人均医疗资源与发达国家存在很大差距，医患矛盾较为普遍，“看病贵”、“看病难”等问题突出。教育方面，优质教学资源远远满足不了城市居民的需要，学校教学以校园内封闭式教育方式为主，教学资源垄断有余、共享不足。

（4）城市经济发展方式未实现根本转变。各城市普遍盲目追求产量和总量的提高，产业结构和产出绩效相对被忽视。据《2012 年国民经济和社会发展统计公报》，相对于第二产业，各城市第三产业发展相对滞后，2012 年，中国第三产业占 GDP 比重为 44.6%。在招商引资、产业确立方面，恶性竞争、重复建设、结构趋同等问题严重。就产业的技术结构而言，改革开放以来，中国城市总体上仍然沿袭传统的高投入、高产出、低效率的经济增长方式，企业研发动力不足，技术进步缓慢，科技进步在经济增长中的作用较低，高技术含量的生产能力不足，产业层次整体水平较低。

（5）城市资源供给约束日益趋紧。首先，水资源严重短缺。中国水资源人均占有量不足世界平均水平的 1/4，同时时空分布不均。据水利部《关于加强城市水利工作的若干意见》，我国 660 个建制市中，缺水城市占 2/3 以上。其次，人地矛盾尖锐。中国人均国土面积仅及世界平均水平的 35％，人均耕地面积仅为世界人均水平的 40%。城市人口增加与城市建设用地供给不足的矛盾突出，城市土地利用效率低下，已经成为制约城市发展的重要瓶颈。再次，能源缺口大。中国人均能源资源拥有量较少，随着经济快速发展，能源消费逐年上升，能源供给缺口和低利用效率已成为影响城市经济可持续发展的重要因素。

（6）城市环境隐患严重。一是城市空气质量不容乐观。据环境保护部《2012 中国环境状况公报》2012 年全国六成城市空气质量不达标，全国 113 个环境保护重点城市中，没有一个城市的空气质量达到一级标准；44.2% 的城市达到二级标准；48.7% 的城市达到三级标准；还有 7.1% 的城市为劣三级。二是城市水环境质量令人担忧。随着工业化步伐加快，水资源的污染不断加剧，而不少城市对水环境的保护力度不足，污染问题日益突出。三是固体废弃物治理有待提高。长期以来，固体废弃物和生活垃圾一直困扰着中国城市环境，一些大城市不同程度地存在垃圾“围城”现象。

（7）城市管理服务水平亟待提高。在我国快速工业化、城市化进程中，城市管理效率和服务水平低下的问题凸现出来。“条块结合、以块为主”的传统城市管理模式，金字塔式的垂直科层组织管理体系，加之管理技术手段落后，既造成了目前城市管理权责不对称和职能分割过细等问题；又导致信息传递失真与反馈迟钝，决策科学性受到影响。2012 年英国《经济学人》杂志智库公布的全球最具竞争力城市的最新调查报告显示：在全球城市综合竞争力、硬件设施、制度与机构效率、社会文化排名上，全球前 30 位均无中国大陆城市上榜。

（三）我国城市发展所面临的难得的机遇

我国城市快速发展中面临着严峻的问题，但随着日新月异的信息技术革命，经济发展方式转变和产业转型升级加快，城市治理方式不断创新，给我国城市发展带来了难得的机遇。

（1）新一代信息技术发展和应用正孕育着新的重大突破，为城市向智慧化发展带来新的契机。随着以物联网、云计算、下一代互联网、下一代广播电视网络、无线宽带等移动网络技术为代表的新一代信息技术的发展，信息技术向集成化、智能化方向发展和信息网络向宽带化、融合化方向发展的趋势更加明显。基于新一代信息技术的各类新兴智慧型产品的研发制造和智慧技术的广泛应用，使得城市建设管理和经济社会发展各领域的信息化水平得到极大提升，也为城市向智慧化发展带来新的契机。与此同时，信息技术与其他产业技术的融合进程不断加快，融合领域不断扩展，融合程度不断加深，从而促进了新兴产业的发展，形成城市发展新的经济增长点，为新一轮城市的发展带来了新的契机。

（2）发展方式转变和产业转型升级的战略取向，为城市发展提供了新的思路和不竭动力。面对后金融危机和日趋激烈的国际市场竞争，经济全球化的步伐进一步加快，区域合作的关联度越来越强，世界各国都在采取各种办法寻找新的经济增长点，新一轮的产业竞争和市场竞争不可避免。在我国未来较长一段时间内，经济发展方式转变和产业转型升级将是核心任务，也将贯穿整个经济社会的发展过程。城市作为经济社会发展的重要空间载体，不仅具有人才、技术、市场等多方面优势，而且城市经济在整个国民经济中的地位也将持续上升。城市经济发展方式转变及产业转型升级是否成功，直接决定着我国整体经济发展方式转变及产业转型升级的结果。所以，我国整个发展方式转变和产业转型升级的战略推动，为城市发展带来新的思路与不竭动力，也为城市经济转型与升级提供了难得机遇。

（3）城市化进程加快对城市建设提出了内在需求。目前，世界城市化率已经超过 50%，其中发达国家一般都在 80% 以上，但《中国城市化率现状调查报告》显示：改革开放以来，中国城市化进程发展迅速，城市化率由 1978 年的 15.82% 提高至 2012 年的 52.6%。按照国际通行标准，城市化率在 30% 以下为初期发展阶段，30% ～ 70% 为中期加速阶段，70% 以上为后期成熟发展阶段。按照这一标准，中国目前进入了城市化的中期加速发展阶段。在 2050 年之前，中国的城市化率如果提高到 70% 以上，这就意味着城市化率每年平均需提高 1% 左右（即每年有 1000 万 ~ 1200 万人从农村转移到城市）。城市化进程的加快不仅对城市建设及承载的功能提出了更高的要求，而且也促进了城市发展理念、管理模式、运行方式等方面的改变。所以，城市化进程加快对城市建设也是一次很好的机会。

（4）现代社会治理模式的构建为城市发展带来新机遇。工业化、信息化、城镇化、市场化、国际化的发展趋势和多层次、多样性的社会需求，对传统的城市管理和社会服务提出了新的、更高层次的要求。新的社会矛盾和新的社会现象给社会建设提出了新的更大挑战。这些需求、矛盾和挑战，迫切需要通过社会建设推动政府转型。从发展趋势看，现代社会治理模式正在进行三个转变：一是从“善政”到“善治”的转变，就是从一个好的政府转变为一个好的治理模式；二是从“发展型政府”到“服务型政府”的转变，就是把政府的主要精力和主要工作放在保障改善民生和维护社会公平正义上去；三是从“大政府”到“大社会”的转变，就是依法限制政府的权力，不断扩大公众的参与。这也成为城市社会服务管理创新的关键思路和发展方向。

（四）信息技术推动我国城市转型发展

当今城市发展置身于信息化社会，现代信息技术作为城市发展的“血液”和“润滑剂”，广泛深入地渗透到城市的每一个细胞，改变着城市运行方式和形态。在信息化浪潮的冲击下，城市规划、建设、管理与城市形态、结构、功能等城市发展各方面和各环节无一不受到现代信息技术的强大影响。毫无疑问，现代信息技术正在推动我国城市转型发展。

（1）信息技术推动我国城市居民生活改善。当前，我国城市发展面临着交通拥堵、人口庞大、就医拥挤、就业困难、贫富差距拉大、管理滞后、服务缺位等诸多挑战，迫切需要找到切实有效的解决办法。以交通拥堵为例，现代信息技术可以提高现有交通设施服务水平，通过建立智能交通系统（Intelligent Transport System, ITS）解决好“人—车—环境”系统的信息传送和交换处理，对城市交通流量进行全面的动态协调控制，有助于实现城市交通的高效率发展。基于交通量的下降和交通设施服务水平的提高，再辅以引导性的交通政策，将使城市交通环境大为改善，交通服务高效快捷。信息技术的应用将在更多的方面促进民生改善。比如，智能健康保障系统，让市民可享受到远程医疗、电子病历等更高效便利的服务；数字化教学平台将使居民足不出户就可以进行学习；智能家居发展将使居民的居家生活更加安全、舒适、低碳；依靠城市一卡通系统，居民的日常消费更加安全方便，等等。

（2）信息技术推动我国战略性新兴产业的发展和产业转型升级。当前，信息化正朝着数字化、感知化、物联化、互联化、智能化、互动化、协同化方向发展，城市设施物品相互感知、信息网络互联互通、信息资源整合共享的水平将进一步提升。我国已经明确将传感设备、物联网、多网融合、云计算、高性能计算、基础软件、应用软件、嵌入式软件、新一代通信设备等新一代信息技术产业的发展列入战略性新兴产业，这些领域将面临巨大的发展空间。同时，随着新一代信息技术在传统产业领域的应用，现代农业、先进制造业和现代服务业将实现长足发展，我国产业结构优化和转型升级的步伐将进一步加快。

（3）信息技术推动城市管理水平提升。城市是一个社会、经济、自然复合的巨系统，城市管理是一个涉及面广、变量多、层次多、目标多的综合性管理，传统管理手段已越来越不适应城市发展更加复杂、多变的趋势。借助于物联网、云计算等现代信息技术，城市管理者将逐渐具备全面、准确、动态地收集、传输、整合、分析有关城市部门、城市人口、城市法人运行状态信息的能力，从而使决策、部署、执行能做到更为科学、精准、及时、有效，做到让管理者更放心、让企业更称心、让群众更满意。

（4）信息技术推动城市资源节约型和环境友好型社会的建设。当前我国资源环境的约束越来越紧，以有形的物质资源为主要投入要素的经济增长模式已经难以为继。随着信息化向纵深发展，信息和知识资源正成为越来越重要的生产要素。智能电网、水网、煤网、环保、防灾等智能化基础设施的建设，将有助于实现资源环境的网络化、信息化和智能化管理，资源利用效率将得到进一步提高，环境保护将得到更有力的实施。

第二节　智慧城市建设的演化规律

一、智慧城市概念的演化

（一）智慧城市概念的提出

技术进步与城市发展的理论逻辑表明，为适应经济社会的快速发展，并解决城市化发展中面临的突出问题，在信息技术发展和应用的推动下，城市信息化进程必将继续发展到一个新的高度，相应的城市发展新形态自然会相继出现并得到快速发展。事实上，智慧城市就是在这样的理论和现实背景下自然出现的一个反映新的城市形态的新概念。应该说在逻辑上，智慧城市概念的提出是信息技术发展推动城市发展的一个自然过程。

20 世纪 90 年代，随着全球物联网、下一代互联网、云计算等新一轮信息技术变革和知识经济的迅猛发展，信息资源日益成为社会至关重要的生产要素，信息化在经济社会发展中的引领和支撑作用进一步凸显。在第三次信息技术革命的时代背景下，智慧城市（smart city）这一提法最早出现于 1990 年 5 月在美国旧金山举行的一次国际会议。这次以“实现全球经济可持续发展：互联互通的智慧化城市基础设施、快捷信息系统、全球网络”为主题的会议，主要是探寻城市通过信息通信技术的创新、网络化的跨国联系、多元文化、人力资本要素优势等宏观和微观条件，聚合“智慧”以形成可持续的城市竞争力的成功经验，该会议出版的论文集已成为早期关于智慧城市研究的代表性文件。

（二）智慧城市概念的发展

智慧城市是从数字城市一步步发展过来的，与数字城市是一脉相承的城市发展形态。数字城市核心是利用数字化手段，对城市信息进行数字化虚拟，战略目标是实现城市各种数据的整合，使之便于共享和容易使用。更加强调信息形式数字化转换，以便信息通过网络传播得更快、更广、更准。智慧城市则是基于数字城市（网络城市）之上，把物联网作为基础设施，利用和融合更为先进的信息技术，提高城市的智能化程度的新型城市形态。

与数字城市相比，智慧城市的典型特征有两个：一是强调信息采集和处理的变革，运用物联网、云计算、高速计算、大数据处理及智能分析等智能技术，提供更全面的信息和更强的信息处理能力，实现智能生产制造、城市管理和服务智能化运行。二是突出人的主观能动因素，强调智能技术充分实现所应具备的人文、制度等环境条件，城市治理模式的变革，以及智能技术应用在城市社会领域的拓展和城市系统之间的整合。

当前，我国数字城市发展较快，但政府和企业内部信息化的进展比较缓慢，且水平参差不齐，政府、企业互联互通刚刚起步，企业间的信息互联互通更需发展和提高，数字城市建设在我国仍有很大提升空间。事实上，我国许多城市也仍在大力建设数字城市，不少智慧城市建设的基础内容仍然是数字城市。应该说智慧城市不仅和数字城市一脉相连，而且具有不可逾越的继承关系。所以，智慧城市建设不仅不能回避数字城市，而且要充分利用数字城市已有基础和资源，实现优化升级、节省资源，实现城市建设和发展思路和理念的智慧。智慧城市与数字城市的关系可以用图 2.1 表示。

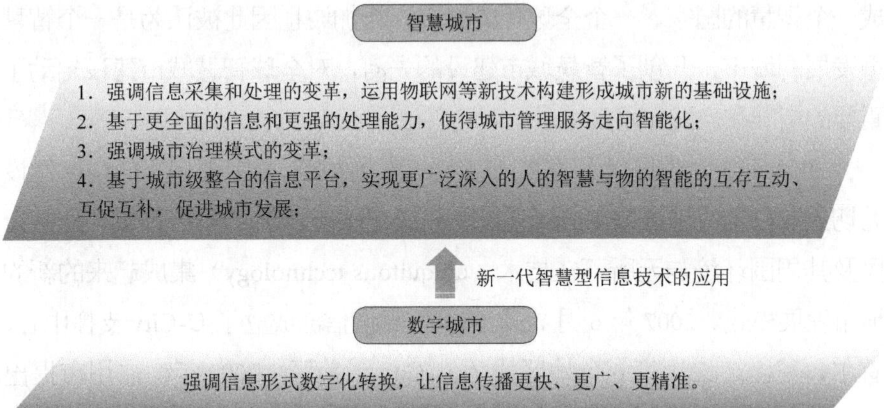

图2.1　数字城市与智慧城市概念比较

二、智慧城市建设的演变

（一）国外的智慧城市建设历程

受信息技术创新和1990年5月美国旧金山会议的影响，进入21世纪以来，新加坡、韩国、日本、美国、欧盟等发达国家和地区，以及印度等发展中国家相继出现了运用信息通信技术，尝试城市发展新模式的实践，先后提出了建设“智慧国家”、“智慧城市”的发展战略。但其关于智慧城市的研究不成系统，对智慧城市的认识也不够全面，智慧城市建设一直在摸索之中。

1992年新加坡率先提出了具有重要战略意义的IT2000——“智慧岛”计划，力图通过包括物联网在内的信息技术，将新加坡建设成为经济、社会发展一流的国际化城市。IT2000——“智慧岛”计划（1992－1999年）即建设覆盖全国的高速宽带多媒体网络，标志着全球城市中已经开始出现了智慧城市建设的实践探索。2006年新加坡启动“智慧国2015”计划，期望通过该计划来提升新加坡在未来10年的竞争实力和创新能力，将新加坡建设成为经济、社会发展一流的国际化城市。自20世纪90年代中期起至今，新加坡将信息通信技术应用到经济社会的各个领域，以知识为核心要素推动城市全面发展转型，利用无处不在的信息通信技术将新加坡打造成一个智慧的国家、一个全球化的城市。新加坡也因此被认为是一个智慧型发展的城市，开创了智慧城市建设的先河，对全球智慧城市建设启动了重要的引导和启发作用。

2004年3月韩国为了落实U-Korea发展战略，提出了以U-City建设为切入点，加快推进U-Korea建设的“泛在城市（U-City）”计划，即把市民及其周围环境与无所不在技术（ubiquitous technology）集成起来的新的城市发展模式。2007年6月7日，韩国信息通信部成立了U-City支援中心，首尔、釜山、仁川等6个地区成为U-City示范区；2009年，仁川市提出打造一个绿化的、信息化的、无缝连接的、便捷的生态型智慧城市。目前，韩国 U-City 已逐步进入智能阶段，即利用无所不在的信息技术，特别是无线传感器网络，达到对城市设施、安全、交通、环境等进行智能化管理和控制的目标。

2005 年 7 月，欧盟正式提出并开始实施主要致力于发展最新的通信技术、建设新网络、提供新服务、创造新媒体的“i2010”战略，并于 2007 提出了欧洲智慧城市评价体系，对 70 座城市进行了综合评价，引领了欧洲智慧城市的快速发展。2010 年 3 月，欧盟委员会出台《欧洲 2020 战略》，提出了三项重点任务，即智慧型增长、可持续增长和包容性增长。智慧型增长意味着要强化知识创造和创新，要充分利用信息技术。2010 年 5 月发布的《欧洲数字化议程》提出了七大重点领域①。目前，欧盟已经发布了智慧城市计划，25 座欧洲领先城市将会大量采用新的绿色能源技术，还将试验发展智慧电网、智慧交通及智慧医疗系统等，如哥本哈根、曼彻斯特、赫尔辛基、阿姆斯特丹、巴塞罗那、斯德哥尔摩等城市，其中阿姆斯特丹在智慧工作、智慧生活、移动通信、公共场所无线网络建设等领域进行了大量的投资，体现了创新技术应用与城市居民行为转变相结合的理念。

2008 年 11 月，在美国纽约召开的外国关系理事会上，信息技术领域巨头 IBM 以题为《智慧地球：下一代领导人议程》的演讲报告，正式提出“智慧地球”（smarter planet）的概念。2009 年，美国总统奥巴马提出将“智慧地球”作为美国国家战略，认为 IT 产业下一阶段的任务是把新一代 IT 技术充分运用在各行各业之中；随后 IBM 在智慧地球概念的基础上抛出了“智慧城市”的概念（全面感测、充分整合、激励创新、协同运作），并在全球范围大力推广。随着智慧地球发展理念的不断宣传推广，一些国家、地区和城市陆续制定了建设“智慧国家”、“智慧城市”的发展战略或行动纲要，在这些战略和纲要中，很多国家、地区和城市根据各自对智慧城市的理解，并结合自身的特点和优势，提出了智慧城市的发展道路及实践策

① 一是要在欧盟建立单一的充满活力的数字化市场；二是改进信息通信技术标准的制定，提高可操作性；三是增强网络安全；四是实现高速和超高速互联网连接；五是促进信息通信技术前沿领域的研究和创新；六是提高数字素养、数字技能和数字包容；七是利用信息通信技术产生社会效益，如信息技术用于节能环保、用于帮助老年人等。

略，智慧城市由此成为全球城市关注的热点。

2009年2月，美国总统奥巴马发布的《经济复苏计划》中提出，计划投资110亿美元，建设可安装各种控制设备的新一代智能电网，以降低用户能源开支，实现能源独立性，减少温室气体排放。2009年6月，美国商务部和能源部共同发布了第一批智能电网的行业标准，这标志美国智能电网项目正式启动。2009年9月，美国迪比克市与IBM共同宣布，将建设美国第一个智慧城市，将其完全数字化并将城市的所有资源连接起来，可以监测、分析和整合各种数据，并智能化地响应市民的需求，降低城市的能耗和成本，更适合居住和商业的发展。目前，美国在智慧城市建设方面更注重各个应用领域的发展，如能源、交通、环保等，从而通过各个应用体系的智慧化建设，最终促进智慧城市建设。2010年美国自然资源保护委员会从能源利用方面评选出了22个智慧城市，如奥斯汀（Austin）、圣克鲁斯（Santa Cruz）、迪比克（Dubuque）等，它们在城市清洁能源利用、能源效率和节约方面比较突出，具体名单如表2.1所示。2011年美国自然资源保护委员会又从交通运输方面评选智慧城市，如波特兰（Portland）、芝加哥（Chicago）等[①]。2012年12月，美国国家情报委员会在《Global Trends 2030: Alternative Worlds》咨文报告中，将“智慧城市技术”列为在信息技术领域范围内，将改变人类工作和生活方式的三大技术之一（National Intelligence Council, 2012）。目前美国智慧城市建设的整体水平处于全球领先位置。

表2.1　2010年美国智慧城市名单

序号	城市	备注	序号	城市	备注
1	Austin，TX		6	El Paso，TX	
2	Boston，MA		7	Long Beach，CA	
3	Chicago，IL		8	New York，NY	
4	Columbus，Ohio		9	Oakland，CA	
5	Dallas，TX		10	Portland，OR	

① 参见：美国智慧城市评选，http://smartercities.nrdc.org/.

续表

序号	城市	备注	序号	城市	备注
11	San Francisco，CA	城市人口大于25万人	17	Springfield，IL	城市人口介于10万到25万人
12	Seattle，WA		18	Santa Clarita，CA	
13	Berkeley，CA	城市人口介于10万到25万人	19	Beaverton，OR	城市人口小于10万人
14	Fort Collins，CO		20	Denton，TX	
15	Huntington Beach，CA		21	Dubuque，IA	
16	Reno，NV		22	Santa Cruz，CA	

资料来源：http://smartercities.nrdc.org/

日本于 2009 年 7 月，在延续以往的“泛在日本（U-Japan）”战略基础上，提出了包括电子政务、医疗和教育三大核心领域的《I-Japan 战略 2015》，旨在到 2015 年实现以人为本、安心且充满活力的数字化社会，并由此改革整个经济社会，催生出新的活力，实现积极自主的创新。随后，日本启动了包括横滨市、丰田市、京都市和北九州市的智能城市试点项目。2010 年上海世博会上日本馆更是以“连接”为主题，用信息化最新科技让人们看到未来 20 ～ 30 年城市“智慧生活”的美好场景。

国际智慧城市组织（Intelligent Community Forum，ICF）长期关注并持续推动国际智慧城市实践，并连续多年发布全球顶尖 7 大智慧城市排行榜（2002 年至今）和全球 21 强榜（2006 年至今）。其中，2013 年的全球智慧城市 21 强如表 2.2 所示。

表2.2　2013年全球智慧城市21强

城市	国家和地区	城市	国家和地区
Ballarat , Victoria	澳大利亚	Rio de Janeiro	巴西
Castelo de Vide	葡萄牙	Stratford, Ontario	加拿大
Columbus, Ohio	美国	台中	中国台湾
Heraklion, Crete	希腊	Tallinn	爱沙尼亚
新竹	中国台湾	桃园县	中国台湾
上海嘉定新城	中国	Tallinn	爱沙尼亚
Tirana	阿尔巴尼亚	桃园县	中国台湾
Kingston, Ontario	加拿大	Toronto, Ontario	加拿大
Mitchell, South Dakota	美国	Wanganui	新西兰

续表

城市	国家和地区	城市	国家和地区
Philadelphia, Pennsylvania	美国	Winnipeg, Manitoba	加拿大
Prospect, So. Australia	澳大利亚		

资料来源：www.intelligentcommunity.org

（二）国内的智慧城市建设历程

智慧城市是人类城市发展史上的一个里程碑，是中国城市发展的新目标，更是解决当前城市发展问题的一把金钥匙。近年来，我国对智慧城市的认识不断深入，使智慧城市的发展理念更丰富、目标更清晰，并且逐渐得到社会的广泛认可，智慧城市建设已在全国范围展开。目前，中国智慧城市建设已从概念阶段进入到了具体实施阶段，各城市根据自身实际情况，在智慧基础设施、智慧公共管理服务、智慧人群、智慧产业、智慧环境等方面逐步推进智慧城市建设，但是智慧城市理念需要深化，实践需要规划与探索。

我国台湾2008年提出了“智慧台湾”建设（2009—2016）计划，专门制定了《I-236智慧生活科技运用计划》，以智慧小镇(I-Smart Town)和智慧经贸园区(I-Park)为两个推动主轴，开展了智慧生活科技创新应用的试点示范，这是国内最早提出智慧城市建设理念并开展实践探索的地区。

2010年5月，宁波市抓住了成功举办上海世博会“信息化与城市发展”主题论坛的契机，在国内率先提出了智慧城市建设的设想。2010年9月20日，出台了《中共宁波市委宁波市人民政府关于建设智慧城市的决定》，标志着宁波在国内率先系统推进智慧城市建设。2011年2月26日，宁波市第十三届人民代表大会第六次会议通过的《宁波市国民经济和社会发展第十二个五年（2011—2015年）规划纲要》中明确提出了“六个加快”重大战略，加快创建智慧城市成为“十二五”全市重大战略之一，进一步明确了建设智慧城市的战略地位。2011年6月，宁波市发布了《宁波市加快创建智慧城市行动纲要（2011—2015)》，标志着智慧城市建设进入了具体实施阶段，其总体目标是：至2015年，宁波信息化水平继续保持全国领先，智慧城市应用体系、智慧产业基地、智慧基础设施和居民信息应用能力建设取得明显成效，建成一批智慧城市示范工程，智慧城市应用商业模式创建和标准化建设走在全国前列，力争在优势领域形成对智慧城市建设的引领能力，为建成智慧城市奠定基础。目前，宁波市以其提出的十大智慧应用体系（智慧物流、智慧制造、智慧贸易、智慧能源应用、智慧公共服务、智慧社会管理、智慧交通、智慧健康保障、智慧安居服务、智慧文化服务）和六大智慧产业基地（网络数据基地、软件研发推广产业基地、智慧装备和产品研发与制造基地、智慧服务业示范推广基地、智慧农业示范推广基地、智慧企业总部基地）建设为主要任务，正在全面推进智慧城市建设。

继宁波建设智慧城市的战略构想得到国家相关部委的高度认同后，北京、上海、广州、深圳、武汉、南京、株洲、佛山等城市也纷纷把智慧城市建设纳入了“十二五”规划，北京、上海等我国一线城市智慧城市规划建设的主要内容见表2.3。据不完全统计，我国所有的一线城市、50%以上的二线城市提出了建设智慧城市的目标。截至2012年年底，我国已有154个城市提出建设智慧城市的目标，有70多个城市完成了智慧城市的发展规划，其中45个地级以上城市（含4个省级城市和10个副省级城市）在其2012年政府工作报告或“十二五”规划中正式提出建设智慧城市，各种有实无名的智慧城市建设更是难计其数，智慧城市建设在我国已经形成一种趋势，并取得了一定的成果。

表2.3 中国一线城市“十二五”规划关于智慧城市建设内容

城市	“十二五”规划关于智慧城市建设内容
北京	坚持统筹协调经济社会发展与城市规划、建设、运行、管理、服务，更加注重常态与应急结合、城区与郊区并重、地上与地下统筹，更加注重从细节入手，提升便利程度，依靠科学的管理理念、管理方式和管理手段，促进城市管理的精细化、智能化，建设智慧城市，把北京建设成运行安全、环境整洁、生活便利的宜居城市。具体包括保障城市安全协调运行、提高城市抗灾应急能力、推进智能感知精细管理
上海	大力实施信息化领先发展和带动战略，构建实时、便捷的信息感知体系，提升网络宽带化和应用智能化水平，推动信息技术与城市发展全面深入融合，建设以数字化、网络化、智能化为主要特征的智慧城市

续表

城市	“十二五”规划关于智慧城市建设内容
广州	以网络化、信息化、智能化为目标，推进信息化与工业化、城市化融合发展；完善信息基础设施建设、实施重点智能工程、整合政务信息资源、普及智慧生活模式，推动物联网、互联网、电子商务等新一代信息技术与制造业、服务业全面融合，促进制造业智能化、服务业高端化；积极推进天河智慧城和南沙智慧岛建设
深圳	实施信息化带动战略，把信息化作为创新驱动、产业升级、城市发展的重要支撑。加快建设下一代信息基础设施，大力推进经济社会各领域信息化，实现信息化与工业化深度融合，全面建设智慧深圳

资料来源：根据相关文件整理

北京市2009年12月启动“感知北京”的示范工程建设。在2010年11月中共北京市委发布的《北京市国民经济和社会发展第十二个五年规划的建议》中，提出“巩固和扩大软件和信息服务业发展优势，完善信息基础设施，建设智慧城市”、“推动智慧城市建设，实现城市管理精细化、智能化”。

上海市借助世博会之机，将全球智慧城市最新信息科技率先应用于世博园的安防、管理、服务、交通等各个环节，使世博园成为智慧城市“样板”。在市委发布的《上海市国民经济和社会发展第十二个五年规划的建议》中，提出要“大力实施信息化领先发展和带动战略，加快建设以数字化、网络化、智能化为主要特征的‘智慧城市’”，明确指出“大力推进‘智慧城市’建设，全面提高城市信息化水平”，“建设现代化国际大都市，必须率先构建‘智慧城市’，始终在城市信息化方面走在前列”。

南京市在《南京市国民经济和社会发展第十二个五年规划纲要》中提出，“推进信息基础设施建设和先进智能技术广泛应用，优化提升城市综合管理和服务水平，提高市民生活品质，为智慧产业发展和高端人才引进营造良好环境”，“建设智慧南京”。

武汉市在《武汉市国民经济和社会发展第十二个五年规划纲要》中提出“推进城市信息化建设，努力建设高度信息化、全面网络化的智慧城市”，并将其作为“十二五”时期经济社会发展的总体目标之一。

深圳市政府于2009年8月与三大移动设备运营商共同签署了战略合作协议，全力建设“数字深圳”，并通过充分发挥深圳优势，加快构建城市发展的智慧环境，从科技、人文和生态三个方面打造新时期的智慧城市。深圳市委《深圳市国民经济和社会发展第十二个五年规划纲要》中提出要"加快推进三网融合，大力发展物联网和云计算，率先建设'无线城市'，着力打造'智慧深圳'"。

无锡市携手中国科学院，于2009年11月底正式获得国务院批准建设国家传感网创新示范区——"感知中国"中心。无锡市在《无锡市国民经济和社会发展第十二个五年规划纲要》中提出，要"推进'感知无锡'建设，大力推进物联网技术创新、产业化和市场应用"，"重点实施交通、电力、工业、农业、环保、水利、健康、安保等领域的感知应用示范工程项目建设"，"到2015年，力争基本建成'感知城市'"。

三、智慧城市建设观点荟萃

（一）智慧城市建设的专家观点

国内外专家学者从不同角度提出了一些智慧城市建设的观点，力求完整地描述出智慧城市建设的本质特征、发展目标、未来愿景等内容。主要专家学者的观点如表2.4所示。

表2.4　专家学者关于智慧城市建设的观点汇总

姓名	智慧城市建设观点
杨学山 （国家工信部副部长）	应用集成、综合、智能的典型就是在一个城市发展过程中，将信息技术融合到城市生产、生活、发展、管理的各个方面，并在城市范畴中构成集中、统一的平台，这样的应用和平台，被冠之以"智慧城市"的名称，由此，智慧城市也可以说是信息技术和应用发展趋势和水平的代名词 （资料来源：余红艺.2012. 智慧城市：愿景、规划与行动策略. 北京邮电大学出版社）
高新民 （中国互联网协会副理事长）	智慧城市是城市化的高级阶段，是以大系统整合的、物理空间和网络空间交互的、公众广泛参与的、城市管理更加精细、城市环境更加和谐、城市经济更加高端、城市生活更加宜居的城市创新发展模式 （资料来源：高新民. 2011-5-21. 智慧城市不仅仅是个帽子. 中国经济导报）
余少华 （武汉邮电科学研究院副院长）	智慧城市是以"发展更科学，管理更高效，社会更和谐，生活更美好"为目标，以自上而下的、有组织的信息网络体系为基础，整个城市具有较为完善的感知、认知、学习、成长、创新、决策、调控能力和行为意识的一种全新形态的城市 （资料来源：余少华.2010-10-8. 建设智慧城市是提高我国综合竞争力的战略选择. 科技日报）

续表

姓名	智慧城市建设观点
牛文元（中国科学院可持续发展战略研究组组长）	在城市“自然、社会、经济、管理、服务”五大系统中，充分运用传感网、物联网以及 RFID 等技术去有效实现 M2M 目标，达到有效获取、分类查询、自动识别和智能管理海量数据的具有高分辨率和内部逻辑高度自治的，既能虚拟现实演示又可直接参与城市规划、城市决策和城市服务的，集自我学习功能、优化运行功能、预测预警功能和安全防护功能于一体的综合信息工程的总体集合 （资料来源：牛文元 .2010. 智慧城市与数字社会 . 百度文库 , http://wenku.baidu.com/[2010-9-25]）
邬贺铨（中国工程院院士）	智慧城市是用智能技术，使得城市的关键基础设施组成更有效的服务，使人于社会、人与人和谐共处，从这个意义上，智慧城市本身就是一个网络城市 （资料来源：邬贺铨 , 默罕默德•苏韦勒 , 等 . 2010-10-11. 网络技术与智慧城市 . 解放日报）
陈宝国（国务院发展研究中心研究员）	智慧城市即是将信息技术广泛应用于城市基础设施以及政治、经济、文化、社会生活等各个领域，使城市变得“聪明”起来（三个层次：第一是更透彻的感知；第二是更全面的互联互通；第三是更深入的智能化） （资料来源：陈宝国 . 2010-7-30. 智慧新城建设先要服务于民 . 佛山日报）
王家耀（中国工程院院士）	智慧城市就是通过互联网把无处不在的被植入城市物体的智能化传感器连接起来，形成物联网，实现对物理城市的全面感知，利用云计算等技术对感知信息进行智能处理和分析，实现网上“数字城市”与物联网的融合，并发出指令，对包括政务、民生、环境、公共安全、城市服务、工商活动等在内的各种需求，做出智能化响应和智能化决策支持 （资料来源：符玉润 . 2010-9-27. 物联让城市智慧 . 光明日报）
王钦敏（全国工商联主席、国际欧亚科学院院士）	智慧城市是充分利用信息化相关技术，通过监测、分析、整合，以及智能响应的方式，综合各职能部门，整合优化现有资源，提供更好的服务、绿色环境、和谐社会，保证城市可持续发展，为企业及大众建立一个良好的工作、生活和休闲的环境，它包括城市智能交通系统、城市指挥中心、能源管理系统、公共安全、环境保护等 （资料来源：张永民 , 杜忠潮 .2011. 我国智慧城市建设的现状及思考 . 中国信息界 , (2): 28-32）
巫细波 杨再高	智慧城市的核心是以一种更智慧的方法通过利用以物联网、云计算等为核心的新一代信息技术来改变政府、企业和人们相互交往的方式，对于包括民生、环保、公共安全、城市服务、工商业活动在内的各种需求做出快速、智能的响应，提高城市运行效率，为居民创造更美好的城市生活 （资料来源：巫细波 , 杨再高 . 2010. 智慧城市理念与未来城市发展 . 城市发展研究 , 17(11): 56-60）
高玲玲 卢杰民 胡剑瑛	智慧城市是利用新一代信息技术，以整合、系统的方式管理城市的运行，让城市中各个功能彼此协调运作，为城市中的企业提供优质的发展空间，为市民提供更高的生活品质 （资料来源：高玲玲 , 卢杰民 , 胡剑瑛 . 2009. 智慧驱动城市变革——“十二五”智慧浦东初探 . 上海信息化 , 12: 33-35.）

（二）智慧城市建设的政府观点

城市政府根据自身的需要及城市特点与发展目标，阐述对智慧城市建设的理解，主要侧重于规划、建设和运营者的角度去定义。国内外相关城市提出的智慧城市建设观点如表 2.5 所示。

表2.5　国内外相关城市提出的智慧城市建设观点汇总

城市名称	智慧城市建设观点
宁波市	智慧城市是充分利用现代信息通信技术，汇聚人的智慧，赋予物以智能，使汇集智慧的人和具备智能的物互存互动、互补互促，以实现经济社会活动最优化的城市发展新模式和新形态
深圳市	智慧深圳是指充分发挥深圳信息通信产业（ICT）发达、射频识别（RFID）技术领先、电信业务及信息化基础设施优良等优势，通过建设ICT基础设施、认证、安全等平台和示范工程，加快产业关键技术攻关，形成基于海量信息和智能过滤处理的新的生活、产业发展、社会管理等模式，面向未来构建全新的城市形态
广州市	以网络化、信息化、智能化为目标，推进信息化与工业化、城市化融合发展。完善信息基础设施建设、实施重点智能工程、整合政务信息资源、普及智慧生活模式，推动物联网、互联网、电子商务等新一代信息技术与制造业、服务业全面融合，促进制造业智能化、服务业高端化
上海市	大力实施信息化领先发展和带动战略，构建实时、便捷的信息感知体系，提升网络宽带化和应用智能化水平，推动信息技术与城市发展全面深入融合，建设以数字化、网络化、智能化为主要特征的智慧城市，其包括三方面：一是发达的智能：城市具有感知、识别、联系、存储、整合、分析、处理等功能的智能体系；二是有效的运行：城市具有相适应且完善的制度环境，城市的运转、治理、创新等过程符合现实规律、有效通畅；三是以人为本：城市始终以激发城市创新活力、满足人的全面发展为发展目标
北京市	北京将在“十二五”期间大力推进智慧城市的建设，将围绕城市智能运转、企业智能运营、生活智能便捷、政府智能服务等若干方面，全面启动‘智慧城市’建设工程
佛山市	“四化融合 智慧佛山”是指通过信息化、工业化、城市化、国际化的相互融合、互相促进、共同发展，把佛山打造成为新兴产业发达、社会管理睿智、大众生活智能以及环境优美和谐的智慧城市
扬州市	智慧城市是城市发展阶段和信息化水平的一种状态：在城市发展过程中，充分利用信息通信技术，智能的感知、分析、整合、响应公众关于环境、安全、城市服务、民生、产业发展等方面的活动及需求。城市中各个关键系统与参与者之间高效的协作，以达成城市运行的最佳状态；政府，企业和个人在智慧基础设施之上进行科技和业务的创新应用，为城市提供源源不断的发展动力，从而创造一个更加和谐的城市工作、生活环境
东莞市	智慧城市是通过运用信息和通信技术手段感测、分析、整合城市运行核心系统的各项关键信息，从而对包括民生、环保、公共安全、城市服务、工商业活动在内的各种需求做出智能的响应，创造更加美好的城市生活
江门市	充分利用无线传感网、电子标签、RFID无线射频识别技术等物联网技术和视讯信号智能分析技术，感测、分析、整合城市运行核心系统的各项关键信息，强化对民生、环保、公共安全、城市服务、工商业活动等各种需求的智能响应，提高网格化管理精度、效率、广度，创新城市管理模式，推进智慧城市建设

资料来源：根据相关资料整理

（三）智慧城市建设的企业观点

智慧城市建设离不开市场化的研究机构、咨询机构和企业等市场主体。市场主体更多是站在参与建设，提供解决方案和服务的角度去定义智慧城市建设。国内外相关咨询机构及企业提出的智慧城市建设观点如表2.6所示。

表2.6　国内外相关咨询机构及企业提出的智慧城市建设观点汇总

机构与企业名称	智慧城市建设观点
IBM	智慧城市建设是指充分运用信息和通信技术手段感测、分析、整合城市运行核心系统的各项关键信息，从而对于包括民生、环保、公共安全、城市服务、工商业活动在内的各种需求做出智能响应，为人类创造更美好的城市生活
华为公司	智慧城市建设就是有效利用物联网、通信网、互联网的融合技术，构筑面向未来的绿色智能城市，以透彻的感知和度量、安全的接入和互联、智能的分析和交互、统一的平台与合作为特征，让平安的城市、高效的政府、绿色的产业、幸福的民生正在变为现实
银江股份	智慧城市建设就是采用更智慧的方法，通过应用智能识别、数据融合、移动计算、云计算等技术，使得城市物理基础设施与城市 IT 基础设施之间进行完美的结合，并改变政府、企业和市民相互交互的方式，提高相互交互的明确性、效率、灵活性和响应速度，使得政府、企业和市民可以做出更明智的决策
中兴通讯	智慧城市建设是指借助新一代的物联网、云计算等信息技术，通过感知化、互联化、智能化的方式，可以将城市中的物理基础设施、信息基础设施、社会基础设施和商业基础设施连接起来，成为新一代的智慧化基础设施，使城市中各领域、各子系统之间的关系显现出来，成为可以指挥决策、实时反应、协调运作的“系统之系统”
贝尔信	智慧城市建设，是指用新一代信息和通信技术，主要是智慧信息通信技术，结合已有的网络信息化技术等，为政府决策办公和应急指挥提供智能可视管理的基础信息平台，并服务于民生，应用于企业和社会团体

资料来源：根据相关资料整理

（四）智慧城市的各方观点概括与分析

首先，不论是专家学者，还是城市政府或企业等，都对智慧城市建设内涵进行了积极研究，说明智慧城市建设已受到了各界重视，并形成了一定的发展成果。但对智慧城市及其建设内涵的认识，由于视角不同，重点不同，还没有形成共识。有的是从技术架构角度进行定义，强调智慧城市的技术特征；有的是从应用体系的角度进行定义，强调建立先进的应用系统，促进智慧城市发展；有的是从城市系统角度进行定义，强调系统间的相互衔接、相互支持、协同发展。因此，智慧城市的内涵仍将是一个亟待研究的重要问题，需要各界共同努力，为智慧城市建设提供支撑。

其次，智慧城市是城市信息化发展的必然结果，是城市发展的必然趋势，是城市发展的高级阶段，也是人类物质文明和精神文明的汇聚。理解智慧城市的概念，应基于信息化时代的城市发展逻辑，突破既有城市发展时空观和资源观的局限，树立起崭新的时空观和资源观，充分开拓城市可利用的时间、空间和资源，解决城市发展面临的问题，真正体现智慧城市的智慧内涵。

再次，需要指出的是在对智慧城市的定义没有统一认识之前，宁波在智慧城市研究、规划和建设等方面在一定程度上走在了前列，其关于智慧城市的理念、观点、发展思路和举措等在国内外引起了广泛的关注和重视。

第三节　智慧城市建设的国内外借鉴

一、智慧城市建设的国际经验

（一）新加坡：iN2015 计划

新加坡是东南亚的一个城市国家，国土面积 700 平方公里，人口数量约 530 万。新加坡于 1999 年成为由国际智慧城市组织评选的第一个年度智慧城市。新加坡基础设施建设完善，数字化、信息化建设发展较早，成效也较为明显，为新加坡智慧城市建设奠定了坚实基础。

新加坡于 2006 公布“智慧国 2015（iN2015）”计划，描绘了一个为期十年的信息通信产业发展蓝图，旨在通过对基础设施、产业发展与人才培养，以及利用信息技术实现经济转型等多方面的战略规划，实现新加坡智慧国家与全球都市的未来愿景。

1. 新加坡智慧城市建设基本情况

新加坡智慧城市建设主要由智慧基础设施、智慧产业、智慧人才和智慧服务四个部分组成（图 2.2），这四个方面是一个有机的整体。

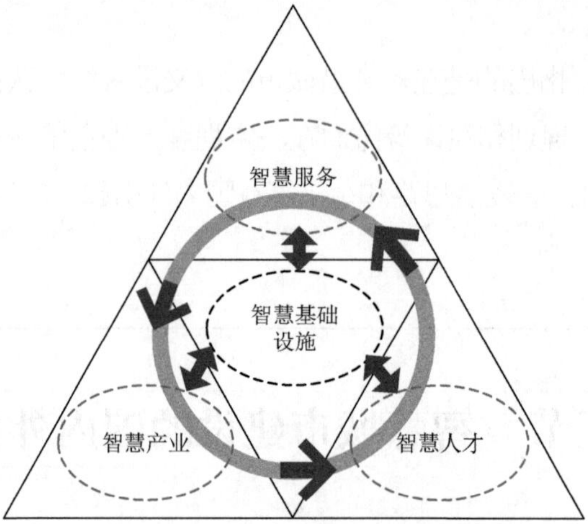

图2.2　新加坡智慧城市建设框架图

智慧基础设施建设是新加坡智慧城市建设的基础，在已有光纤网络、无线网络等基础上实现光纤通信的极大量覆盖，以及无线网络的全城市拓展，进而在拓宽网络出口的基础上实现新加坡城市内外的网络流通顺畅。新加坡的智慧产业主要是部分岛内已有配套产品的研发生产，以及智慧服务产业化工作，对于智慧基础设施建设、智慧服务、智慧人才培养具有重要的促进作用。智慧服务是新加坡智慧城市建设的最终目的，主要包括智慧管理和智慧生活等内容。智慧人才培养则为新加坡智慧城市建设和可持续发展提供人力资源保障。

第一，建立新一代的资讯通信基础设施。

新加坡政府在 2012 年建成了新一代全国信息通信基础设施（包括超高速且具有普适性的有线和无线两种宽带网络），并推出了相应的平台和智慧服务项目，包括 BEACON 系列论坛、新一代服务创新计划（NGSIP）、资讯通信体验馆（iExperience）等。

第二，发展具有全球竞争力的资讯通信产业 。

新加坡通过引进国外先进企业和刺激通信技术创新，实现国内资讯通信产业的国际领先化发展。由于新加坡完善的资讯通信基础设施建设，很多跨国大企业选择新加坡建立 IT 枢纽，创建战略性和新兴技术领域的创新发展中心。自 iN2015 计划开始以来，126 家本土资讯通信领先企业与 15 家跨国资讯通信企业已从这一项目中获益。

第三，开发资讯通信国际化人力资源。

国家竞争力的核心是人才竞争，新加坡通过提供培训和奖学金等多种方式培养和开发优秀的资讯通信人才，推出了帮助专业从业人员获取在金融服务、医疗保健和零售等多领域混合技能的技术策略家项目，培训一些在新兴领域如云计算、绿色科技、资讯通信技术安全和网络工程等方面的资讯通信专业人员。

第四，运用智慧服务实现政府及社会转型。

新加坡政府在 iN2015 计划推进过程中，运用智慧服务推动经济发展，提升资讯通信产业的竞争力，惠及广大民众。新加坡在全球范围内引领电子政府发展，通过电子政府应用与公民建立良好联系。

另外，基于 iN2015 计划，新加坡分别确定教育、医疗卫生、交通、金融、旅游、酒店、物流等 9 个行业的转型方向，通过提供辅助资金与技术支持等方式，推出了多个项目以促进这些行业的转型升级，实现社会经济的持续发展。

2．新加坡智慧城市建设的组织保障

新加坡政府以资讯通信发展管理局 (Infocomm Development Authority of Singapore，IDA) 为智慧城市建设的主导机构。IDA 隶属于新闻通讯及艺术部，内部又分为多个部门，在财务方面受财政部领导（图 2.3）。

IDA 代表新加坡政府履行四大核心功能。一是发展资讯通信业，致力于营造一个良好的商业环境，鼓励电信行业参与高效、公平的竞争；二是成为政府的“首席信息官”，即帮助政府开展资讯通信方面的总体规划、项目管理、系统执行与应用；三是改造经济领域，通过更先进、更创新的资讯通信系统，引领主要的经济部门、政府部门乃至整个社会实现改革；四是造福国民，通过重要社区部门提升市民熟练使用资讯通信的能力。与此同时，IDA 还担负构建国家资讯通信基础设施、人力资源调配及制定行

业规范等职责，积极建立同全球市场的经济联系，以增强新加坡资讯通信能力的输出。

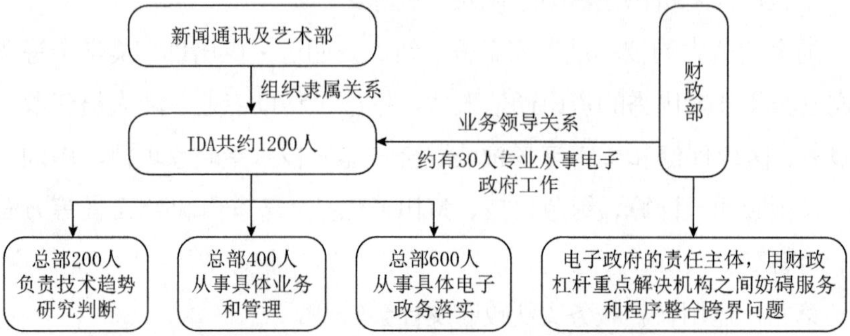

图2.3 IDA在政府中的位置及其结构图

3. 新加坡智慧城市建设成效

新加坡政府通过建成高度整合的全天候电子政务服务窗口，可以提供超过800项政府服务，使各政府机构与企业及民众间达成无障碍沟通。例如，通过网上商业执照服务系统，企业可申请40个政府机构和部门超过200种商业执照，平均处理时间也由21天缩短至8天。截至2012年年底，新加坡已拥有超过7500个热点，覆盖机场、中心商务区及购物区等重点区域，为国民提供真正意义上的全方位无线网络。

在iN2015计划的推动下，新加坡资讯通信产业的发展在亚洲排名首位（top ranked），并在全球排名前10位，特别是在电子政府领域，新加坡的表现更为优异。2009～2011年，早稻田大学“全球电子政府”排名榜中，新加坡连续三年蝉联冠军，世界经济论坛2010年全球IT报告中电子政府准备度分类指数排名第一，在《IMD世界竞争力年鉴2010》中，新加坡跃升两级，排名第一。

（二）美国：综合智能提升城市品质

早在1993年9月15日，美国政府发表的国家信息基础设施行动动议

（The National Information Infrastructure：Agenda for Action）文件中就率先出现了“国际信息基础设施”的提法。1994 年 1 月，美国政府在国情咨文中明确提出，要把美国的每一间教室、每一个图书馆、每一家医院，乃至企业、商店、银行、新闻机构、电视台、会议厅、娱乐场所的电脑数据都联系起来，形成覆盖全国的“信息高速公路”。这为美国的智慧城市建设拉开了序幕。

1．美国智慧城市建设基本情况

美国在智慧城市建设方面，选择重点领域进行突破，政府注重与商业机构的合作，利用 UrbanSim 等智能化的城市仿真系统对城市布局进行优化。迪比克市是政府与 IBM 共同建设的美国首个智慧城市。IBM 公司的智慧地球理念，包括 3 个 I，即 instrumented、interconnected、intelligent，分别是感知化、互联化和智能化。基于三个层次的智慧城市建设理念分别从低到高实现了智慧城市的从硬件层次到应用层次的跨越，体现了以人为本的城市理念。Instrumented 主要通过传感器、摄像头等工具实现深度感知。Interconnected 主要是通过网络互连、三网融合、IPv6、无线网络等技术实现高度互联。Intelligent 是一种城市智能的提升，形成一种高效、敏捷的城市管理服务系统，如智慧交通、智慧家居、智慧物流、智慧电力、智慧金融、智慧环保，等等。

政府启动建设联邦智能交通系统。此系统包括了两大智能子系统：智能基础设施和智能交通工具，即由高速公路管理、意外预防及安全保障系统、道路天气管理、道路作业和维修、运输管理、交通事故管理等 13 项管理措施组成智能基础设施，以及包括防撞保护、驾驶者助手和碰撞信息发布在内的智能交通工具。其中，智能基础设施中的动脉管理主要包括对交通和基础设施的监控、交通控制、道路管理、停车管理、信息传播和自动执法系统；高速公路管理包括了交通和基础设施监控、匝道管控、道路管理、特殊活动交通管理、信息传播和自动执法系统；意外预防及安全保障系统包括道路几何预警系统、铁路穿越预警系统、交叉口碰撞预警系统、自行车预警及动物预警系统；道路天气管理包括天气和道路条件的监控、检测及预测，信息传播咨询策略，流量控制策略，应答与处理策略等。

2. 美国智慧城市建设成效

芝加哥政府提出的“热电联产”（cogeneration, combined heat and power, CHP）的方案，使燃料既能产生热量，又能提供动力。如果合理使用，可以提高80%的能量利用效率，并且可以降低输电的峰值功率和热量耗散，提高能源安全和质量。2001年，该项计划得以实施，据相关机构测算，CHP系统每年将产生15亿千瓦时的电能。

硅谷的高速公路运行利用电子技术实现不停车收费，将使得车道的通行能力提高3～5倍，使都市地区的交通阻塞损失降低25%～40%，减少废气排放8%～15%，提高城市运输的效益。

在节能环保方面，纽约市通过强化城市公共交通、建造绿色纽约、强制推行垃圾再循环等措施大大提高了纽约的环境质量。纽约是全美大城市中最绿色环保的城市，在城市规划的许多方面都走在美国城市的前列。由于拥有发达的公共交通网络、极高的人口密度及较小的平均住宅面积，纽约城市人均公共绿地面积在全球大城市中名列前茅，人均碳排放量在全美大城市中排名最低，即使在寸土寸金的曼哈顿岛上，约80%的土地面积都是绿化地带，每年人均温室气体排放量为7.1吨，不到全美人均水平（24.5吨）的1/3。

（三）欧盟：可持续的智能提升

在2007年，欧盟就提出了建立智慧城市的设想。2009年，欧盟委员会提出了建设智慧城市的具体计划，并且决定投入100亿～120亿欧元用于智慧城市建设。欧洲智慧城市建设注重创意与科技产业的发展和生态环境的改善，侧重于智慧经济和生态环境的建设。在欧洲，智慧城市是一个政策概念，该概念强调把各种知识中心聚合成为创新中心，以达到增强欧盟成员国的社会经济实力的目的。

1. 欧盟智慧城市建设基本情况

欧洲智慧城市建设实践是以支持 IT 基础网络建设为切入点，通过信息技术创新提升智能化水平，将城市信息系统与经济发展、城市管理、公共服务紧密结合，促进智慧经济和智慧环境的形成。其发展经历了以信息基础设施建设和信息通信技术的推广为主的前智慧城市建设阶段、注重构建城市泛在网络和服务的智慧城市建设初级阶段和注重社会、环境与管理智慧城市的高级阶段三个阶段。

欧盟智慧城市建设的重点内容是物联网。欧盟在发展物联网过程中主要采取了两大措施：一方面是继续加大物联网投入，重点是在电子、非硅组件、定位系统、无线智能系统网络、安全设计、软件仿真等技术领域；另一方面是加强与私营企业的合作，以吸引私营部门参与到物联网的发展过程中。

智能电网也是欧盟建设智慧城市的重要组成部分。欧盟委员会认为，建设智能电网是今后 10 年内欧洲最大的基础设施建设项目，通过安装智能电表减少能源消耗和温室气体排放。欧盟计划通过智能电网技术将风电、光电等可再生能源电力融入欧洲电网，并将在 2010 ～ 2018 年对智能电网进行约 20 亿欧元的投资。

2. 欧盟智慧城市建设成效

欧洲智慧城市建设将城市信息系统与经济发展、城市管理和公共服务紧密结合，优化城市管理决策，采用技术创新实现产业空间扩展，提高全民城市生活品质，通过公众的广泛参与和自上而下的信息反馈机制，推动经济和社会发展的可持续。

欧盟在智能电网建设方面取得积极的进展。早在 2001 年，意大利国家电力公司就率先在全国安装了 3000 万台智能电表，建立起智能化的用电计量网络。随后，英国宣布在 2019 年前为英国 3000 万处住宅及商业建筑物安装5300万台智能电表。法国已从2012年1月起将所有新装电表更换为智能电表。

瑞典智慧城市建设在交通系统上得到了最大的体现。瑞典政府在IBM公司的协助下，在城市中心设置多个路边控制站，通过使用RFID技术，利用激光、照相机和自由车流路边系统，自动识别进入市中心的车辆，并自动向在周一至周五（节假日除外）6:30到18:30之间进出市中心的注册车辆收税，将拥堵率降低了25%，交通排队所需时间降低了50%，道路交通废气排放量减少了8%~14%，二氧化碳等温室气体排放量下降了40%。

荷兰阿姆斯特丹总计有1200多户城市家庭中分别试用了各个公司（West Orange与Geuzenveld等）提供的能量管理系统，监测家庭内的能源消耗总量并详细记录每个电器的用电量与开关时长。而且，这个能量管理系统与互联网相连，住户即使出门在外也可以通过计算机及智能手机上网查看家里所有电器及燃气设备的工作情况、调用能量消耗账单并能远程开启或关闭这些设备。

爱尔兰的智能科技在自然环境方面得到了成功应用。在爱尔兰戈尔韦湾（Galway Bay）的“智慧湾”项目中，系统从装在数百个浮标上的感应器获取信息，并从渔民那里获得短信，以了解水面漂浮的危险物体。信息被利用到各个渠道，包括避免渔船失事、向戈尔韦湾管理员发送涨水警告，以及帮助渔民把捕获的鱼直接卖给餐厅，让他们可以获得更高的利润。

2009年，IBM和爱尔兰海洋研究所搭建完成了试验性质的Smart Bay信息系统。该系统采用连接的传感器和计算技术收集和传输海岸状况信息，用于监控和分析戈尔韦湾内部及附近的波浪状况、海洋生物和污染水平。系统将数据收集从手动方式改为仪表测量方式，以使研究人员能够快速地响应关键挑战，包括污染。该项目是沿海城镇控制污染和洪灾，以及管理鱼群的示范项目。

二、智慧城市建设的国内实践

（一）宁波智慧城市建设经验

宁波市自2010年提出建设智慧城市以来，取得了较好的成效，荣获“2011中国城市信息化卓越成就奖”、“智慧城市领军城市”、“2012中国智慧城市推进十强城市”和“2013中国智慧城市推进杰出成就奖”等称号。

1. 宁波智慧城市建设主要内容

（1）建设十大智慧应用体系商业和服务模式创新为核心，加快推进智慧城市应用体系建设。十大应用体系包括：智慧物流、智慧制造、智慧贸易、智慧能源、智慧公共服务、智慧社会管理、智慧交通、智慧健康保障、智慧安居服务和智慧文化服务。

（2）建设六大智慧产业基地。网络数据基地、软件研发推广产业基地、智慧装备和产品研发与制造基地、智慧服务业示范推广基地、智慧农业示范推广基地和智慧企业总部基地，加快推进智慧产业发展。

（3）加快推进智慧城市基础设施建设。其重点：一是构建泛在化的信息网络；二是加快推进“三网融合”；三是加强信息安全基础建设。

（4）加强智慧城市信息资源的开发利用。一是大力推进基础平台和数据库建设；二是建立健全信息资源开发和共享交换机制；三是加快培育信息资源市场。

2. 宁波智慧城市建设主要做法

宁波市在推进智慧城市建设的过程中，按照《宁波市加快创建智慧城市行动纲要（2011—2015)》的总体思路和要求，有序推进体制机制创新，大力推进信息基础设施、信息资源整合共享平台、智慧应用系统等项目建设和智慧产业发展，促进了信息资源融合共享，提升了智慧应用水平，培育壮大了智慧产业。

第一，抓机制建设，不断优化发展环境。

（1）强化政策扶持机制。在《宁波市加快创建智慧城市行动纲要（2011-2015）》的框架指导下，宁波市每年滚动制定智慧城市建设年度工作计划，明确工作任务和具体措施。各县（市、区）和各市级部门根据市里的总体部署，编制相应的实施方案，细化工作任务，落实责任主体。同时，市政府每年安排智慧城市专项扶持资金，并相应研究制定宁波市《智慧城市专项资金管理办法（暂行）》，重点对智慧城市基础性项目、共享性项目和重大应用项目，以及智慧产业基地建设进行扶持。各县（市、区）也出台了一批引导智慧城市建设的地方政策。

（2）强化组织协调机制。宁波市高度重视智慧城市建设的组织建设和智力支撑，2010年成立宁波市智慧城市建设工作领导小组、5个相关试点工作推进协调小组和宁波市智慧城市规划标准发展研究院。2011年成立由中国工程院常务副院长潘云鹤为主任的智慧城市建设专家咨询委员会。2012年，根据浙江省政府统一部署，成立了以市长任组长的宁波市智慧城市建设试点工作领导小组，各县（市、区）也相应建立智慧城市领导小组。此外，每年编制当年的“宁波市加快创建智慧城市行动计划”，各地、各部门根据市里的总体部署，分别编制了相应的实施方案，细化工作任务，落实责任主体。

（3）强化交流合作机制。中国（宁波）智慧城市技术与应用产品博览会由工信部、国家广播电影电视总局（简称广电总局，现为国家新闻出版广电总局）、中国科学院、中国工程院、中国电信集团公司、中国移动通信集团公司、中国联合网络通信集团有限公司和浙江省人民政府联合主办，宁波市人民政府承办，是智慧城市领域高规格、多方位的合作与交流平台，邀请和汇聚众多知名专家、学者和行业精英，就智慧城市及相关产业最新发展动态、前沿研究、最新技术标准等进行交流和探讨。2011～2013年已经成功举办了三届，分别吸引了5万多人次的参观，总投资分别达65亿元、90亿元和131.88亿元的智慧城市合作项目落户宁波。

（4)强化宣传培训机制。宁波市注重运用网络、报纸、电视、广播等媒体，做好智慧城市宣传推广工作，重点做好智慧城市建设重大项目推进过程中取得的积极成效、成功经验及先进典型方面的宣传，进一步提高了全社会对智慧城市建设的关注度和认知度，营造了智慧城市建设的良好氛围。同时，做好智慧城市建设的相关培训工作，市和县（市、区）分级组织了相关领导干部智慧城市专题培训等活动，加快提升了领导和骨干推进智慧城市建设的能力。

第二，抓基础建设，完善通信网络设施。

宁波市注重政府规划引导，并发挥通信运营商主力军作用，在优化布局的基础上，积极创新运营和管理模式，加强基础性网络设施建设，为智慧城市建设提供强有力的基础性支撑。

（1）推进“光网城市”建设。制定实施《宁波市“光网城市”建设三年行动计划（2012-2014）》，重点推进城区家庭宽带提速、楼宇宽带拓展、乡村宽带扩面、驻地网通信设施共建共享和光纤网络应用及产业发展带动五项建设工程。目标到 2014 年年末，全面实现城市家庭光纤网络覆盖、农村行政村通光纤。全市新增光纤网络覆盖家庭用户 250 万户，光纤网络覆盖率 95% 以上。城市家庭平均带宽接入能力达到 30 兆以上，农村家庭平均宽带接入能力达到 8 兆以上，城市核心区域普遍具备满足家庭用户 100 兆接入能力；商务楼宇及公益性机构用户网络带宽接入能力超过 100 兆；城域网出口带宽达到 1500G 以上。

（2）推进“无线城市”工程。深入推进 3G 移动宽带网络建设，3G 宽带网络已基本覆盖全市。加快推进无线局域网 (WLAN) 建设，免费上网的公共场所包括行政服务中心、医疗机构、图书馆等场所，并逐步扩大到公交车站和公交车内。截至 2013 年年底，全市已累计建设 WLAN 无线热点 7400 个，AP5.9 万个。其中，全市免费 WiFi 热点“iningbo”有 220 个，免费 AP 1000 个。加快推进了 4G 试点网络基础设施建设和商用体验，截至 2013 年年底已开通 3000 多个 4G 基站，基本覆盖了宁波绕城以内的海曙区、江东区、江北区、鄞州区，以及宁波境内的杭甬高速全线，高教园区、杭州湾新区等其他县（市）的主城区和 16 个百强乡镇也已覆盖，覆盖总面积750多平方公里，4G用户达1.5万户。

（3）推进小区驻地网共建共享。通过健全工作机制、加强统筹协调、完善制度标准等举措，着力推进小区驻地通信网共建共享。一方面出台进一步规范宁波市住宅小区及商住楼网络基础设施建设等有关文件，在全市已建小区及商住楼全面推进共建共享工作。另一方面积极推进共建共享标准建设，组织制定《小区驻地网共建共享建设标准》，并已通过专家评审，该标准发布后，将规范全市所有新建小区驻地网共建共享，从根本上解决乱拉乱接、野蛮施工等问题。

（4）推进三网融合试点。宁波是全国第二批三网融合试点城市，在三网融合试点方案制定和整体推进方面开展了大量工作。加强组织领导，强化体制保障，及时成立三网融合试点工作协调小组，先后多次召开工作会议，安排部署阶段性试点工作任务。编制了《2012年宁波市三网融合试点工作要点》和《宁波市三网融合试点实施总方案》，并重点做好双向进入业务许可申报，推动广电、电信业务双向进入，推进有线电视网络数字化和双向化升级改造，加快杭州湾新区三网融合网络基础设施的集约化建设和集中式运营试点。截至2013年年底，宁波广电网络股份有限公司组建工作已经完成，有线电视网络全面进入数字化时代，已基本形成“全市一网”的格局。

第三，抓资源整合，推进基础信息库建设。

信息资源的整合共享是提高智慧应用系统建设水平的基本前提。宁波市以推进集约化建设、强化资源整合、促进共建共享为目标，重点推进人口、法人、自然资源与空间地理、信用信息等信息库建设，提高信息基础资源利用率，满足智慧城市管理和服务的新要求。

（1）以政务云计算中心建设作为资源整合的突破口。《宁波市政务云计算中心建设总体方案》编制完成。政务云计算中心的总体架构、建设目标和运营服务管理模式等已经明确，并即将启动建设。政务云计算中心的建设将实现政府部门之间计算机硬件、基础软件、通用软件、信息资源、信息安全等方面的共享，实现部门应用子集和基础平台的相对分离，促进信息、技术和业务的集成和融合。

（2）推进人口基础信息库建设。成立了市人口数据管理中心，人口基础数据库现已实现了公安、人社、教育、卫生、计生、民政六个部门人口数据的有效整合；《宁波市人口基础数据库管理办法（征求意见稿）》起草完成，为人口基础数据的共建共享奠定了基础。

（3）推进法人单位基础信息库建设。法人单位基础数据库已完成一期建设目标，实现了法人基础信息数据库、数据桥接、法人库在线应用、法人基础信息管理、法人基础信息统计分析系统等功能，形成有效法人库单位约 27 万家，向国家审计署、市纪委、市统计局、市规划局、市安监局等部门提供了法人单位数据；法人单位在线应用服务功能在行政审批服务中心的 40 余家窗口单位全面应用，大大提高了审批效率。截至 2013 年年底，二期方案正在编制中。

（4）推进自然资源和空间地理基础信息库建设。自然资源和空间地理数据库的数据和服务内容进一步丰富，共享交换平台建成并向县（市、区）及横向部门拓展应用，已与市政府办公厅、市发展和改革委员会、市城市管理局、市国土资源局、市规划局等 16 个部门的 21 个系统实现了数据共享。

（5）推进智慧信用宁波信息库建设。对政府部门在监管中获取的各类信用信息，通过完善共享机制，扩大覆盖面，深入应用，构建市和县（市、区）政府的信息征集和共享体系，为宁波社会文明、经济发展、政府管理、服务社会、预警决策提供有效的信息支撑。

第四，抓示范带动，推动智慧系统应用。

智慧应用体系是智慧城市建设的重头戏。宁波市在综合考虑自身发展定位、特色优势和信息化条件的基础上，按照“试点先行、示范带动、稳步推进”的思路，围绕解决经济转型升级、城市管理创新、民生服务改善等重难点问题，全面统筹推进智慧城市应用体系建设。

（1）智慧社会民生。宁波市在智慧城市建设过程中以人为本，注重民生诉求，在医疗卫生、食品药品质量监管等民生领域大力推进智慧化建设。智慧健康保障方面，升级建设卫生专网，建设智慧健康机房和智慧健康数据中心；推进区域卫生交换平台建设，构建以电子健康档案库、电子病历库为主的区域卫生信息平台。智慧肉菜流通追溯系统方面，利用溯源电子秤、条形码、非接触式IC卡等物联网技术和手段，综合采用集成电路卡和条形码等途径采集传递追溯信息，形成来源可追溯、去向可查证、责任可追究的肉类蔬菜流通追溯链。智慧食品药品监管方面，深化食品药品监管信息化建设应用，推动全市涉药单位网上监管系统联网，开展移动办案执法、医疗器械监管信息化试点，推动市药品网上行政执法暨电子监察系统试点建设；食品检验检测信息共享系统以数据标准化、信息共享、统计分析、安全预警、广覆盖作为系统建设的五大目标，实现食品安全监管部门和食品安全检验检测机构的实时信息共享，建立有效的检验检测控制体系。

（2）智慧城市管理。针对城市管理中的突出问题，宁波市加强在综合治理、市政、运输、交通等领域的信息化和智能化建设，为提升城市管理效率，分步建成智慧社会管理综合信息系统、智慧城管统一数据中心、智慧安全生产综合监管平台、智慧危化品运输监管平台、智慧交通体系。其中，智能高清视觉电子警察被列为2011年公安部科技成果推广项目。

（3）智慧公共服务。宁波市以提升公共服务为着力点，以系统信息化、智能化为手段，破解公共领域的服务难题，推进公共服务的便捷化，建设智慧公共服务平台，智慧旅游产品、营销、管理和服务体系，以及公共文化服务平台。

第五，抓产业培育，促进智慧产业发展。

“立足应用、发展产业”是宁波市智慧城市建设的重要思路。宁波市以智慧产业基地为载体，以招商引资为抓手，加快推动两化融合，积极促进智慧产业集聚，大力推进面向产业发展的智慧应用工程建设，加快推进智慧产业基地培育，推进重大项目引进合作。努力做到“开发一个系统，引进一个团队，推出一批产品，培育一个产业”。2013年宁波市电子信息制造业经济总量突破1700亿元；软件产业实现业务收入235亿元，同比增长32%。

（二）北京智慧城市建设实践

2009年，北京市政府发布2009～2012年北京信息化基础设施的提升计划，在全国率先提出建设“城乡一体化数字城市”的目标。北京数字城市建设涵盖了互联网宽带、高清数字电视和移动多媒体系统、信息管道和地铁内信息化基础设施、第三代移动通信和宽带无线接入、政务信息化基础设施及电子商务等多个领域。

北京“十二五”规划围绕城市智能运转、企业智能运营、生活智能便捷、政府智能服务等若干方面，全面启动智慧城市建设工程。数字北京与智慧北京的特征对比如表2.7所示。

表2.7　数字北京与智慧北京的特征对比

数字北京（2001～2010）	智慧北京（2011～2020）
网络全覆盖	宽带泛在的基础设施
业务全面信息化	智能融合的信息应用
应用全覆盖	城市智能运行
应用与企业对接	信息化应用与产业联动发展

资料来源：根据相关资料整理

1. 北京智慧城市建设主要内容

北京市政府2012年4月发布《智慧北京行动纲要（2011—2015）》（以下简称《纲要》）。将智慧城市建设内容分为智慧应用建设和智慧支撑建设，并将8大行动计划细化为51项重点任务。

智慧北京的建设首先强调社会管理、市场监管，以及政府基础设施建设；其次强调以市场为主导，企业和社会各界的广泛参与。在具体推动中，目前分成城市应急管理、社会安全、信息交流、市政市容管理应用、环境监测监管、水资源管理、安全生产监管、节能减排检测监管、医疗卫生、农产品监管10个领域来推进。

《纲要》提出，到2015年，北京将建立流动人口信息网、实名交通卡、食品安全追溯信息平台、公交地铁实现视频监控全覆盖等项目。在建立流动人口信息网方面，以居住证为载体建立全市联网、部门联动的实有人口信息系统，深化跨部门的人口信息共享和数据库建设，实现人口信息共享；在食品药品可全程追溯方面，建设药品全品种全过程电子监管和问题药品的可追溯系统及食品安全追溯信息平台，实现流通和溯源管理。此外，北京市将在全市常住人口中推广包括社保卡、实名交通卡在内的“市民卡”，通过建设“市民卡”应用统一支撑平台，实现社保卡、居住证、实名交通卡等各类实名智能卡的互认，使市民能持一张卡享受医疗、就业、养老、消费支付等各类社会服务。

北京智慧城市内容还包括加快电子政务和公共服务平台建设，推广网上办公，逐步实现“零距离”办事和“零跑路”服务；建设和完善新一代城市智能交通系统，着力缓解城市交通拥堵；构建网格化管理服务和社会治安防控体系，推进社会管理和服务的信息化建设；推动信息化和工业化深度融合，加强信息通信高速网络和枢纽建设，加快推进“三网融合”，完善信息安全保障体系，推动物联网应用实践，实现城市管理精细化、智能化等。

2. 北京智慧城市建设组织保障

北京市政府按照纲要制定评估区域和行业智慧发展水平的关键指标体系，明确指标责任主体，形成《智慧北京关键指标责任表》（以下简称《责任表》）；按照《纲要》提出的建设内容，编制《智慧北京重点工作任务分工》（以下简称《任务分工》），明确重点工作任务和责任分工，有效指导各单位开展建设工作。

在市信息化专家咨询委员会指导下，市、区（县）两级信息化主管部门，采用逐步完善的方式，统筹本级各部门开展顶层设计。各部门、各区（县）根据《责任表》和《任务分工》，明确分工，落实责任，制定年度实施方案，方案经市信息化专家咨询委员会审核后，报市信息化工作领导小组审定。

各相关行业主管部门组织电信运营商、公共事业单位制定企业应承担的“智慧北京”建设计划。各部门、各区（县）积极宣传“智慧北京”发展机遇和政策，引导和推动相关企业广泛参与。定期召开“智慧北京”工作调度会，明确阶段工作目标，部署重点任务，协调解决难题，重要事项提请市委、市政府研究决策。

建立智慧北京第三方评估机制，按照《责任表》、《任务分工》和年度实施方案，开展年度发展水平评估和年度工作考核，将评估考核内容纳入部门、区（县）和干部工作绩效考核范围。

3. 北京智慧城市建设成效

通过实施智慧北京八大行动计划，加强了泛在、融合、智能、可信的信息基础设施建设，逐步构建人口精准管理、交通智能监管、资源科学调配、安全切实保障的城市运行管理体系，基本形成覆盖城乡居民、伴随市民一生的集成化、个性化、人性化的数字生活环境，有效促进了信息化与工业化深度融合，建成并推广信息技术引领企业创新变革的新型企业运营模式，全面构建以市民需求为中心、高效运行的政府整合服务体系，形成信息化与城市经济社会各方面深度融合的发展态势，实现从“数字北京”向“智慧北京”全面跃升。

通过智慧管理服务体系建设，有效解决了城市管理中“政府失灵”问题，强化了政府的社会管理和公共服务职能，促进了政府城市管理职能由重审批、重处罚向重管理、重服务的转变。新模式还解决了多头管理、推诿扯皮的问题。所有涉及城市管理工作的专业部门和街道办事处，都要接受城市综合管理委员会的指挥调度，从而充分发挥了专业部门间的协同效应。根据北京天则经济技术研究所的经济评估报告结论，新模式至少每年节约 5400 多万元，引致每年约 1.58 亿元的收益增量，解决 411 个就业岗位。

（三）武汉智慧城市建设方法

武汉智慧城市建设具有良好的技术基础条件，一批拥有强大研发能力和关键技术的在汉高校和科研院所为武汉建设智慧城市提供了强有力的技术支撑。例如，武汉邮电科学研究院在光通信器件、系统和网络技术方面代表国内领先水平，光传输系统达到世界先进水平；华中科技大学在海量存储研究领域居国际领先水平；武汉大学在GIS、空间信息处理等方面国际领先。

1．武汉智慧城市建设规划

武汉在“十二五”规划中提出，用3年时间，实施“智慧武汉”八项智慧应用体系，发展七个支撑性智慧产业，包括推进数字武汉建设、实施光城计划、加强电子政务建设、推进物联网建设等，目的是加强信息基础设施建设，整合信息资源，加快经济发展方式转变，在城市管理方式和发展模式上突破，建成高度信息化、全面网络化的智能互联武汉，健全信息安全保障体系，努力建设智慧城市。规划主要包括建设智慧低碳环保经济、智慧商业服务、智慧城市管理、智慧交通、智慧环境监测、智慧食品安全溯源、智慧生活服务、智慧文化教育八大体系。每一个体系均有丰富内涵，如在智慧文化教育体系中，充分运用宽带、无线、云计算及海量存储等技术，实现数字化、网络化、智能化，促进电子文娱、数字图书馆等发展，打造武汉文化品牌。

2．武汉智慧城市建设实施方法

武汉市于2011年投入1000万元面向全球公开招标，分概念设计与总体规划与设计两个阶段开展智慧城市顶层设计工作。通过智慧城市顶层规划设计，探索符合国情、市情的“规划设计、技术创新、示范推广、应用服务”的武汉智慧城市建设与发展模式。

在分阶段开展智慧城市顶层设计以后，武汉率先实施与民生息息相关的智慧城市示范项目，重点打造智慧城市信息通衢、着力实施“光城计划”推进“智慧型”公共服务项目，建设武汉智慧城市的基础平台。

着力推进武汉市三维数字地图系统在规划审批、城市设计、交通、旅游及实有人口实有房屋管理等领域广泛应用，提高工作效率和管理水平，促进智慧城市建设与整体环境的和谐统一。

3. 武汉智慧城市建设成效

武汉 2010 年已开展了“三网融合”试点工程,“光城计划”、“数字武汉”等项目也正在稳步推进中。武汉市智慧通讯的示范项目“无线光谷”，完成光谷软件园、光谷步行街等重点区域的 WiFi 无线覆盖，开始提供高品质应用和服务。智慧交通、一卡通、三维数字地图系统应用项目取得较好成效。例如，武汉已在市区“六桥一隧”上安装了 ETC（电子不停车收费系统）电子识别装置，车辆经过时，车上的电子标签感应能自动扣费；还将在主要路口安装 5000 个交通流射频识别装置，可感应已安装 ETC 的车辆，对车流、车速进行监控，实现交通管理的信息化。

2011 年武汉扩大了武汉城市一卡通——“武汉通”的使用范围，试图把武汉通打造成为市民消费、公共服务的知名品牌。到 2012 年，武汉通发卡已超过 450 万张，刷卡领域 25 个，服务网点达到 1028 个，初步实现“一卡在手、便利生活”的目标，给广大市民日常生活消费带来了极大的便捷。

武汉市三维数字地图系统 2012 年已完成了 8494 平方公里市域框架模型和主城区 525 平方公里精细模型，三环线内基本全覆盖，并逐步向开发区、远城区延伸。同时还开展了城市重点区域、节点等地下空间三维模型建设工作，实现了地上、地下空间三维模型一体化管理。

第四节 智慧城市建设的主要启示

一、国内外智慧城市建设的特点

（一）建设基础多样化

智慧城市建设是在城市信息化、数字化建设的基础上推动起来的，其惯性特质导致不同地区城市建设难度和建设质量差异较大。欧美城市建设基础雄厚，使其在智慧城市建设方面处于领先地位。2010年，纽约曼哈顿街道下的光纤电缆长度超过整个非洲的光纤长度总和。以美国电话电报公司（AT&T）、国际商务机器公司（IBM）、朗讯科技公司为代表的IT龙头竞争力更是雄踞全球同行业前列。亚洲的现代化国家和城市，如新加坡、首尔等，在智慧城市建设过程中同样展现出基础坚实与服务宽泛。但广大发展中国家和地区，诸如中东、非洲北部、南美洲、亚洲西部等广大地区，所展现出的智慧城市建设困境让人瞠目，一些国家不仅仅是网络稀缺，甚至电视和电话沟通渠道都不能保证。从全球来看，智慧城市建设的基础性差异巨大，这种差异短时间难以弥平。未来较长时间内，发达国家智慧化建设将一路领先，广大发展中国家的建设任务繁重。在中国，东部发达城市的建设基础和中西部欠发达城市的建设基础差异也较大。北京、杭州等城市的无线网络、“多网融合”、物联网等已大范围试点，而西部许多城市的“宽带网络”尚未到户。

（二）推动因素多元化

纵观国内外智慧城市建设历程，其推动因素呈现多元化。以美欧为代表的发达国家和地区，其智慧城市推动因素主要是企业先行、项目拉动，而亚洲新兴现代化城市的智慧城市建设大都是政府主导。在2009年年初的奥巴马圆桌会议上，IBM CEO彭明盛向奥巴马亮出其智慧地球方案，IBM希望以此理念整合政府资源，构建智慧城市，IBM的智慧城市理念不仅成为美国城市建设的主流意向，甚至成为世界各国城市建设的方向。美国智慧城市建设模式是项目拉动，如迪比克市的智慧建设项目、波特兰市城市动态管理系统项目等。亚洲城市（如新加坡、首尔等）的智慧城市建设，政府规划翔实、条例细致、包罗面广，政府往往成为智慧城市建设的主角，随着智慧城市的发展，科研院所、高校等研究机构都成为智慧城市推进的重要元素。

（三）建设理念人文化

智慧城市就是实现“人与地球和谐相处”的载体。朝着这个目标让人们在城市生活中真正实现“环保”与“生活体验”的完美平衡。先进的智慧城市建设，突出人文因素。首尔在智慧城市建设中，推出 U-Care、U-Library、U-Fun 等项目，着意让城市充满温馨。三星公司在打造生态城的项目中提出融合“u-City+IT+Green”的模式设想。新加坡的技术策略家项目（Techno-Strategists）通过对专业人士的金融服务、医疗保健等领域的关怀体现了对公民的人文关怀，而新加坡 iN2015 整个大项目以整体框架规划来推动全民的生活、工作、学习和交流，体现人文关怀和城市美好愿景。

（四）建设进程有序化

在智慧城市建设的推进过程中，世界各国都非常注重整体规划和有序推进。欧盟成员国之间的发展水平、历史背景、文化和宗教传统有一定的差异。为推进欧洲智慧城市的发展，欧盟按循序推进原则实施三步走发展战略，即“i2010”战略、“欧洲 2020 战略”、“智慧城市和社区欧洲创新伙伴行动”。

中国宁波在推进智慧城市建设过程中，非常注重工作推动的有序性，以智慧物流、智慧制造等十大智慧应用体系的商业与服务模式创新，以及建设网络数据基地、智慧装备和产品研发与制造基地等六大智慧产业基地为重点，大力推进信息基础设施、信息资源整合共享平台、智慧应用系统等项目建设和智慧产业发展，有力地促进了智慧城市信息资源的开发利用。

（五）发展模式多样化

国内外各城市的智慧化建设模式在很大程度上受其信息化基础的影响，相应地形成四种主要建设模式。

（1）政府主导模式。政府政策在智慧城市发展中起到了重要的作用。

从新加坡建国以来的城市发展路线，明显可以看到新加坡政府在城市现代化发展中的主要作用，特别是新加坡 iN2015 更是对其智慧城市的发展具有奠基性的推动作用。另外，首尔智慧城市的发展，其政府政策主导特性也比较明显。韩国政府 20 多年来始终关注信息化和数字化进程，并通过政策引导推动信息化、数字化及智慧化的发展。韩国首尔在推动智慧城市建设时，在大处规划的同时很关注小的项目设计和推动，让智慧城市建设落在实处，真正实现城市智慧。

（2）产业驱动模式。这是一种强调以产业发展为驱动的建设模式，如通过举办智慧城市的产业博览会，推动智慧城市的建设。

（3）项目拉动模式。设计智慧城市建设项目，通过项目建设取得突破，如智慧交通项目，城市智慧能源管理项目等的实施有效地提高了整个城市的智慧化水平。

（4）信息基础设施建设先导模式。这种模式首先建设全面覆盖、安全有保障的智慧感知、传输网络、高速运算、信息交换及服务运营的智慧化环境，加快现有城市基础设施智慧化改造，实现智慧管理应用集成和感知网络的统一管控，创造良好的城市运营基础，再建设开放共享的公共服务支撑平台，整合信息服务能力。建立城市级的统一数据交换、服务支撑平台，整合应用、数据、感知网络和技术资源，提供全面无缝集成、智能化公共基础服务，促进部门间信息互联、互通和共享，降低信息服务提供商的成本，加速智慧应用孵化速度，促进智慧城市一体化运营。

在实际的规划和建设当中，这四种模式可能组合运用综合推进。到 2012 年，中国的智能城市项目近 1/3 是当地政府与 IBM 等外企合作，近 1/3 由当地电信运营商发起，少数房地产开发商也参与建设（张进洁，2012）。

二、国内外智慧城市建设的经验教训

通过国内外智慧城市建设的案例分析，发现很多值得深入思考和认真总结的地方。在不到五年的智慧城市推进过程中，国内外出现了一些发展较好的智慧城市案例，其智慧城市发展策略、发展思路、推进方案各有千秋。当然，在国内外众多城市推进智慧城市建设的过程中也有一些不尽如人意的地方，相关的教训也值得深入思考。

（一）国内外智慧城市建设经验

1．充分调动 IT 龙头企业的积极性

建设智慧城市需要充分发挥 IT 龙头企业的积极性与能动性。智慧城市发展过程中，以美国为代表的早期智慧城市建设，IT 龙头企业发挥了重要作用。例如，IBM、苹果、微软、Intel、思科等企业，从推出智慧城市建设理念、智慧产品和智慧项目到参与建设进程，都做出了巨大贡献。IT 龙头企业的成长、壮大和崛起为智慧城市发展提供了生机和动力，如华为、联想等企业在智慧城市建设方面的作用也非常明显。而其他大量的从事智慧产业、智慧基础建设、智慧服务的企业都对智慧城市发展产生相当大的作用。

2．大力提升政府政策及时性

作为国家的管理者和政策的制定者，政府在智慧城市建设发展中的作用是巨大的。我国部分城市政府能够紧跟国内外形势，迅速制定智慧城市发展策略方案，并积极推进，如宁波市委市政府 2010 年的“关于建设智慧城市的决定”，扬州政府 2011 年的智慧城市行动计划，以及上海、南京等城市的智慧城市规划方案。截至 2012 年年底，据不完全统计，国内已经有超过 150 个城市提出智慧城市建设计划，这些城市的政府能够及时推出相应的促进政策，主动适应智慧城市的发展潮流，取得了许多可喜的成果。

3．合理制定建设计划和方案

硬件基础、技术基础和人才基础是智慧城市建设的前提条件，不同城市因其建设基础不同，所采取的方案也应不同。以上海为例，上海在智慧

城市建设中，依据其多年来在国内的信息化、数字化龙头地位，在 2011 年 9 月积极推出《上海市推进智慧城市建设 2011-2013 年行动计划》，明确表示要用三年的时间，把上海建设成为一座智能化、现代化、数字化、网络化的智慧城市，而具体建设也是多目标的循序渐进的策略，诸如先构建国际化的、具有世界先进水平的通信基础设施，其次构建丰富的智慧城市应用服务，后面是新一代通信技术、产业体系的发展建设，最后是区域网络的信息安全得到进一步保障建设，新加坡智慧城市建设基于新加坡建国近 50 年、发展信息化超 30 年、花园式国家等良性背景，提出了较多合理的智慧城市建设计划，取得了较好的效果。

4. 狠抓项目推动

在智慧城市建设过程中，一些地方因其基础扎实、资金充足，在推动智慧城市的建设过程中从多个方面全面展开，比如智慧基础设施、智慧知识和信息、智慧产业、智慧环境、智慧服务管理、智慧民生等。例如，韩国的 U-Care 服务，通过构建“健康及生活化的老人福利网络”实现银发族网站安养中心建设，让社区老人享受休闲、教育、健康及就业服务；同时通过“Child Care”项目实现幼儿保育、教育等方面的服务；U-Fun 服务项目通过 U-Sports、U-Tour、U-Art、U-leisure、U-Library 等子项目实现文化多元共享和市民的文化提升，从而成功地实现城市的智慧服务提升层次与水平。国内城市在全方位规划智慧城市的同时，以项目推动的形式进行智慧城市建设，诸如推进三网合一项目、构建大型数据信息平台、推动城市公共服务平台建设，等等。这些以某个或某几个项目为抓手积极推动该城市的智慧化建设是一种比较有效的建设思路，各城市应以智慧化项目为切入点，由点及面推动智慧城市建设。

（二）国内外智慧城市建设的教训

1. 投入不当，效果不彰

智慧城市建设是信息化、数字化建设的延续，在智慧城市的推进过程中，在信息化、数字化过程中所出现的某些问题也有某种程度的重复出现或另外一种形式再现。有些城市在信息化建设中往往出现“信息化黑洞”，信息化项目投资巨大，付出和收获不成比例，项目达不到预期的目的和效果。投入不当或投入过大，或造成产能过剩，或项目无法达到预期目标，甚至会出现一种项目反复投入，形成“用之效果不彰，弃之又觉可惜”的局面。个别城市强调大干快上、追求一流的建设思路，甚至一些二三线城市盲目强调达到一线城市目标，没有选择好合适项目，造成投资过大、收效微弱的不良局面。

2. 简单模仿，缺乏特色

在智慧城市建设过程中，跟风模仿缺乏特色现象较为明显。在做智慧城市顶层设计时，没有结合本地的优势产业特色，也没有充分考虑落地的可行性，某些城市的物联网产业园、软件产业园、云计算产业园、云计算中心等项目，因为前期的规划定位不清晰，竞争力不强遭遇招商困难，致使园区空壳化。一些二三线城市在规划定位时，照搬典型优势智慧城市的经验，在智慧城市建设中出现困境。

3. 多头管理，难以形成合力

在智慧城市建设过程中，部分城市缺乏统一的专门管理机构，形成多头管理的混杂现象，导致管理不力、效率低下，管理协调性差，各方面资源难以形成合力，影响智慧城市整体效果。其原因既有客观的，又有主观的，建设智慧城市的领导者必须尊重客观规律，加强组织领导。

三、国内外智慧城市建设的启示

系统考察国内外的智慧城市建设，给我们如下启示。

（一）要把改善民生作为建设的根本出发点

智慧城市建设必须要真正落到实处，要从交通、教育、医疗、卫生等老百姓生活中所遇到的问题入手，切实方便百姓的日常生活，提升市民的生活质量和生活品质。让智慧城市建设成为一项实实在在的民生工程，从而充分体现以人为本的理念，实现人文关怀，满足民生诉求。比如，浙江省富阳市构建集网格责任分区、监管信息共享、智能信息分析等功能于一体的食品安全GIS监管平台，用于有效地监督和管理食品质量安全问题；“智慧浙江——中国电信战略城市门户”旨在打造城市智慧生活的门户网站，为百姓提供一站式的智慧生活服务；宁波市持续推进智慧交通基础支撑平台、公共服务平台及停车诱导系统建设，力图缓解城市交通拥堵，提升交通管理能力等。这些工作都力争最大限度地体现民生诉求，提升民众的幸福指数。

（二）系统规划布局是建设成功的先决条件

智慧城市建设的最终目的是要建设成统一、协同、融合的智慧城市体系，与过去只关注单个、局部的信息化项目相比，现在的智慧城市建设则更注重于系统规划、整体布局。智慧城市是一个系统化工程，它不仅包括技术的统一，强调互联互通，避免信息孤岛，还包括城市管理和服务的对接，是政治、管理、经济、技术、文化等各个方面的综合协调。智慧城市建设需要对系统架构、物理硬件、技术与服务、用户管理等多个方面进行深入分析、规划与设计，是一种统一的综合的解决方案。比如，新加坡的iN2015和首尔的U-Seoul等规划，既宏大全面，又扎实细致，体现了一种整体的和谐和美感；美国纽约、荷兰阿姆斯特丹等城市结合IBM的智慧城市规划框架，实施了多项目交叉的智慧城市综合建设方案，取得了良好的实施效果。系统的规划、合理的布局是智慧城市建设成功的先决条件。

（三）基础设施和智慧应用是两大重要抓手

智慧基础设施建设和智慧型应用实施是智慧城市建设的两大重要抓手。其中，适度领先和完善的基础设施是智慧城市运行的基础保障；智慧型应用是智慧城市运行的服务保障。以信息基础设施建设为先导，建设全面覆盖、安全保障的智慧感知、传输网络、高速运算、信息交换及服务运营支撑架构的智慧化环境，加快现有城市基础设施智慧化改造，实现智慧管理应用集成和感知网络的统一管控，创造良好的城市运营基础条件。在此基础上再建设开放共享的公共服务支撑平台，整合信息服务能力，促进部门间信息互联、互通和共享，降低信息服务提供商的成本，加速智慧应用孵化速度，促进智慧城市一体化运营。智慧城市通过各个智慧型应用，为市民提供高品质的智慧服务，从而有效地提升市民的生活质量。

（四）智慧产业是建设的必要支撑

智慧城市建设离不开产业的支撑，与此同时，其释放的需求也将极大地促进智慧产业的发展。因此，必须紧紧抓住智慧城市建设这一契机，在不断壮大电子信息制造业、软件产业的同时，加快培育和发展物联网、智慧安全、云计算、大数据等新一代信息技术战略新兴产业。要以“信息化与工业化融合”为着力点，深入推进产业智慧化；要不断做大做强企业，努力培育具有国际竞争力的骨干型重点龙头企业，带动相关企业共同发展；积极建设特色产业基地和产业园区，努力形成具有较强竞争力的智慧产业集群，推动产业集聚发展；要强化产业培育与应用示范相结合，鼓励和支持设备制造、软件开发、服务集成等企业健康快速发展；要鼓励产学研合作，通过产业联盟等形式，加快产业链形成。

（五）创新发展思路是获得新突破的重要途径

在推动智慧城市发展过程中，要赶超欧美发达国家的城市经济文化水平、实现跨越式发展。必须实现多方面的创新，如技术创新、管理创新、商业模式创新以及政策创新等。一些城市通过推动智慧创业园区建设，引进先进的智慧技术及智慧行业人才，加大智慧型创业支持力度，增强城市创新能力，提升创新实力。在制定创新策略推动智慧城市建设方面，上海、宁波等地对于智慧化项目提供税收减免，吸引创新性高技术人才的进入。针对智慧城市相关行业，诸如物联网、云计算等方面的项目和人才，各个城市都有不同程度的支持策略，以实现创新型项目和人才的引入。未来智慧城市建设在实现创新突破方面，需要强化创新基础，加快推进关键智慧技术研发及产业化；通过创新商业模式，发展新兴服务业，完善公共服务平台，建立以企业为主体、产学研用相结合的智慧技术创新体系。

（六）要突出城市的个性化和地方特色

国内外众多城市在开展智慧城市建设的过程中，城市之间往往通过技术相互学习和政策相互借鉴实现智慧城市的快速建设和实施，提升效率。这体现了技术互通和策略互通的优势，但同时，在某些城市，特别是一些地域核心城市，在智慧城市建设过程中，应提倡创新，走出各自的个性化发展道路。例如，杭州打造幸福城市样板，力求在智慧城市建设过程中体现幸福特性，努力提升智慧城市建设的幸福指数；北京注重城市文化特质，体现千年帝都文化底蕴，同时提升智慧政务水平和质地，体现首都政府的政务高效率。每一个城市都可以从其历史背景、地理差异、人文风情上做文章，注重体现城市特色的创新，把各地的智慧化特征打造成城市靓丽的名片。

第三章

我国智慧城市系统架构研究

第一节　智慧城市系统架构的概念界定和理论内涵

一、智慧城市的概念界定与内涵分析

（一）智慧城市的概念界定

1．智慧城市概念的定义

技术论观点的持有者（如美国的 IBM 公司、中国的华为等）从技术角度对智慧城市进行描述，强调智慧城市的技术特征，认为技术是推动城市建设和发展的核心因素，技术的应用和创新是建设智慧城市的基础，智慧城市是信息技术武装下的更智能、更便利的新型城市。

应用论观点的持有者从城市运营管理智能化和决策智能化角度，对智慧城市进行描述，强调智慧城市的智能应用特征，认为智慧城市通过智能系统的广泛应用，提高了资源管理、环境保护、经济活动等领域的智能化水平。

系统论观点的持有者从城市这一有机系统整体发展的角度对智慧城市进行描述，认为智慧城市是一个类生命体的大系统，具有系统的基本特征和功能，能够通过感知、认知、学习、成长等环节的培育，具备持续完善的创新、决策、调控能力和行为意识，不断增强自身的智慧化水平。例如，宁波市认为："智慧城市，是充分利用现代信息通信技术，汇聚人的智慧，赋予物以智能，使汇集智慧的人和具备智能的物互存互动、互补互促，以实现经济社会活动最优化的城市发展新模式和新形态。"

基于上述探讨，综合第二章国内外对于智慧城市建设的相关观点，结合城市的功能特点及城市信息化的未来发展趋势，我们认为："智慧城市"是城市社会和新的信息化时代，以物的智能和人的智慧相结合为特征，以智能的技术和智慧的制度安排有机融合为途径，系统化解决现代城市发展的突出问题，实现可持续发展的城市演进的新形态。

2. 智慧城市的概念要点

首先，智慧城市是城市社会和新的信息化时代，实现可持续发展的城市演进的新形态。其关键点主要体现在：①时代背景，即智慧城市产生、发展和演变的时代背景是城市社会和新的信息化时代（即信息化进入以智能化为标志的新时代），而不是其他。②发展目标，即智慧城市的目标是城市可持续发展，而不是其他。③形态特征，即智慧城市是城市发展的新形态，而不光是城市信息化的新形态。因此，智慧城市是区别于以前的"数字城市"等城市信息化发展形态，但也不一定是未来城市发展的终极形态。

其次，智慧城市是以物的智能和人的智慧相结合为特征，以智能的技术和智慧的制度安排有机融合为途径的城市发展模式。其关键点主要体现在：①基本特征，即智慧城市发展的基本特征是物的智能与人的智慧相结合，既要汇聚人的智慧，发挥人的智慧的作用，又要赋予物以智能，让智能化的物更好地服务于城市发展。②发展途径，即智慧城市发展的基本途径是智能的技术与智慧的制度安排的有机融合。智慧城市是"数字城市"的延伸和拓展，需要在充分利用最新智能化信息技术的基础上，依靠智慧的制度安排。

再次，智慧城市是针对城市发展突出问题的系统化可行性解决方案。其关键点主要体现在：①建设目的，即智慧城市的目的是解决城市发展面临突出问题。城市发展面临的突出问题不是千篇一律的，而是千变万化的，不同时间，不同空间，城市发展面临的突出问题不同。因此，智慧城市建设的目标、路径和重点也不相同，最终表现形式也自然不同，不可能千篇一律和一成不变。②建设范围，即智慧城市是针对城市突出问题的系统化方案。“系统化”，是指针对城市发展面临的突出问题而言的系统化解决方案，而不是针对城市发展的所有问题；是指针对拟解决的城市发展突出问题的涉及面而言的系统化参与的解决方案，而不是一个和几个部门或少数人参与实施的解决问题方案，强调的是涉及问题解决的所有城市系统和大众参与；是指针对解决问题的方式而言，是系统化解决而不是局部化解决。③建设方案，即智慧城市是解决城市突出问题的系统方案。不仅要具有系统性，而且要具有可行性，不然就难以实现解决问题的目标。

最后，需要强调的是智慧城市的概念从根本上是“智慧”与“城市”的有机结合，智慧的融入并不改变城市的本源属性，只是改变了城市发展形态。理解智慧城市的关键在于理解其中的“智慧”，理解智慧的重点则在于理解“慧”。智慧城市的概念内涵只是将信息时代“智”与“慧”融合于具有技术、社会和系统属性的城市而已，既是基于技术、社会和系统定义的概念综合，又可以基于不同视角加以定义和认识。

（二）智慧城市的观察视角

1. 不同层面的智慧城市内涵

智慧城市在全球范围尚处于建设和发展过程之中，还未形成共识性定义。但其概念作为智慧城市客观现实在人们观念上的反映，对其的研究是对智慧城市研究的起点，需要首先加以分析，本书基于以上智慧城市的概念界定，认为其内涵可以从技术、社会和系统三个层面加以定义和理解，并在此基础上根据实际需求从不同视角加以研究。

从技术层面看，智慧城市是利用物联网、互联网、云计算、大数据等新的信息技术，通过物联化、互联化、智能化的方式，整合城市的信息和资源，实现城市各个功能彼此协调运作的城市发展新形态。

从社会层面看，智慧城市是充分利用新的信息技术，汇聚人的智慧，以人为本，实现知识社会环境下以用户创新、开放创新、大众创新、协同创新为特征的可持续创新和价值创造，促进城市功能协调运作的城市发展新形态。

从系统层面看，智慧城市是技术层面和社会层面的智慧城市在城市系统的复合与交融，是一个以智能的技术和智慧的制度安排有机结合的开放的复杂的城市巨系统，是支撑智慧城市的新的信息技术及其制度安排与现代城市发展的需求，在城市物理空间、社会空间和虚拟空间交叉、融合与统一中实现的均衡形态，其基本特征是城市功能系统彼此协调运作，进而提升城市人的系统与物的系统、社会系统与自然系统、技术系统与制度系统之间互动效能的一种基础设施高端、管理服务高效、产业生机勃勃、环境智慧友好、未来特质明显，最终实现以智慧技术高度集成、智慧产业高端发展、智慧服务高效便民为主要特征，经济社会活动最优化的城市功能系统新形态。

2. 不同视角的智慧城市解读

还可以根据城市发展的实际需求，选择不同视角对智慧城市加以解读。

如果对智慧城市的理解偏向于“技术”角度，智慧城市就是高级阶段的“数字城市”或者“智能城市”。智慧化必须以网络化、数字化和智能化为前提，智慧城市必须以数字城市和智能城市为基础。一个城市没有充分实现网络化、数字化和智能化，很难建成智慧城市；一个城市如果没有比较好的数字城市和智能城市建设基础，也很难建成智慧城市。

如果对智慧城市的理解偏向于“社会”的角度，智慧城市就是一种人性化、以人为本的、学习型和创新型城市，创造性被认为是智慧城市的关键驱动因素，人、教育、学习和知识对于智慧城市来说是重中之重。智慧城市应该为创意者、创新者创造一个适宜的环境。成为具有创造性的城市是智慧城市的愿景之一。

如果对智慧城市的理解偏向于“发展”的角度，智慧城市就是智慧发展的代名词。在智慧城市概念出现以前，在城市语境下，智慧“增长”是最常用的词汇。20 世纪 90 年代以后，智慧发展运动就已经盛行，是政府和社区驱动的对交通堵塞、过度拥挤、环境污染、公共空间的减损、有价值的历史遗迹的损毁、公共设施费用暴涨的强烈反应。

如果对智慧城市的理解偏向于“治理”的角度，智慧政务就成为智慧城市的重中之重。政府如何建立起让非政府组织、企业和居民，与政府一起，共同治理城市的制度安排，是智慧城市建设的基本制度基础。而政府如何进行智慧的决策、智慧的运行和智慧的监督，是智慧治理的关键环节。

（三）智慧城市内涵解构和特征

1. 智慧城市的内涵解构

智慧城市是人们对未来城市发展的美好追求和期望，继承了城市化进程中优秀成果和思想，融入了新的发展理念和信息技术成就。其目的在于全面提升公共管理服务与整体运营水平、构建发达的现代产业体系，同时遵循以人为本的核心理念，充分发挥和利用人的智慧，不断成长为一个创新、高效、安全、和谐的城市系统。智慧城市内涵结构模型如图 3.1 所示。

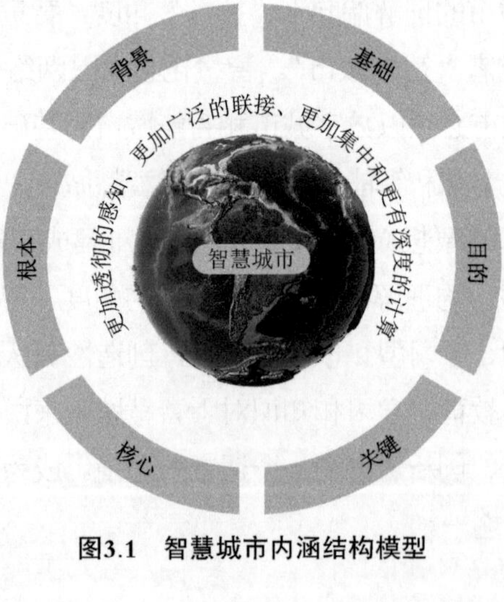

图3.1　智慧城市内涵结构模型

进一步结合世界智慧城市实践分析发现，智慧城市是数字城市、智能城市、生态城市、低碳城市、知识城市等先进理念的汇聚融合，已实现城市可持续发展的城市演进的新形态，具有十分丰富的内涵。进一步解构上述模型，可以获得简称“四四一一四四”智慧城市内涵结构体系，即四个背景、四个基础、一个根本、一个核心、四个关键、四个目的，具体如表3.1所示。

表3.1　智慧城市内涵结构体系表

体系要素	关键内容和评价目标	城市发展形态
背景	城市经济社会发展难题亟待解决； 居民物质文化需求不断增加； 资源环境压力日益加大； 全球信息通信技术、知识经济、信息社会的加速发展	难题城市 +压力城市 +寄望城市 +机遇城市
基础	设施物品充分感知； 信息网络互联互通； 信息资源深度整合； 知识管理普及深入	感知城市 +互联城市 +信息城市 +知识城市
根本	以人为本，以现代信息通信技术为支撑，让人汇聚智慧，让物具有智能，让汇聚智慧的人和具备智能的物互存互动、互补互促，实现经济社会活动最优化	慧聚城市 +智能城市
核心	充分运用现代信息通信技术，最大限度地开发利用信息和知识资源	信息强市 +知识强市
关键	从政府角度看，一方面要推进城市管理服务流程的重塑优化，决策运行的智能化、协同化、精准化和高效化；一方面要推动产业智能化和智能产业集聚化。 从企业角度看，其产品和服务要高科技、高知识、高效益。 从居民角度看，要普及深化其信息、知识获取利用能力建设并保持常态化，实现更加智慧的生活。 从资源环境角度看，要推行智能化和低耗化	效率城市 +效益城市 +科教城市 +低耗城市
目的	从政府角度看，要实现经济社会科学管理、民生服务高品优质； 从企业角度看，要实现现代产业又大又强； 从居民角度看，要实现人文素质先进优秀； 从资源环境角度看，要实现资源环境绿色友好	现代城市 +品质城市 +人文城市 +生态城市

2. 智慧城市的内涵特征

智慧城市发展需以信息、知识和脑力资源为支撑，通过透明、充分的信息获取，广泛、安全的信息传递，高效、科学的信息处理，均衡有效地提高城市运行和管理效率，改善城市公共服务水平，跨越式提升城市发展的创新性、有序性和持续性，使整个城市如同智慧的人，让市民能均等享受到智慧城市的优质服务。因此，智慧城市既包含了数字城市、智能城市等方面的特点，又具有透彻感知、泛在互联、高效协同、精准管控、创新应用、和谐发展等方面的特征，具体如图 3.2 所示。

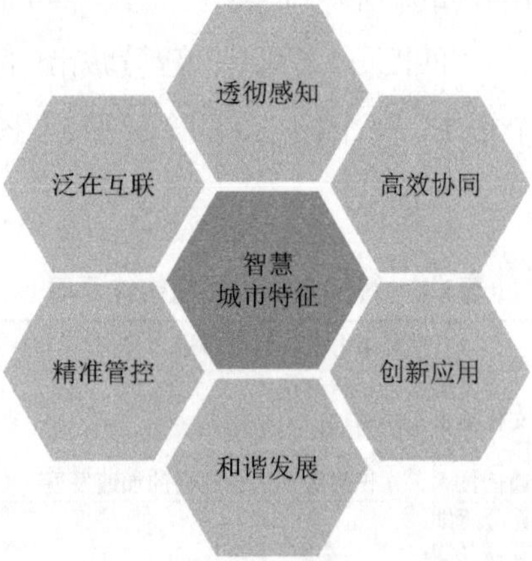

图3.2　智慧城市本质特征图

透彻感知是指利用遍布各处的传感设备和智能终端，对城市运行的核心系统进行测量、监控和分析，使城市中需要感知和被感知的人与物可以相互感知，且能随时获取需要的数据和信息。

泛在互联是指通过融合电信网、互联网、物联网等信息网络，打造泛在的承载网络，可将各种采集信息和控制信息进行实时准确的传递，实现人与人、人与物、物与物的互联互通。

高效协同是指利用各种信息资源库及公共服务平台，加强行业、部门间的资源整合、信息共享，使城市各个系统和参与者进行高效协作，达到城市运行的最佳状态。

精准管控是指通过透彻的感知、泛在的互联，以及对海量数据进行快速、集中、准确的分析和处理，进而做出科学的决策，实现对各个城市主体及城市系统的精准化、智慧化的管理和控制。

创新应用是指加强各种信息资源利用和创新平台建设，鼓励政府、企业和公众在智慧城市公共服务平台及各系统之上进行科技和业务的创新应用，为城市提供源源不断的发展动力。

和谐发展是指充分发挥智能化的决策和管理功能，加强城市各系统的相互融合与相互促进，实现城市系统内外、城市各系统之间，以及人与自然等方面的和谐发展与持续发展。

二、智慧城市系统架构的理论内涵

（一）智慧城市系统架构的概念界定

1. 架构与系统架构界定

智慧城市系统架构中的系统架构（software architecture or framework）一词来源于计算机软件领域，是对系统内的元素及元素间关系的一种主观映射，是用于指导系统设计的结构性理论框架，是指一系列相关的抽象模式的集合。系统架构中的架构是从建筑绘画领域借用过来并广泛使用的概念，但架构不仅是结构。IEEE Working Group on Architecture（1998）把其定义为"系统在其环境中的最高层概念"。架构还包括"符合"系统完整性、经济约束条件、审美需求和样式。架构不仅注重对内部的考虑，而且还注重在系统所在环境中对系统进行整体把握、宏观考虑，即同时注重对外部的考虑。因此，架构具有两个要素：部件划分和设计决定。部件划分即将一个系统从整体到部分的高层次的划分；设计决定即进行系统设计时需要做出的决定，以及它们如何影响到系统的所有非功能性特征等[①]。此外，除了系统内部结构和主体模块外，还需要从整体角度考虑系统环境因素，如组织体系和支撑机制等。

2. 城市系统架构的特征

从设计和具体实施的角度来看，城市是一种巨型复杂系统。为了理清系统内部部件之间，以及内部和外部之间的作用关系，我们自然而然地考

① 百度百科 . 软件架构 . http://baike.baidu.com/view/1147116.htm[2013-7-2].

虑将系统架构的概念引入到城市的整体设计当中来。作为城市设计规划和建设的基础概念，系统架构的核心组成即部件划分和设计决定也同样适用于城市系统架构。同样，城市系统架构的存在与演变，除了考虑主体部件外，也需考虑组织体系和支撑机制，因此，城市系统架构是城市的要素组成及要素功能逻辑关联的结构布局的体现，其特征主要表现为以下四点。

（1）继承性。城市系统架构的存在和演变总是以原有的系统架构为基础，在持续的创新中不断发展。城市系统架构的存在形态一般保持了原有系统架构存在形态的要素构成和结构特征，体现出一种继承关联。

（2）动态性。城市系统架构是特定的自然、社会、经济和文化背景条件下，人类各种活动和自然因素相互作用的综合结果，随着城市发展带来外部环境变化和社会机制改变，城市原有的系统架构的整体形态及系统架构要素间逻辑关系将随之发生变化，如城市的交通条件的改善、城市人口的迁移、新型城市文化的产生、新兴产业的发展、城市管理新技术和新系统的应用等都将引起城市的系统架构的动态变化。

（3）适应性。城市系统架构由高度整合的要素或子系统组成，各要素或子系统相互关联、相互影响和相互制约；同时，当外部条件发生变化时，城市的系统架构可以自发地调节其组织结构形态和要素功能特征，并通过其形态和功能的相互配合来完成新的系统架构与新的系统环境的调节和调适。

（4）整合性。城市系统架构的不断分化是城市系统架构的重要特征，随着经济社会发展，城市系统架构日趋复杂，对于不断变化的形成背景和外部环境，其存在形态和要素功能呈现出一定的惰性和不适应，出现系统架构各组成要素之间联系的削弱和功能的紊乱，从而使得系统架构逐步出现分化，并力图达到一个新的动态平衡。城市系统架构的整合是把分化的系统架构存在形态和要素功能在新基础上合为一体，是城市系统架构的另一项重要特征。其整合的过程可分为微观层面的自下而上的整合，如生产资源的整合，以及宏观层面的自上而下的整合，如管理机制的整合，两者往往相互融合同时进行。

3. 智慧城市的系统架构

智慧城市是城市社会和新的信息化时代，以物的智能和人的智慧相结合为特征，以智能的技术和智慧的制度安排有机融合为途径，系统化解决现代城市发展的突出问题，实现可持续发展的城市演进的新形态。从某种程度上而言，在设计和具体实施层面，可以将其视为一种复杂的超大规模的城市运行巨系统。因此，系统架构概念也自然被引入智慧城市建设之中。系统架构的两要素，即部件划分和设计决定也适用于智慧城市系统架构；与软件系统架构类似，智慧城市系统架构除主体模块外，还应考虑组织模块和支撑模块。

据此，我们认为：智慧城市系统架构是为指导智慧城市建设，将智慧城市作为一个系统，按一定的理论逻辑和观察视角，选择一定的系统解构方法，对智慧城市进行系统化解构和展开后获得的具有结构化、形象化、体系化、共性化特征的智慧城市概念内涵。虽然同一智慧城市，由于依据的理论或观察的视角或解构的方法不同，会有不同形式的系统架构，但所有智慧城市一定具有主体、目的、手段、基础、环境、支撑、保障等基本要素，并表现为物理空间、社会空间和虚拟空间三层交叉的共同特征，以及与智慧城市发展阶段相适应的阶段性特征。我国不同智慧城市的系统架构，一方面在基本要素、特征方面符合智慧城市系统架构的一般模型，另一方面，又具有个性化的具体形式。在智慧城市系统架构具体构建时，既要遵循智慧城市系统架构的一般模型，又要在紧密结合中国国情基础上，进一步结合城市自身实际加以构建，切不可照搬照套。

（二）智慧城市系统架构的认知模型

人与物是城市社会系统的基本组成要素，城市是由人按照自身文化价值取向和需求改造自然界的产物，可以理解为人自身主观意识在城市地理空间、社会空间和虚拟空间集中的体现。现代城市中人与物的数量规模和聚集程度，远超过以往任何时代。因此，在城市发展过程中产生了许多新的问题。首先对具有庞大数量的人与物的服务与管理，本身就是目前城市发展所面临的一个亟待解决的难题，如若缺乏对人的管理则会引发城市人口数量剧增，将会对城市的社会治安、生态环境、可持续发展产生深远的影响，进而造成城市人口的生活质量下降、城市基础设施不堪重负等问题。同时，物是人类生活的基本保障，缺少对于物的有效管理，城市生活就不能正常进行。而人与物的协调，显然能够起到提高城市生活幸福感、提升各种产业效率等作用。当前我国城市已经进入高速发展阶段，城市规模迅速扩大和人口急剧增长已经给城市管理和可持续发展带来了巨大的压力和考验。同时，由于我国城市经济社会管理体制相对滞后，与城市快速发展不能匹配，使得城市经济潜力无法完全挖掘出来，生产、建设和流通领域中的种种损失和浪费还十分严重，这些与智慧城市的发展目标和发展要求存在一定的距离。

综上所述，智慧城市系统架构的构建方式和运营目标在本质上都可归结为结合人的智慧和物的智能，来解决城市发展中的突出问题，这是由智慧城市产生的背景和目标所决定的。因此，构建以解决问题为核心元素的智慧城市系统架构内涵分析模型，比较适合现阶段我国智慧城市发展实际需求。基于对智慧城市系统架构基本概念的理解，同时借鉴智慧城市阶段发展特征的分析结果，我们提出了“人—物—问题”（People-Things-Problems）智慧城市系统架构认知模型，即 PTP 模型，借此对智慧城市系统架构的内涵进行分析，如图 3.3 所示。

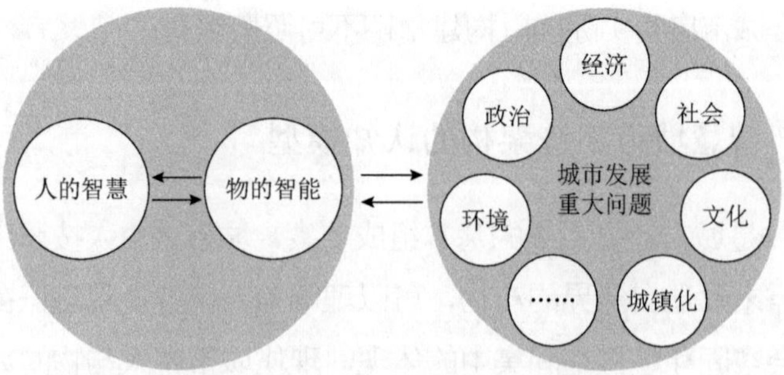

图3.3　“人—物—问题”的认知模型

我们认为人和物是城市最基础的要素之一，从人的角度引申出的智慧人群将成为智慧城市基础要素之一，而物则发展成为智慧城市的基础设施，这是组成智慧城市系统架构的另一个重要基础要素。智慧城市系统架构的顶层元素的存在的根本目标是解决城市发展过程中，人与物在交互作用中产生的政治、经济、文化等重大问题，如智慧经济、智慧环境、智慧文化的构建。同时，为了协调管理人与物及二者之间的关系，则需要在基础层的智慧人群、智慧基础设施与顶层各要素之间构建智慧政务，协调、管理和控制顶层要素和基础层要素的运行状态及运行效率。

正确把握 PTP 模型分析所得智慧城市系统架构内涵，需要深入理解其与前述智慧城市“四四——四四”内涵体系的一致性特征。

首先，“四四——四四”内涵体系认为从根本上而言，智慧城市是以人为本，赋予物智能，使智慧的人与智能的物互动互促，实现社会经济活动最优化；在 PTP 模型中则表达为基础层的智慧人群、智慧基础设施与顶层智慧经济、智慧政务、智慧民生、智慧环境的协调统一的系统架构，给出了智慧城市构建的途径。

其次，“四四——四四”内涵体系提出智慧城市的基础与核心是感知设施、通信网络、信息资源、知识管理等，是充分运用信息技术、开发利用信息资源；PTP 模型构建的智慧城市系统架构中设计专门的智慧基础设施加以强调。

再次，从“四四——四四”内涵体系背景和目的来看，智慧城市是在经济社会发展难题突显、居民文化需求增加、环境资源压力加大、信息技术加速发展的背景下，为实现科学管理服务、发展现代产业、提高人文素质、实现绿色环境而提出的；基于 PTP 模型的智慧城市系统架构顶层要素不但关注城市化过程中出现的问题和需求，同时认为解决问题的途径在于底层智慧人群与智慧基础设施的互联互动。

最后，“四四——四四”智慧城市的内涵体系认为智慧城市需要从政府、企业、居民、环境资源四种不同的角度，实现不同的目标；基于 PTP 模型的智慧城市系统架构在顶层中也分别对应智慧政务、智慧经济、智慧民生、智慧环境的形成和发展，并成为智慧城市系统架构的组成要素。

第二节　我国智慧城市系统架构的构建

一、智慧城市系统架构的构建原理

（一）系统分析原理与智慧城市系统架构

系统科学是以系统为研究和应用对象的一门科学，它将系统定义为由相互联系、相互作用的若干要素组成的具有特定结构和功能的有机整体。系统的定义从整体上界定了包括系统目标、组成要素、一定结构、特定功能在内的四个概念层次，以及要素与要素、要素与系统、系统与环境的三种作用关系。城市是由社会形态、地域空间、经济结构与民生体系等组合而成的复杂社会系统，包含城市人群、城市资源及信息技术等诸多要素，涉及城市管理、城市运营和城市生活等诸多领域，其建设和管理离不开系统科学的理论和方法的指导。智慧城市系统架构描述的是智慧城市的要素功能内容和结构布局特征，其构建方式和构建方法决定了智慧城市建设和发展目标，需要遵循系统论的基本原理，智慧城市系统架构也必然具有系统的基本特征。

1. 目标功能性

目标功能性是指智慧城市系统架构各组成要素的功能的设计和界定必须符合智慧城市系统架构的发展目标，体现智慧城市系统架构构建的基本要求。基于智慧城市的内涵，智慧城市要实现经济社会科学管理、现代产业又大又强、人文素质先进优秀、资源环境绿色友好、民生服务高品优质等基本目标，智慧城市系统架构是智慧城市建设和发展目标实现的功能载体。智慧城市系统架构是由相互联系和相互作用的诸多要素组成的，基于智慧城市目标的设定，智慧城市系统架构的各个要素的形成和发展必须具有统一的目标，因此，对智慧城市系统架构的各个要素的功能目标的界定是系统架构构建的逻辑基点，也是智慧城市系统架构首先要体现的一个重要的系统特征。

2. 要素关联性

要素关联性是指智慧城市系统架构的各个组成要素并不是孤立存在、独立发展的，其发展内容是相互关联、发展路径是相互作用的。从系统科学的角度分析，一个城市系统具体包含基础设施、社会管理服务、产业经济等诸多领域的各种要素。根据城市的智慧化建设和发展的基本规律和基本要求，清晰界定城市的各个组成要素的功能，透彻理解和分析各要素相互作用的原理和规律，并利用先进的信息技术，将各要素整合为一个有机整体，形成完整的智慧城市系统架构，科学推进智慧城市的建设和发展，达到社会、环境和文化更为广泛和协调发展的目的。

3. 结构平衡性

结构平衡性是指智慧城市系统架构中各要素具有各自的层次定位，完成各自特定的功能，并在一定时间内达到一种动态平衡。智慧城市建设内容涵盖城市基础设施、城市规划、产业经济、居民生活、环境保护等多个方面，并涉及多种主体、资源类型、目标愿景和制度保障。从系统科学的角度分析，在智慧城市系统架构中，各个组成要素都将发挥自身的特定功能，因此为了保证系统架构的功能实现并协调发展，各要素应该得到平衡的发展；同时，根据各要素在智慧城市建设中的作用，在智慧城市系统架构中对其进行合理定位，协调好政府、企业、居民和其他组织的关系，平衡城市经济增长与城市环境的可持续发展等，从而实现系统架构的结构平衡。

4. 发展动态性

发展动态性是指智慧城市系统架构的要素构成和要素功能都是随着智慧城市发展阶段而呈现出动态变化的特征。在经历一段时期的发展后，智慧城市系统架构的目标和结构将根据智慧城市建设实践的问题反馈和经验借鉴进行适当的调整和变化，从而更加科学有效地指导智慧城市的发展，这也符合系统科学的基本观点。智慧城市建设是一项复杂、庞大的系统工程，涉及城市的方方面面，因此，需要一个科学的系统架构。厘清智慧城市系统架构的要素关系，确定各要素发展先后顺序，有序地推进各要素的内容实现。这其中不仅要强调突出最新信息技术的重要作用，而且要及时调整好其他要素（如人力资本和社会资本）的协同发展关系。

（二）空间分析原理与智慧城市系统架构

随着智慧城市系统架构理论和构建实践的发展，很多对智慧城市系统架构的研究开始从重视系统架构各部分组成和相互关系回归至城市的本质形态，并基于城市空间分析视角来构建智慧城市系统架构，形成了智慧城市系统架构的空间分析模型。基于空间分析原理的智慧城市系统架构一般可抽象为物理层、社会层和虚拟层。

1. 物理层

智慧城市系统架构的物理层是指智慧城市中的自然物理空间、生活物理空间和生产物理空间。

自然物理空间是智慧城市中的自然环境、土地资源，是智慧城市建设的自然实体。通过智慧环境、智慧国土的建设，实现对城市自然环境、土地资源的科学保护和合理利用，形成适宜的人居环境。

生活物理空间是智慧城市中满足城市居民生活需要的城市物理实体，主要包括城市能源、水电气管线、交通设施、港口道路、楼宇住宅等。通过智慧能源、智慧管网、智慧交通、智慧港口、智慧楼宇等智慧城市建设，促进城市生活物理实体的自动化、感知化、网络化、智能化，以实现城市生活物理实体的智能运行，提升城市建设和管理的规范化、精准化、智能化水平，提高城市居民的生活质量。

生产物理空间是智慧城市中生产活动所依赖的物理空间，即农业生产、工业生产和服务活动的物理有形空间。通过规划和建设具有各自城市特色的智慧农业发展区、智慧产业园区、高校创业园区、软件产业园区、智慧服务经济区等，合理配置和利用城市生产区域，促进知识生产和交换、技术创新和应用、产业布局合理化，形成低耗能、低成本、高效率的城市生产体系。

2. 社会层

社会层主要包括政府、企业、高校等机构组织和智慧人群。

由于智慧城市建设涉及众多特点不一，甚至利益相互冲突的行业、部门和单位，因此需要政府从城市发展整体目标出发，进行统一规划布局，并制定相关法规、政策、机制，保障其顺利推进。尤其智慧城市建设要求各部门提供大量组织机构内部数据资源，这需要在政府的引导规划下形成有效的数据共享机制。根据国外相关经验，政府应设立专门智慧城市建设管理机构，引导其稳步快速发展。

企业是智慧城市建设的重要主体，担负关键技术创新、应用系统开发、智能产品的推广等任务。相关工商企业、服务业等应建立智慧研究部门，开展智能技术研发和应用研究，加快成果转换，抓住智慧城市建设良好契机，发展自身的同时推进智慧城市整体发展。

高校也担负着智能技术的研发和应用，但由于其公共研究机构的性质，较之一般企业研究部门，高校应集中一部分人员和资源研究智慧城市发展对居民日常行为活动的影响和改变，以及由此引发的社会现象和问题，并探讨智慧城市新的道德伦理准则。与一般研究机构更为不同的是，高校还肩负着培养智慧人才，引导普及智慧城市知识和应用的重担。

智慧人群是智慧城市的主要受益者和参与者，也是智慧城市系统架构的基本要素之一。因此有必要培育并尽可能扩大智慧人群的范围，使智慧城市建设的成果真正惠之于民。现阶段培育和发展智慧人群首先需要普及智慧终端，提高信息技术应用能力和智慧城市知识水平，保证信息服务的均等性，探讨应对智慧城市时代新的道德伦理准则。

3. 虚拟层

虚拟层主要包括智慧基础设施和智慧应用两部分。

智慧基础设施是指信息通信基础设施、城市基础设施的智能化建设、公共信息基础设施及城市运营管理中心。信息通信基础设施主要指泛在化的信息通信网络，通过建设无时无处不在的、高速的通信网络，将分散的数据或信息连接起来，实现数据或信息的交互和共享；城市基础设施的智能化建设是指使用新的信息技术改造和提升城市基础设施的智能化水平；公共信息基础设施主要指各种公共基础数据库、公共综合数据库、公共专业数据库及数据交换平台等；城市运营管理中心是虚拟层的核心部分，通过数据的深度挖掘与利用，为城市管理、运营和服务提供统一的智能化指挥协同平台。

智慧应用是虚拟层中的关键组成部分，主要指新的信息技术在城市管理运行，企业经营管理、居民学习生活工作等方面的广泛应用。通过新的信息技术应用，能提高城市管理水平、优化企业生产与管理流程，满足居民日常学习、生活、工作上的需求。

二、智慧城市系统架构构建实践

（一）基于系统分析原理的系统架构构建实践

智慧城市系统架构理论普遍包含了系统论观点，根据系统论的观点，通过层层分解、逐步细化出智慧城市的主要构成要素及其相互联系，这是基于系统分析原理的智慧城市系统架构构建实践的主要逻辑思路。由于现代城市本身的复杂性，以及智慧城市建设面临问题的多样性，欧盟、IBM等重要的智慧城市建设领导者和先行者不约而同地将系统论的方法引入智慧城市系统架构设计中，试图以信息通信技术为支撑，涵盖城市发展相关的诸多方面，全方位地开展智慧城市建设，同时关注智慧城市各个方面之间的相互联系与协调统一，重视其整体性特征。基于系统分析视角提出智慧城市系统架构构建方案的典型案例有 R.Giffinger 提出的欧洲中等智慧城市的系统架构、IBM 公司提出的智慧城市系统架构和太极公司提出的智慧城市系统架构。

奥地利维也纳技术大学的 Rudolf 等学者于 2007 年提出了一个欧洲中等规模城市的智慧城市系统架构，概括了现代城市系统智慧化发展的各个主要构成方面。R. Giffinger 等学者认为智慧城市系统架构由六大要素组成，即智慧经济、智慧人群、智慧政府、智慧移动、智慧环境和智慧生活。其中，智慧经济要素的核心体现在创新精神和竞争力上；智慧人群要素作为社会人力资本，重在具备终身学习和创造的能力；智慧政府要素的角色主要是参与决策、公众和社会服务、透明管理；智慧移动要素主要是实现交通和 ICT 设施的便捷性和可获得性；智慧环境要素主要体现在自然资源和环境的可持续利用和管理上；智慧生活要素指包含文化、健康、教育、旅游等各方面的生活品质的功能实现。Giffinger（2007）提出的欧洲中等规模智慧城市的系统架构如图 3.4 所示。

IBM 公司也提出了一个智慧城市系统架构的构建方案，它认为智慧城市系统架构包括六个要素：政府服务，智能交通，能源、水与公共设施，卫生保健，公共安全和教育，从上述六个要素中又分别提炼出若干更详细的功能特征与指标。IBM 提出的智慧城市系统架构如图 3.5 所示。

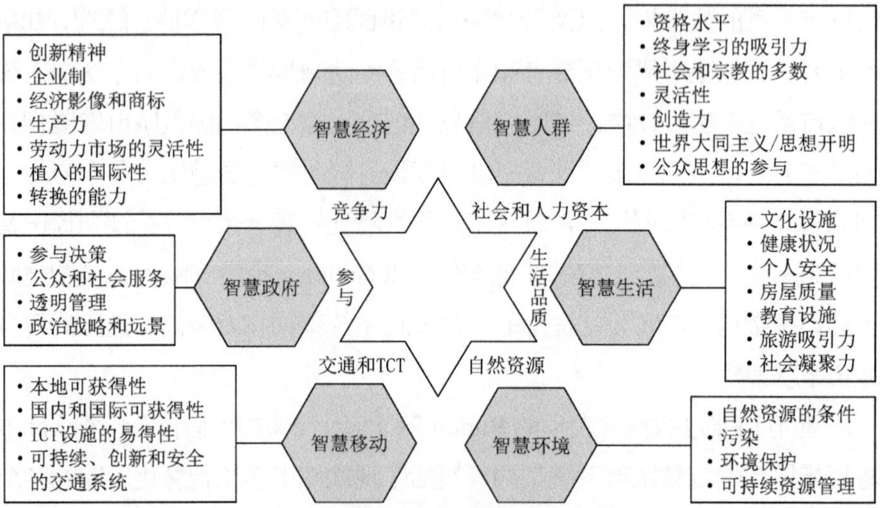

图3.4　欧洲中等规模智慧城市系统架构

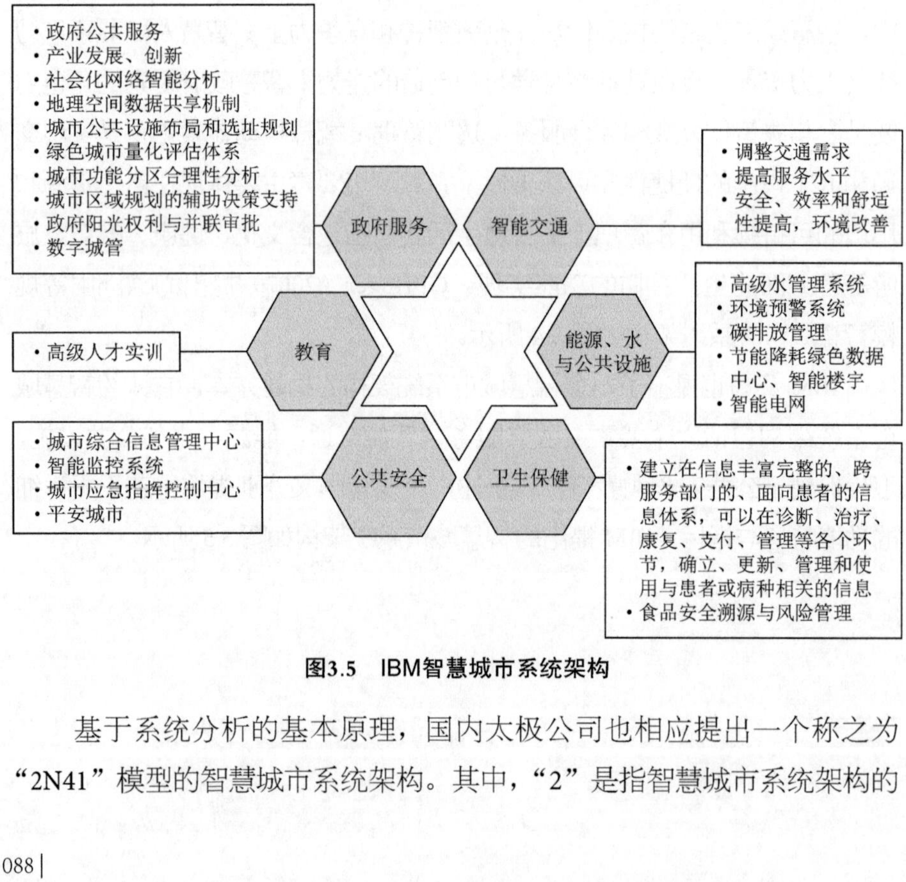

图3.5　IBM智慧城市系统架构

基于系统分析的基本原理，国内太极公司也相应提出一个称之为“2N41”模型的智慧城市系统架构。其中，“2”是指智慧城市系统架构的硬设施要素和软环境要素，硬设施要素包括遍布各处的各类感知设备、云计算基础设施、移动终端及各类便民信息服务终端等，软环境要素则包括政策法规、标准规范、工作机制和保障措施、创新人才培养等；"N"是指多个行业和领域智慧应用系统要素，包括交通、人口、农业、环保、民生等，根据实际条件进行设置；"4"是指智慧城市系统架构运行的 4 个标准，包括市民幸福生活、城市科学管理、企业创新发展、社会和谐运行；"1"代表智慧城市系统架构运行的最佳状态（王兴军，2011）。太极提出的智慧城市系统架构如图 3.6 所示。太极智慧城市系统架构较为重视通过多个领域智慧化，共同达到智慧城市建设目标，体现系统论的观点和其自身对于智慧城市的理解。

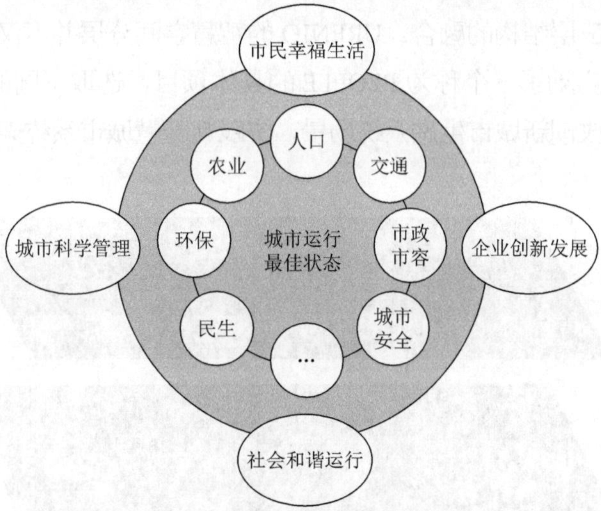

图3.6　太极智慧城市系统架构

（二）基于空间分析原理的系统架构构建实践

随着智慧城市建设实践的开展和研究认识的不断深入，人们发现基于系统分析原理的架构构建方法不能很好地回答和指导智慧城市具体建设路径的问题。在此背景下，按照现代城市自身形态，将其划分为不同空间层次，利用信息通信技术消除各层间的障碍，使其互联互通，以此构建智慧城市系统架构的城市空间分析方法，是近年来出现并被较多讨论的一种新视角。基于空间分析原理构建智慧城市系统架构比较符合现代城市本身固有的结构特征，具有逻辑结构层次清晰的优点。

希腊亚里士多德大学（Aristotle University）的 URENIO 研究组织较早地完整提出和介绍了基于不同城市空间层次的智慧城市系统架构[①]，如图 3.7 所示。该系统架构主要包括物理层（城市区域）、社会层（区域创新生态系统）、虚拟层（应用程序 + 嵌入式系统 + 社交媒体）三层空间结构。不仅如此，URENIO 还给出智慧城市规划的具体路径，即确定和分析上述三层内容，然后通过三层的融合构建智慧城市，应对当前城市发展面临的挑战。三层结构的融合是智慧城市规划的核心内容。URENIO 提出可以搭建战略性智能平台、技术学习吸收平台、集成创新平台、传播促进平台等实现智慧城市三层结构的融合。URENIO 的智慧空间分层并不仅仅停留在理论层面，它启动了一个称为 PEOPLE 的具体项目，选取不同的欧洲城市，构建四处开放创新城市生态系统场景，实践其智慧城市系统架构构建与规划理论。

图3.7　URENIO智慧城市系统架构示意图

---

① PLANNING FOR INTELLIGENT CITIES：Integration and Spatial Intelligence，http://www.urenio.org/wp-content/uploads/2008/11/Planning-for-Intelligent-Cities-eChallenges-2011.pdf

（三）基于“系统—空间”混合方式的系统架构构建实践

作为一种新的构建思路，目前完全按照空间分析原理构建智慧城市系统的案例仍然只占少数，更多的是根据其自身对于智慧城市的理解和定位，形成基于“系统—空间”混合方式的系统架构。这里值得说明的是，智慧城市系统架构的两种构建方法即系统分析与空间分析仅仅是两种不同的分析视角，并不代表二者相互对立。相反，在大量具体智慧城市系统架构构建实践中，系统分析与空间分析两种原理可以共同使用，并根据实际情况灵活变通处理。例如，空间分析原理将智慧城市分为各层空间，而各层内部也应考虑如何由各种相互联系的要素系统组成，实现每层的目标功能。目前“系统—空间”混合型系统架构典型案例如下。

根据对智慧城市发展的绿色化、服务化和泛在化的定位，中国电信提出构建智慧城市系统架构的四大目标，即触手可及的便捷、可感可视的安全、实时协同的高效及和谐健康的绿色，并认为信息泛在基础是通过在传统的工程性基础设施和社会性基础设施上，增加城市要素的感知、交互、智能判断、协同运作等能力，使得城市基础设施具备智能化。中国电信上海研究院（2011）提出的智慧城市系统架构如图 3.8 所示，大致分为三层，底层为智慧城市层；中间层引入社会层即智慧政府（高效政府服务体系），同时将虚拟层的信息泛在基础（智能信息网络）也置于该层；最上层运用系统分析原理，构造智慧城市的具体建设内容，主要包括智慧政务、智慧校园、智慧交通等，从而实现前述智慧城市系统架构的四大目标。

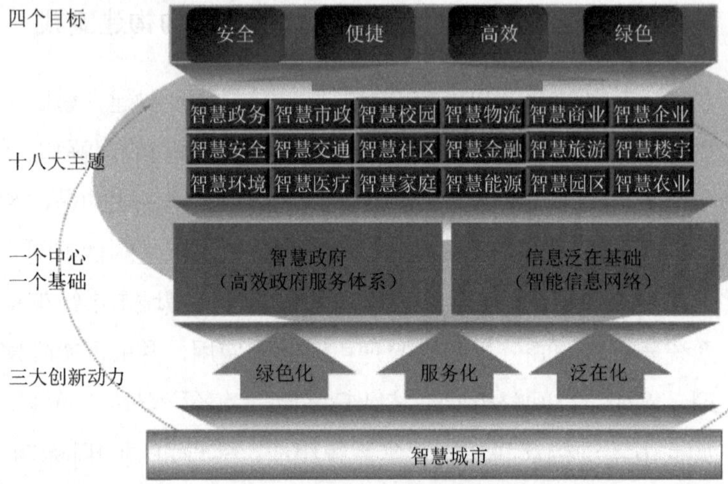

图3.8　中国电信智慧城市系统架构

神州数码认为城市的基本功能包括载体功能、经济功能、社会功能和特殊功能，城市由政府、企业、公众与社区及公共设施与环境等主体构成，城市的功能和主体决定了智慧城市系统架构的要素组成（李继刚，2011）。具体系统架构由三个层次组成：最底层的是智慧城市通信与信息基础设施（Infrastructure as a Service，IAAS），主要包括有线宽带、无线宽带、三网融合、计算中心、存储中心、灾备中心、信息采集器和感知中心等；中间层次即智慧城市数据共享与整合平台（Platform as a Service，PAAS）主要包括市民信息服务平台、企业信息服务平台和城市信息服务平台；最高层次即智慧城市运营中心（Intelligent Operations Center，IOC），主要体现在幸福城市（市民管理与服务）、繁荣城市（企业管理与服务）、和谐城市（城市管理与运营），如图3.9所示（李继刚，2011）。从架构构成的整体来分析，主要强调了空间分析原理的虚拟层，包括从数据的感知、传送到数据的整合共享，到最后数据的应用整个流程，突显其对智慧城市信息技术的理解。智慧城市运营中心（IOC）里面的内容则按照系统分析原理，分解为市民管理与服务、企业管理与服务和城市管理与运营三个相互联系的部分。每个部分也是按照系统分析原理，细化成不同的内容，如市民管理与服务包括社会保障、医疗卫生、交通出行等方面。

图3.9　神州数码智慧城市系统架构

华为智慧城市系统架构与神州数码类似，也是未涉及物理层，而将虚拟层扩展为多层，包括感知层、网络层、平台层和应用层（贺东林，2012）。具体而言，华为认为智慧城市首先应该是可感知的，因此以感知要素为基础，构建包含三种基础网络的网络层要素；其次，智慧城市需要具备高度集中的智能分析能力，可以预测到根据未来城市发展的规模需要处理的信息量将是海量，要为各种事件提供有效的信息分析，这需要一个庞大的智能分析和应用平台；最后，提供位于系统架构最上层的应用层要素，应用层依据系统分析原理，分成应急指挥、数字城管等内容。华为提出的智慧城市系统架构如图 3.10 所示（贺东林，2012）。

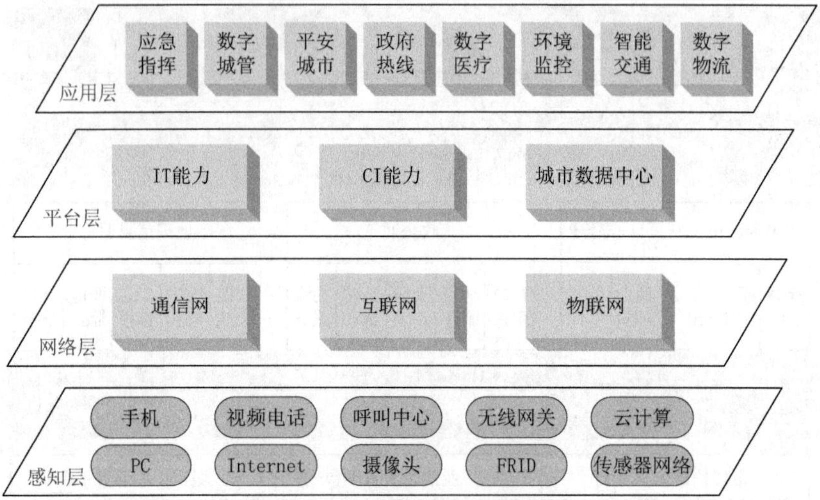

图3.10 华为智慧城市系统架构

三、我国智慧城市系统架构的一般模型

（一）智慧城市系统架构的一般模型构成

1. 智慧城市系统架构一般模型的总体框架

智慧城市作为具有一定自我学习、自我成长、自我创新的城市形态，本质上体现为城市资源的重新整合和创新发展。

基于智慧城市系统架构内涵的基本定位，PTP 模型明确指出，人与物是城市的基本要素组成，因此城市智慧人群与智慧基础设施是智慧城市的基本支撑。解决城市发展突出问题是城市建设和发展的重要目标，包括社会、政治、经济、文化、环境等诸多领域，而解决这些问题的根本是在相关领域加快推进智能的技术和智慧的制度安排的融合，最终形成智慧的民生、智慧的经济和智慧的环境。智慧民生、智慧经济和智慧环境要素的形成和发展需要智慧政务的统筹与引领，通过发挥其统筹规划作用，以智慧人群与智慧基础设施的为基础，均衡处理智慧经济发展、智慧环境保护、智慧民生三者的关系，实现城市的经济、环境、民生的协同和可持续发展。

同时，在系统架构构建过程中，系统架构的各个要素的逻辑关系的确定主要依据系统分析和空间分析的结果。首先基于系统分析原理，从目标功能性的角度，明确智慧城市发展的重大问题，总结智慧城市系统架构构建的一般模型的组成要素；其次，从要素关联性和结构平衡性的角度，深入分析各要素之间的逻辑关联，确定各要素在系统架构结构体系中的合理位置；最后，基于空间分析原理，将物理层、社会层和虚拟层融合在系统架构中，且更加侧重于将虚拟层嵌入到社会层、物理层中。

基于 PTP 模型对智慧城市系统架构内涵的深入解析，结合系统分析和空间分析，在参考和借鉴国内外智慧城市系统架构构建实践经验的基础上，本书提出智慧城市系统架构的一般模型，如图 3.11 所示。

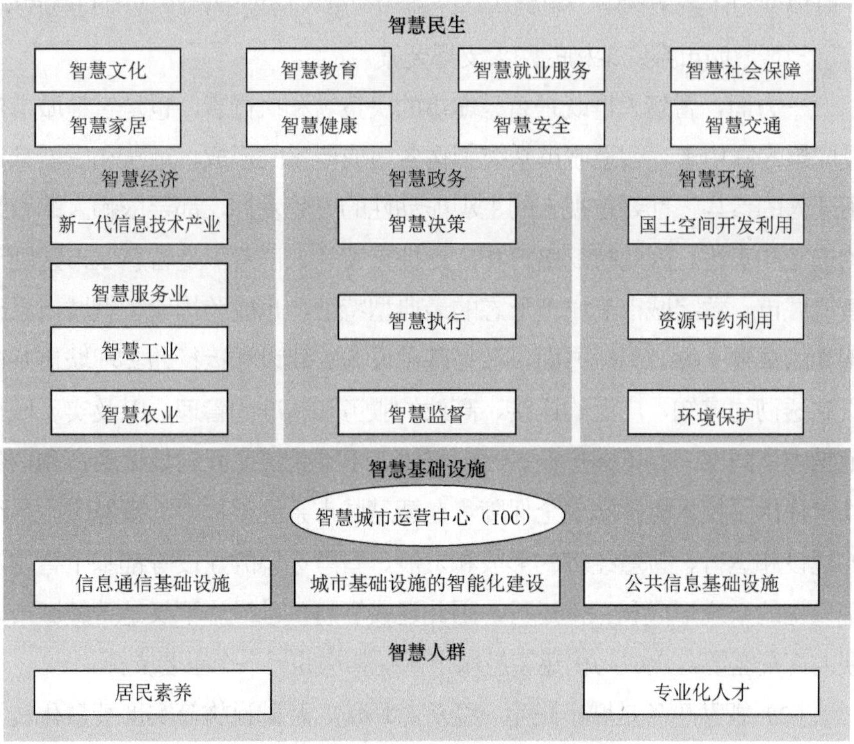

图3.11　智慧城市系统架构一般模式

2．智慧城市系统架构一般模型的内在关联

根据一般模型的体系架构的描述，我国智慧城市系统架构的组成要素包括智慧人群、智慧基础设施、智慧政务、智慧经济、智慧环境和智慧民生。我们认为，从目标上来说，该系统架构是一个完善的、相互联系且相互支撑的整体，具备以下逻辑特征。

（1）智慧基础设施和智慧人群是城市实现智慧化发展的基本要求，是智慧城市系统架构的支撑要素。

智慧城市是城市的“智”和“慧”高度融合、协同发展的城市形态，其中“智”首先是指城市需要具备智慧基础设施，“慧”则是指智慧城市的建设必须汇集人的智慧，发挥人的智慧的作用，智慧城市的内涵明确了具备智慧基础设施和拥有智慧人群是智慧城市建设和发展的基本要求。在一般模型的体系架构中，智慧基础设施和智慧人群处于系统架构的最底层，定位为智慧城市系统架构的两大支撑要素。

一方面，智慧人群既是智慧城市的决策者和执行者，也是智慧城市建设成果的享用者，智慧城市系统架构各组成要素的形成、运营和发展都离不开人的参与，都要重视人的主观能动性的充分发挥，都要依赖人的智慧的选择和表达。因此持续培育和广泛拥有智慧人群不仅是智慧城市区别于智能城市、数字城市等城市形态的最典型特征，也成为构建智慧城市系统架构的重要支撑。另一方面，智慧基础设施的建设和运行为实现城市基础设施透彻的感知、广泛的连接、高效的服务和精准的管理，以及实现城市范围内不同部门、不同行业、不同群体、不同系统之间的数据融合和信息共享提供了技术支撑和安全保障。在智慧城市系统架构中，智慧民生系统的建设和运行、智慧经济的形成和发展、智慧环境的建设等都基于智慧基础设施的系统形成和正常运行，因此建成智慧基础设施不仅是智慧城市发展的客观需要，也成为构建智慧城市系统架构的另一个重要支撑。

（2）智慧政务是城市民生、经济、环境、基础设施等实现智慧化转型的必要条件，是智慧城市系统架构的主导要素。

智慧政务是指政府机构运用互联网、物联网、云计算、大数据、移动互联等信息技术发挥政府管理和服务职能，通过资源的整合优化，实现公共管理高效精准、公共服务便捷惠民、社会综合效益显著的目标。在一般模型的体系架构中，智慧政务处于系统架构的关键枢纽，定位为智慧城市系统架构的主导要素，起着统领全局的作用。

智慧政务形成和发展的基础是智慧基础设施的建设运营和智慧人群的实际参与。一方面，智慧基础设施的建设和运行是政府决策、执行、监督等职能活动实现相互制约、相互协调的技术基础，而行政体制和管理机制的创新则主要依赖于智慧人群的力量。从另一个方面来看，智慧基础设施的建设和智慧人群的培育需要政府从整体上进行规划和引导，并在建设和培育过程中进行主导和控制，从而科学合理发挥智慧人群和智慧基础设施的支撑作用。

智慧政务的形成和完善会对智慧民生、智慧经济和智慧环境等组成要素的建设水平和运行效率产生显著影响。首先，智慧政务提高了政府决策科学化，实现公共事务处理和公共资源分配的开放透明，推进整个城市互动化、精细化、人性化的治理，并在此基础上，通过建立健全的民生应用系统建设推进机制，使得智慧民生建设达到更好地服务民生、满足民众的实际需求的目标；其次，智慧政务发挥政府在智慧城市统筹规划、市场监管和政策法规构建等方面主导作用，积极培育智慧城市的市场化投融资和运行管理机制，积极培育发展新一代信息技术产业，积极推进自主创新和产业转型升级，加快推进两化融合，不断提升智慧产业的竞争力，提高知识与信息资源对经济发展的贡献率，促进经济发展更智慧、更健康、更高效；最后，在智慧环境方面，政府需要运用信息技术对环境进行实时监测、保护和治理，合理开发利用国土空间，节约利用资源，实现人与自然的和谐发展。

（3）智慧民生、智慧经济和智慧环境是城市智慧化建设的关键领域，是智慧城市系统架构的必备要素。

智慧城市建设目标定位于促进居民、企业、生态环境等城市系统架构要素功能优化，着力解决城市发展面临的突出问题，促进城市经济社会全面协调可持续发展。因此，智慧民生、智慧经济、智慧环境的形成和发展成为智慧城市建设的关键领域。

智慧民生是指基于新一代信息技术，提供民众在基本生活、基本发展和权益保护等方面的高效服务体系，提供一体化的满足城乡民生需求的教育文化、医疗卫生、劳动就业、社会保障、住房保障、环境保护、交通出行等各类综合信息服务系统，实现对民生需求的及时感知、实时响应和高效处理。智慧城市建设，必须以保障和改善民生为重点，这不仅关系到人民的切身利益，也是改革开放和社会主义现代化建设的根本目的。

智慧经济是指直接或间接利用人的智慧进行研发、创造、生产、管理等活动，形成智慧产业以维持社会运行，形成智慧产品以满足社会需要的经济形态。智慧城市建设，必须以产业经济的发展为重点，系统架构中其他要素的形成和发展，需要大量的经济要素投入，这些都依靠智慧经济的发展。

智慧环境是以尊重自然、顺应自然、保护自然为基本发展理念，利用新一代信息技术，提高生态环境的智能监测和综合治理水平，推进城市绿色发展、循环发展和低碳发展，形成的节约资源和保护环境的空间格局、产业结构、生产方式、良好的生活方式和生活环境。智慧城市建设中，智慧环境为其他要素的发展提供了空间和资源要素保障，因此必须把智慧环境的建设放在重要位置，从而实现智慧城市的可持续发展。

（二）智慧城市系统架构的一般模型解析

1. 智慧人群

根据智慧人群在智慧城市建设和发展过程中的角色和功能分析，判断一个城市的人群是否智慧化的衡量标准主要有两个方面，即城市居民的素养和专业化人才的水平。

居民素养是指一个居民的修养或素质，包括道德品质、文化内涵、外表形象、知识水平与能力、信息素养等各个方面，拥有广泛的高素质和高修养的城市居民是形成智慧人群的先决条件，而智慧人群的培育过程首先应该是每个城市居民素养全面提升的过程。

专业化人才是指从事一种需要专门技术的职业，并满足该职业的特殊素质要求，旨在提供专门性社会服务的人。智慧城市建设涉及的范围和领域非常广泛，需要专业化人才提供有力的智力支撑。智慧人群的形成过程也是专业化人才水平全面提升的过程。

2. 智慧基础设施

智慧基础设施主要包括四个方面：信息通信基础设施、公共信息基础设施、城市基础设施的智能化建设和智慧城市运营管理中心。

信息通信基础设施是指能以交互方式传送话音、数据、文本、图像、视频和多媒体信息的网络终端设备、电信网、广电网、物联网、多网融合技术体系及相关设施；信息通信基础设施的建设和完善是智慧城市实现互联互通基本要求，是衡量城市是否具备智慧发展条件的重要标准。

公共信息基础设施是指政府或其他社会公共机构为满足公众对公共信息资源的需求而建设的基础设施，并通过综合运用各种政治的、经济的、文化的、技术的管理方法和手段，对其进行整合和提供利用；主要包括公共基础数据库、公共综合数据库、公共专业数据库等基础数据库，信息资源共享交换平台，政府云计算中心等。公共信息基础设施的建设和完善是智慧城市实现信息资源跨部门、跨领域整合、共享及利用的前提基础，是衡量城市是否具备智慧发展潜力的重要标准之一。

城市基础设施的智能化建设主要是指水网、电网、气网等城市管网的智能化规划和建设运营，如智慧电网、智慧水网等。城市基础设施的智能化建设和智慧化转型是智慧城市发展的显著特征，是衡量城市是否达到智慧发展目标的重要标准之一。

智慧城市运营管理中心是围绕智慧城市大系统智能运行要求，运用物联网、云计算、大数据等新一代信息技术，建设而成的实现城市范围内不同系统之间的互联互通、数据融合、信息共享，为城市各领域智慧应用系统运行提供信息整合、数据挖掘和智能分析支撑，为城市管理、运营和服务提供统一的智能化指挥协同平台。智慧城市智能运行中心帮助城市的各个组织机构和部门从不同的物联化系统中整合信息，建立智能、互联的环境，促进协作，提高效率并发起有效决策，帮助城市优化各部门，包括建筑、能源、运营、公共安全、交通和水资源，实现真正无缝的跨部门整合。

3. 智慧政务

智慧政务主要包括智慧决策、智慧执行和智慧监督三个方面。

智慧政务的核心价值是实现政府的智慧决策，即通过建立完善的信息采集系统，利用强大的数据挖掘、加工处理等海量数据计算手段，以及科学的智能分析系统，实现社会发展、经济建设、重大项目、公共突发事件、重大活动指挥、城市综合管理及社会热点等各方面的智慧化决策。

智慧政务的关键内容是实现决策的智慧执行，即通过整合政府门户网站、呼叫中心、一站式网上行政审批服务系统等多种渠道，使得政府的政务信息公开、行政许可与审批、公共服务等能够打破时间、空间等物理条件的局限，在数字化、网络化和智能化的环境中得到全面高效快捷的执行与实施，完成一致与整合的政务服务。

智慧政务的重要保障是实现执行的智慧监督，即通过资源共享及流程整合，完善政府服务的监管渠道，通过信息技术促进政府行政服务效率提升及政务服务公开透明，增强社会参与管理意识，扩大管理主体，加强民主监督、舆论监督，建立健全的问责和纠错制度。

4. 智慧经济

智慧经济主要包括智慧农业、智慧工业、智慧服务业和新一代信息技术产业四大智慧产业。

智慧农业是充分应用新一代信息技术、知识平台和专家智慧，实现农产品产、供、销全过程的智能感知及质量溯源，农业生产的可视化远程诊断、远程控制、灾变预警等智能管理;实现农业服务的远程诊断交流、远程咨询、远程会诊等智能服务的农业发展形态。

智慧工业是将新一代信息技术融入到工业生产的各个环节，采用智能模拟技术进行分析、推理、判断、构思和决策，实现知识密集型生产和决策自动化的工业发展形态。

智慧服务业是以物联网、移动互联网等新兴技术为核心驱动力，基于云计算平台，完成服务的执行及交付，实现服务模式的平台化、社会化和智能化的服务业发展形态。

新一代信息技术产业主要包括新一代移动通信、下一代互联网核心设备和终端的研发和制造产业，三网融合、物联网、云计算的硬件设备和软件系统的研发和制造产业，高性能集成电路、新型平板显示、高端软件、高端服务器等核心基础产业，以及软件服务、网络增值服务等信息服务产业。

5. 智慧民生

智慧民生的范围十分广泛，主要包括智慧文化、智慧教育、智慧就业服务、智慧社会保障、智慧家居、智慧健康、智慧安全、智慧交通等。

智慧文化是基于新一代信息技术的应用，以教育民众、服务社会、推动发展为目标，形成以完善的公共文化服务体系、创意的文化产业、现代的传播体系、现代的文化市场等为核心内容的民族化、科学化和大众化的文化体系。

智慧教育是运用新一代信息技术，通过开发利用教育资源，提高教育质量和效益，共享知识创新成果形成的数字化、网络化、智能化和多媒体化的教育体系，主要包括智慧校园、智慧学习平台等。

智慧就业服务是在具备健全的劳动标准体系、劳动协调机制、人力资源市场的基础上，基于新一代信息技术构建的具有智能性、互动性、灵活性的多位一体职业技能培训体系和就业公共服务平台。

智慧社会保障是基于全覆盖、多层次、可持续的目标要求，形成的以增强公平性、适应流动性和保证可持续性为业务特征，以健全的社会保险制度和社会福利制度、高效的社会保险基金投资运营制度、便民快捷的社会求助和服务体系等为主要内容的社会保障应用体系。

智慧家居是指以提升家居安全性、便利性、舒适性、艺术性，实现环保节能的居住环境为主要目标，以住宅为平台，在利用综合布线技术、网络通信技术、安全防范技术、自动控制技术、音视频技术等，将与民众家居生活有关的设施和设备进行集成的基础上构建的高效、一体化的住宅设施与家庭事务运行系统或管理体系。

智慧健康是以新一代信息技术的应用为基础，通过感知化、互联化、智能化的方式，形成的以健康信息健全完善、医疗资源充分共享、医疗流程科学高效、服务手段高端智能的健康保障新模式和应用体系。

智慧安全主要是以互联网、物联网为基础，通过城市安全信息的全面感知、各子系统间协同运作、资源共享，建立的统一的公共安全系统、立体化的社会治安防控体系和完善的企业安全生产体系。

智慧交通是充分利用信息通信技术，通过人、运输装备与交通网络之间相互感知、智能互动，达到一种完全自动、合理、高效的交通管理服务状态，实现交通安全出行、交通运输效率最高、交通资源效益最大化的一种管理模式和应用系统。

6. 智慧环境

智慧环境建设内容主要包括国土空间开发利用、资源节约利用和环境保护。

国土空间开发利用主要包括城市化格局、农业发展格局、生态安全格局的合理构建等。其中，城市化格局的构建是指全面合理统筹，对城市进行科学系统的布局，结合自身优势，突出城市特点，从而使得城市交通、环境、安全、基础设施业务协同，信息共享，实现“智”、“慧”并行，实现人与城市和谐统一；农业发展格局的构建是指合理划定各种农业产业发展的地域空间，推动农业的整体互动发展，实现农业系统空间的生态化和智慧化；生态安全格局的构建是指利用现代化的信息技术和信息平台，充分发挥人的智慧，对维护城市生态过程的健康和安全具有关键意义的城市生态基础设施、景观元素及其空间位置进行科学规划，在此基础上，构建形成城市多层次的、安全的、连续完整的山水格局、湿地系统、河流水系、绿道体系等。

资源节约利用是指城市利用新一代信息技术和现代信息平台，建成城市资源利用全过程的科学规划和资源节约管理体系，形成节能低碳产业、新能源、可再生能源协调发展的推进机制，构建完善的城市水源地保护、用水管理、耕地监测保护、矿产资源勘探保护等应用体系。

环境保护是指利用新一代信息技术，融合行政的、法律的、经济的、教育的等综合手段，建成城市重大生态修复、生态产品生产、水土流失综合治理等生态保护体系；建成气象、地质、地震等防灾减灾体系；建成水、大气、土壤等污染防治体系；实现城市自然环境同人文环境、经济环境的平衡发展和可持续发展。

四、我国不同城市智慧城市系统架构的构建准则

我国智慧城市系统架构构建的一般模式提出了我国城市智慧城市系统架构在体系架构构成和要素功能设计方面应遵循的基本要求，但是由于历史原因和自然条件的限制，我国城市发展智慧城市的要素条件存在较大差异，不同城市依据如下构建准则，对照各自城市特色优势、城市发展中的突出问题等构建不同智慧城市系统架构。

（一）构建系统架构必须充分发挥城市特色优势

不同城市在构建智慧城市系统架构时，应充分考虑到不同城市的历史文化传统、城市规模、地理位置、经济发展水平、资源禀赋条件、信息化发展水平等因素，充分发挥各自城市的特色优势。例如，资源禀赋不同的城市在构建智慧城市系统架构中，必须充分发挥各自的资源禀赋优势，重

点发展符合城市资源禀赋特点的智慧经济子系统，以智慧资源禀赋带动智慧经济要素的整体发展，从而促进智慧城市的快速发展。例如，宁波的资源禀赋是港口，智慧宁波就必须充分发挥宁波的港口优势，重点发展智慧港口，以此带动宁波智慧经济的发展，促进智慧宁波的发展。又如，杭州的资源禀赋是旅游，智慧杭州必须充分发挥杭州的旅游资源优势，重点发展智慧旅游，以此带动杭州智慧经济的发展，促进智慧杭州的发展。

（二）构建系统架构必须重点解决城市发展中的突出问题

随着城镇化的进程加快，城市发展面临着越来越多的突出问题，譬如交通拥挤、环境污染、社会治安不良等，构建智慧城市系统架构必须重点解决这些城市发展中的突出问题。解决了这些突出问题，智慧城市的发展才具备示范作用，才能被百姓更快接受，才能使居民逐渐转变为智慧人群，共同建设和发展智慧城市。归纳城市发展的突出问题，基本都属于智慧民生、智慧经济、智慧环境和智慧政务四个要素范畴，譬如交通、安全等为智慧民生中的问题，金融、物流等为智慧经济中的问题，环保、水资源、空气、土地等为智慧环境中的问题，社会治安为智慧政务中的问题。因此，构建智慧城市系统架构，必须紧扣智慧民生、智慧经济、智慧环境、智慧政务四大要素，重点解决其突出问题。比如，国内大型及特大型城市的交通是影响城市居民民生幸福的突出问题，智慧城市就必须解决智慧交通问题，才能提高百姓在城市中生活的幸福度，提升居民对智慧城市的信任度和参与度。

（三）构建系统架构必须贯彻基础设施先行原则

在我国智慧城市系统架构构建中，智慧基础设施是其他所有要素形成和发展的基础，构建智慧城市系统架构必须强调智慧基础设施在系统架构中的支撑作用，在智慧城市建设中优先建设智慧基础设施。要优先建设智慧硬设施为智慧城市建设打下良好的物质基础，其中包括优先建设覆盖广泛、安全可靠、多网融合、支撑宽带多媒体及融合业务的泛在化信息网络体系，还应优先建设感知化城市基础设施（如城市智能交通基础设施、智能化给排水基础设施、智能能源基础设施等）；为了充分发挥智慧硬设施的功能作用，智慧城市发展还要加快配套智慧软设施，建设三大专业数据库和信息资源共享交换平台。

（四）构建系统架构必须彰显以人为本原则

发展智慧城市的战略目标是提升百姓的城市生活质量，包括物质生活和精神生活质量，包括交通、医疗、卫生、教育、文化等各方面。构建智慧城市的系统架构必须彰显以人为本原则。首先，系统架构必须明确架构中智慧人群的重要地位，突出“人”的因素。“人”是智慧城市的建设者、参与者、享用者，只有“人”的参与及“人”的素养提高才能体现和分享智慧城市的智慧性。其次，必须明确系统架构中智慧民生的目标导向作用，即发展智慧城市必须突出服务民生，实现民生诉求的目标，智慧民生的各个子系统都是围绕“人”，解决居民的生活全方面问题。最后，必须明确智慧城市系统架构中智慧政务、智慧民生、智慧经济、智慧环境、智慧基础设施各个要素的发展都离不开专业“人”的参与，服务于人。

（五）构建系统架构必须遵循动态发展原则

动态发展原则是指系统的各个要素是运动和发展的，而且它们之间既相互联系又相互制约。构建智慧城市的系统架构必须遵循动态发展的内在发展规律。智慧城市系统架构中各个智慧要素是相互联系和相互制约的，在联系和制约中运动和发展。随着城市的智慧化发展，智慧人群素质的现状和提升水平，智慧基础设施的建设现状和发展水平，都会对智慧政务、智慧民生、智慧经济、智慧环境的发展形成现实制约和提出更高要求，而智慧政务、智慧民生、智慧经济、智慧环境的现状和发展也会对智慧人群有相应的素养制约和需求，对智慧基础设施也会有相应的软、硬件制约和需求。因此，在智慧城市要素之间的制约和需求中，各智慧要素的建设内容和发展阶段等会产生动态变化。

第三节 我国智慧城市系统架构构建的宁波检验

一、宁波智慧城市系统架构的总体框架

宁波智慧城市系统架构是对宁波城市的基础设施、发展能力、人群素质等多方面硬、软件条件综合分析和思考的总结，是坚持以智慧应用为导向，以智慧产业发展为基础，加快推进智慧应用体系、智慧产业基地、智慧基础设施和居民信息应用能力建设，强化信息资源开发利用和整合共享，推动城市科学发展的智慧城市建设基本战略的逻辑思路的具体呈现，其总体框架如图 3.12 所示。

二、宁波智慧城市系统架构的建设内容

（一）居民信息和知识的获取和利用能力

1. 智慧城市知识普及化

统筹教学资源，利用各种载体，采取多种方式，深入开展智慧城市科普工作，提升居民的信息化素养、知识学习能力和信息消费水平。制定系统培训计划，落实培训措施，抓好各级领导、机关干部和企业家的培训，在新选拔的干部中逐步推行信息化知识的资格考试制度。在中小学普及信息技术教育，优化课程设置，丰富教学内容，提高师资水平，改善教学效果。推广新型教学模式，实现信息技术与教学过程的有机结合，全面推进素质

教育。依托高等院校、中小学、科技馆、图书馆等公益性设施，以及文化信息资源共享工程、农村党员干部远程教育工程等，积极开展居民信息技能教育和培训。

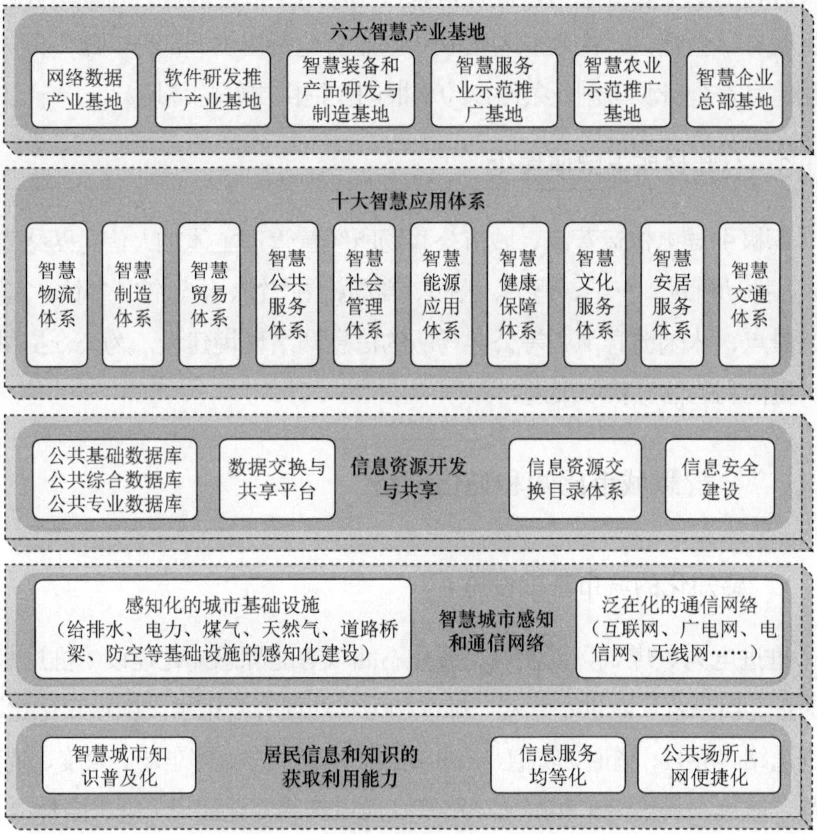

图3.12 宁波市智慧城市系统架构

2. 信息服务均等化

坚持政府主导、社会参与，缩小区域之间、城乡之间和不同社会群体之间信息应用能力的差距，创造机会均等、协调发展的社会环境。建设覆盖全市的信息亭服务网点，为市民提供衣、食、住、行、购、娱等日常生活所需要的信息服务。加快推进市民卡工程，按照“统一名称、统一标识、统一平台、统一标准”的要求，整合便民服务资源，实现一卡多用。推进“数字乡村”建设，围绕信息化服务“三农”工作主线，以信息化促进农业增效、农民增收和农村发展为目标，以农村综合信息服务站为载体，整合各类涉农资源，为农村居民提供信息查询、远程教育、文化娱乐、村务管理、电子政务和网上交易等服务，提升新农村建设水平。继续推进创业孵化公共信息服务平台建设，由政府为互联网创业者免费提供一部分网络空间、软件和信息安全资源等创业条件，为草根创业提供更好的环境。

3. 公共场所上网便捷化

积极引导电信运营商、城市公共场所经营管理主体加大信息网络建设投入，推动机场、车站、码头、公园、商场、图书馆、展览馆、餐饮、宾馆、旅游景点、休闲健身中心等公共场所的信息网络环境建设，为公众提供更多、更便利的信息获取渠道。

（二）智慧城市感知和通信网络

1. 感知化的城市基础设施

推进电力、煤气、天然气、液化石油气等能源感知化建设；推进水资源保护、自来水厂、供水管网、排水和污水处理等给排水设施感知化建设；推进道路、桥梁、隧道、轨道、公共交通、出租汽车、停车场、轮渡、航空、铁路、航运、长途汽车和高速公路等交通设施感知化建设；推进园林绿化、垃圾收集与处理、污染治理等环保设施感知化建设；推进防台风、防风沙、消防、防汛、防震、防地面沉降和防空等防灾设施感知化建设。

2. 泛在化的通信网络

加快物联网试点推广，加快推进光纤到户、下一代互联网、下一代广播电视网和第三代移动通信网络的建设，开展第四代移动通信网络试点，努力构建“随时随地随需”、统一高效的泛在网络。推进城镇地区光纤到楼入户，加快光纤网络向乡镇和行政村延伸，推进宽带向政府、公共服务机构和社区中心覆盖。以两岸产业合作“无线城市”试点建设为契机，大力推进无线城市建设和两岸优势应用项目在宁波的落地。统筹规划物联网和云计算服务平台建设，更好地发挥新一代信息网络基础设施建设效益。加大数字电视网络整合力度，实现整体转换和网络升级，积极推进互联网、电信网、广电网三网融合，加大内容资源开发和业务创新，大力发展IPTV、手机电视、互联网视频等融合业务。先行推进杭州湾新区“三网融合”基础设施试点建设，积极探索建立适应三网融合的运营模式、市场体系和政策体系，逐步在全市推广。

（三）信息资源开发与共享

1. 公共数据库

进一步推进法人、自然资源与空间地理、人口、宏观经济等基础数据库建设，加快推进教育科研、社会保障、社会救助、食品药品、医疗卫生、土地、林地、气象、水利、住房、交通等专业数据库建设，为相应业务应用系统和智慧城市应用体系建设提供丰富、准确、及时的信息资源，为政府公共管理服务、企业经营管理和居民生存发展提供有力的支撑服务。

2. 数据交换与共享平台和信息资源交换目录体系

大力推进数据交换与共享平台，培育信息资源市场，鼓励信息资源公益性开发利用。加快互联网内容资源建设，全面发挥信息资源开发利用在智慧城市建设中的作用。同时，加快政务信息资源目录体系和交换体系建设，积极探索建立信息资源共享交换机制。

3. 信息安全建设

加强立法和执法工作，强化互联网安全管理，建立网上身份认证制度，强化互联网运营商和联网单位的信息安全的管理职责。全面落实“三网融合”等新技术、新应用背景下的信息安全管理措施，建立信息网络基础设施建设与信息安全同步规划、同步建设工作机制。全面落实基础网络与重要信息系统信息安全等级保护制度，完善数字认证、信息安全风险评估工作机制。规范重要数据库和信息系统的开发、运营和管理等各个环节的信息安全工作，加强网络经济活动中违反信用行为的惩戒制度建设。抓紧建设市级综合性数据容灾中心，提升网络与信息系统的数据备份和应急处理能力，掌握信息安全主动权，为智慧城市建设提供可靠的信息安全保障。

（四）十大智慧应用体系

1．智慧物流体系

围绕建设全国性物流节点城市和上海国际航运中心的主要内容，加快宁波港智慧港口建设，大力推广射频识别、多维条码、卫星定位、货物跟踪、电子商务等信息技术在物流企业、物流产业基地和物流监管部门中的应用，进一步完善第四方物流市场、电子口岸等服务平台，加快推进智慧口岸和宁波梅山保税港区、镇海大宗货物海铁联运物流枢纽港、宁波“三位一体”港航物流服务体系等现代物流服务系统建设，形成高水平、个性化的现代物流体系。

2．智慧制造体系

在机械装备、精细化工、生物医药、电工电器、纺织服装等重点制造行业，推广适用的信息化辅助设计系统和制造系统，推动制造过程逐步向信息化制造的高级阶段发展。围绕家电、机电、仪器仪表等传统产品升级，大力推广应用信息技术，开发数字化、智能化的新产品。加强制造企业的管理信息化建设，提高制造企业管理水平和经营效益。

3．智慧贸易体系

大力发展网络市场和电子商务，建设国际、国内贸易的服务网络和信息平台，促进贸易体系内外对接。以宁波国际贸易示范区为龙头，建设集贸易、物流、金融和口岸服务于一体的专业国际贸易服务平台，打造一批智慧型进出口专业市场。大力发展集产品展示、信息发布、交易、支付于一体的综合电子商务企业和国家级行业电子商务网站，鼓励引导骨干企业应用电子商务，带动和促进企业间的电子商务建设，提高行业整体水平。

4．智慧公共服务体系

全面推进面向市民的住房、教育、就业、文化、社会保障、供电、供水、供气、防灾减灾等公共服务智慧应用系统建设；大力推进面向企业的行政审批、公共资源交易、投资融资、科技信息、产品供销等公共服务信息平台建设；推进 81890 市民呼叫服务中心建设，提升服务功能。

5．智慧社会管理体系

按照全方位、实时化的要求，加快推进社会治安监控、灾难预警、应急处置、安全生产监管、食品药品安全监管、环境监测、口岸疫情预警等信息系统建设，完善公共安全事件应急处置机制。进一步推进数字城建、数字城管平台建设，提升城市建设和管理的规范化、精准化、智能化水平。加强工商、税务、质监、国土等重点信息管理系统建设和整合，推进经济管理综合平台建设，提高经济管理和服务水平。按照权力模块化、制度刚性化、信息公开化、监督动态化的要求，加快推进综合电子监察系统和纪检监察业务网络系统建设，打造高效、廉洁、法治型的服务政府。

6．智慧能源应用体系

运用各种智慧技术、先进设备和新工艺，强化能源利用管理，发展风能、太阳能等可再生能源和新能源产业，优化能源供给结构，实现能源产业的可持续发展。重点推进智慧电能建设，加快智慧技术在发电、输电、配电、供电、用电服务等环节广泛应用，加快推进以超高压电网为基础骨干网架的电网建设，促进各级电网协调发展。推行各类可再生新能源统一入网管理和分布式管理，提高能源的使用效率，形成更可控、更高效、更安全的运营管理模式。建立完善资源价格机制，创新能源消费方式，逐步建立环保、节约、高效的能源利用模式。

7．智慧健康保障体系

建设覆盖城乡各类卫生医疗机构的信息化网络体系，重点建设医疗急救系统、远程挂号系统、电子收费系统、电子健康档案、数字化图文体检诊断查询系统、数字远程医疗系统等智慧医疗系统，逐步实现卫生政务电子化、医院服务网络化、公共卫生管理数字化、卫生医疗信息服务一体化，提高医疗保障和健康服务水平。

8．智慧文化服务体系

加强新闻出版、广播影视、文学艺术等行业的信息化建设，整合文化信息资源，开发文化娱乐产品，促进数字电视、电子娱乐、电子书刊、数字图书馆发展。构建旅游公共信息服务平台，提供更加便捷的旅游服务，提升宁波旅游文化品牌。

9．智慧安居服务体系

制定智慧社区安居标准规范，加快智慧家居系统、智慧楼宇、智慧社区建设，为市民提供更加便利、更加舒适、更加放心的家庭服务、养老服务和社区服务。

10．智慧交通体系

努力提高交通运输设施、设备的信息化和智能化水平。加快推进交通行业基础性数据库和信息交换体系建设，开展跨部门、跨行业信息交换与共享。建设关键业务系统，重点推进综合交通服务和管理系统、交通诱导系统、交通应急指挥系统、数字公路综合信息服务系统、出租车与公交车及轨道车辆智能服务管理系统、电子收费系统、港口信息管理系统、港航信息监控中心等智慧交通应用系统建设。以信息化为支撑，提高城市交通的科学管理和组织服务水平，便利广大群众出行，探索破解大城市出行难的有效方法和模式。

（五）六大智慧产业基地

1．网络数据产业基地

着力提升政府数据中心、互联网交换中心和数据灾备中心的建设水平，加快培育和建设物联网公共服务平台，加快引进移动通信数据中心、金融数据处理中心、国际物流数据处理中心、重点产品和资源数据中心、市民健康数据中心、空间资源中心等一批面向重点行业应用的数据中心项目，大力推动包括电信运营商与广电运营商在内的央企、大型国企和宁波发电企业等在宁波建立云计算中心，加快形成海量数据收集、存储、通行、分类挖掘利用能力和云计算的处理能力，为宁波、浙江省、长三角及更大区域的信息化和相关产业的发展提供服务。

2．软件研发推广产业基地

大力推进智慧城市十大智慧应用系统软件研发与推广应用。抓紧规划建设宁波智慧城市软件研发推广产业基地，全面推进智慧应用系统软件研发生产、应用服务和关键技术体系与公共服务平台建设。鼓励基础条件较好的市级各类功能开发区、县（市、区）积极发展各类应用软件设计开发产业基地、创新基地、推广和服务基地。依托产业基地，重点引进和集聚一批具备较大规模和较强创新能力的软件企业，吸引世界 IT 百强及国内大型软件公司在园区落户或设立研发中心。积极引导民营资本和科技人员、大学生在软件服务领域投资创业。

3．智慧装备和产品研发与制造基地

加快制造企业的转型升级，重点提升发展一批（如智能家电、智能电表、数控设备等）智慧装备产品的设计制造企业。依托宁波杭州湾新区、宁波

保税区等重点功能区域及各县（市）区，推动现代装备制造产业基地建设，培育发展新一代宽带移动通信装备、信息传感装备、智能交通装备、智能工业控制装备、智能环保装备、智能光电显示技术装备、智能健康医疗装备、智能供水供气装备和智能电网装备等新兴制造产业集群。

4. 智慧服务业示范推广基地

通过信息化深入应用，推进传统服务企业经营、管理和服务模式创新，加快向智能化现代服务企业转型。结合宁波服务业产业实际，重点培育和提升现代物流、高端商务、现代金融、现代商贸、服务外包、旅游休闲、文化创意、信息服务和电子商务等服务业发展。依托各县（市、区）现有基础，结合各自优势，争取在每一个重点服务行业培育一批智慧服务产业示范推广基地，引进和培育一批信息化程度高、管理精细、服务高效、特色明显，具有较强行业示范带动作用的服务企业，从而推进服务业整体发展。

5. 智慧农业示范推广基地

加快应用现代信息技术改造提升传统农业，重点依托余姚滨海、宁波杭州湾和宁海浙东十万亩农业循环经济示范区等现代农业综合开发区，以及各县（市、区）的特色农业产业基地、都市农业园区，大力推广应用信息化管理系统、农业专家咨询服务系统和农业电子商务，积极探索建立“精准农业”信息系统，逐步实现农产品生产、加工、储藏、运输和市场营销等领域和环节的科学化和智能化，着力打造智慧农业示范推广基地，通过提升、培育和引进等多种途径，集聚一批智慧农业龙头企业，带动现代农业的整体发展。

6. 智慧企业总部基地

通过深化现代信息和网络技术在现有信息化基础较好的总部企业中的应用，促进其跨国家、跨区域的现代研发、先进制造、营销体系的发展，提升一批智慧型的企业总部。鼓励总体实力较强、管理基础较好的装备制造、石化、新材料、纺织服装、文具模具等总部企业，加快智慧技术在研发、制造、管理和营销等环节的应用，培育形成一批智慧型的企业总部。发挥自身优势，加强对外合作，着力引进一批智慧型的企业总部。通过信息化、网络化发展，促进民营企业合作和优化重组，使其加快转变成智慧的企业总部。

三、宁波智慧城市系统架构的特征分析

（一）宁波智慧城市系统架构体现了宁波区域发展特色

智慧城市建设要根据每个城市的具体情况来进行规划和实施，尽管可以借鉴其他城市、其他领域的共性的解决方案，但每一个智慧城市都应是独特、灵活的，能够体现该城市的区域发展特色和特定发展目标。宁波的区域发展特色和良好基础优势提供了建设智慧城市的有利条件，因此，充分体现宁波区域发展特色，走发挥宁波优势、体现宁波活力的科学发展之路，是宁波智慧城市建设和发展的基本思路，在此基础上构建的宁波智慧城市系统架构体现了这一典型特征。

首先，宁波作为中国东南沿海的发达城市，经济一直以来是城市发展中最为活跃的因素，尤其是港口物流业、装备制造业等位居全国前列，这已成为宁波城市发展的典型特征。为了保持这种领先优势，宁波坚持立足产业、发展应用的原则，遵循科学的方法和路径，通过产业集聚方式，进一步增强宁波智慧城市的经济服务能力，符合宁波智慧城市建设的目标定位。在宁波智慧城市系统架构中，体现了把培育智慧产业作为智慧城市建设立足点的基本思路，突出了智慧产业基地建设的内容；通过大力推动基于新一代信息技术的各类新兴智慧型产品的研发制造和智慧技术在经济社会各领域的应用，促进经济发展方式转变和产业转型升级。

其次，深水港口资源是宁波最大的比较优势和核心战略资源，在宁波

智慧城市建设中，应该强化“智慧港口”的重要作用，并大力发展基于港口的智慧物流产业和外贸产业，从而进一步创造开放型经济发展的新优势，带动整个智慧产业的发展和创新。宁波智慧城市系统架构中，智慧物流体系、智慧贸易体系作为十大智慧应用体系的重要组成部分，充分体现智慧城市系统架构在应用体系发展领域，基于深水港口资源优势，大力发展智慧物流、智慧贸易的目标定位和方向指引，符合宁波智慧城市建设的目标定位。

再次，悠久的历史文化积淀、丰富的优秀文化传统是宁波独特的文化优势，在宁波智慧城市建设中，应该依托“智慧文化”的基本内涵，以教育民众、服务社会、推动发展为目标，形成以完善的公共文化服务体系、创意的文化产业、现代的文化市场等为核心内容的文化体系。因此，在宁波智慧城市系统架构中，将智慧文化服务体系作为“智慧文化”的承载体，依托宁波的区域文化优势，通过文化服务体系的建设，推进宁波文化产业的信息化建设和文化信息服务平台的完善，符合宁波智慧城市建设的目标定位。

（二）宁波智慧城市系统架构注重了城市发展难题的破解

城市化发展战略对宁波有着崭新的时代要求，而智慧城市则成为承载宁波市经济和社会发展的重要载体，其架构的着力点在于破解宁波城市现代化过程中产生的一系列难题。这些难题不仅包括市民日常生活过程中所遇到的看病难、交通出行拥堵、食品安全和空气质量保障等一系列的“城市病”，还包括如何构建一个具有国际性功能、跨省域影响力和较强创新能力的滨海港口城市，如何进一步完善城市功能，增强中心城市辐射和集聚的功能等发展性问题。

对于一系列的“城市病”，宁波市着重构建智慧健康、智慧交通、智慧教育、智慧信用等应用体系。用先进的智慧型信息技术减轻和缓解“城市病”的症状，实实在在地方便人们的日常生活，优化政府职能，强化对社会的治理能力和服务水平，推动城市社会的进步和发展，共建美丽的智慧宁波。

对于城市发展战略问题，宁波市的智慧城市系统架构从总体上遵循宁波市经济社会发展“十二五”规划，服务于“两个基本”和“四好示范区”建设，对接宁波市城市总体规划（2004—2020），并落实到宁波市的各个发展专项规划当中。从而形成一个“发展战略—总体架构—发展专项”的立体式全方位的智慧城市建设和发展体系。

（三）宁波智慧城市系统架构突出了基础设施适度超前

智慧基础设施是整个智慧城市系统运行的基础。因此，宁波市的智慧城市系统架构以提升信息基础设施服务水平和承载能力为核心，坚持基础先行、适度超前的原则，着力构建宽带、泛在、融合、安全的信息通信基础网络，建立公共基础数据库和信息资源开发与共享平台，并取得了积极的成效。

首先是大力实施光网城市。全面贯彻国家光纤到户建设标准，建立了各县（市、区）经信部门参加当地建设扩初会审会议制度，从源头上把握了网络通信基础设施建设的光网化和宽带化，目前全市新建住宅小区及住宅建筑内的通信设计都严格按国家标准进行设计，按光纤到户标准进行覆盖。结合《宽带中国 2013 专项行动》工作任务，全面推进城区家庭宽带提升、楼宇宽带拓展、乡村宽带扩面。

其次是加快“无线城市”建设步伐。“市民免费上网”项目试点范围扩大。在海曙区试点的基础上，积极引入西班牙专业运营公司，提出了全市统一政府免费 WiFi 网络建设方案，努力形成市、县两级政府互动、政企合作的 WiFi 无线网络建设模式，进一步加快了无线宽带接入的建设速度。

最后是抓资源整合。宁波市以推进集约化建设、强化资源整合、促进共建共享为目标，探索搭建政务云计算中心，逐步形成以政务云计算中心为核心的市电子政务发展框架体系。加快推进政务云计算中心建设，抓紧制定基于政务云计算中心的电子政务项目管理体系建设，充分发挥政务云计算中心在电子政务、智慧城市建设中的基础性作用和地位，加快形成政务大数据开发和应用架构。

（四）宁波智慧城市系统架构贯彻了“以人为本”发展理念

在智慧城市建设中，贯彻“以人为本”的发展理念，能够使得市民对智慧城市建设的效益有更深的了解，进而得到广泛的社会舆论支持，提高市民的认同度和协同度，最终获得更有利的发展环境。因此，智慧城市系统架构的构建，不仅要符合智慧城市建设和发展的目标和要求，更要遵循“以人为本”的基本原则，为系统架构要素的功能、逻辑关系、发展方向的设计提供指导，从而充分体现系统架构构建的科学性。宁波智慧城市系统架构贯彻了“以人为本”的发展理念，并重点体现在两个方面。

首先，在宁波智慧城市系统架构中，以培养和形成智慧人群为目标的居民信息和知识的获取利用能力要素处于系统架构的底层位置，被定位为系统架构的基础要素，发挥了对系统架构的支撑作用，这与我国智慧城市系统架构的一般模型保持了高度一致。

其次，在宁波智慧城市系统架构中，十大智慧应用体系的建设成为主要内容，也充分贯彻了“以人为本”的发展理念。智慧应用体系的建设主要围绕“医、食、住、行”等关乎民生的重大项目展开，并通过这些民生项目的市场拉动，推动宁波智慧产业在产业链上的多个环节进行创新，培育创新产业和行业，推动产业升级，从而进一步推进智慧应用体系的建设，实现更好地为市民服务，促进民生改善和社会和谐。

（五）宁波智慧城市系统架构遵循了动态和协调发展的原则

对于智慧城市这样一个庞大的复杂系统，宁波市的智慧城市系统架构是以动态的、协同的、互为支撑和支持的方式共同推进智慧城市系统的各个要素，避免了以单一方式推进，仅强调系统的某一方面，却忽视了系统其他方面的建设，从而可能造成短板的情况。

宁波市的智慧城市系统架构兼顾了居民信息和知识获取能力的提升，强化对智慧城市知识的宣传普及，注重适度超前的网络基础设施和统一的公共基础数据库建设，在各个领域和方面建立十大智慧应用体系，突出六大智慧产业基地建设，同时加快智慧城市建设的相关体制机制的建立。通过组织领导机制，来协同智慧城市各个要素的发展，细化了各个要素的建设任务、建设进度与责任分工，并且通过实际的情况，灵活适度地对要素发展进行调整，从而推动宁波市智慧城市建设不断往更高和更为完善的方向发展。

第四章

我国智慧城市发展模式研究

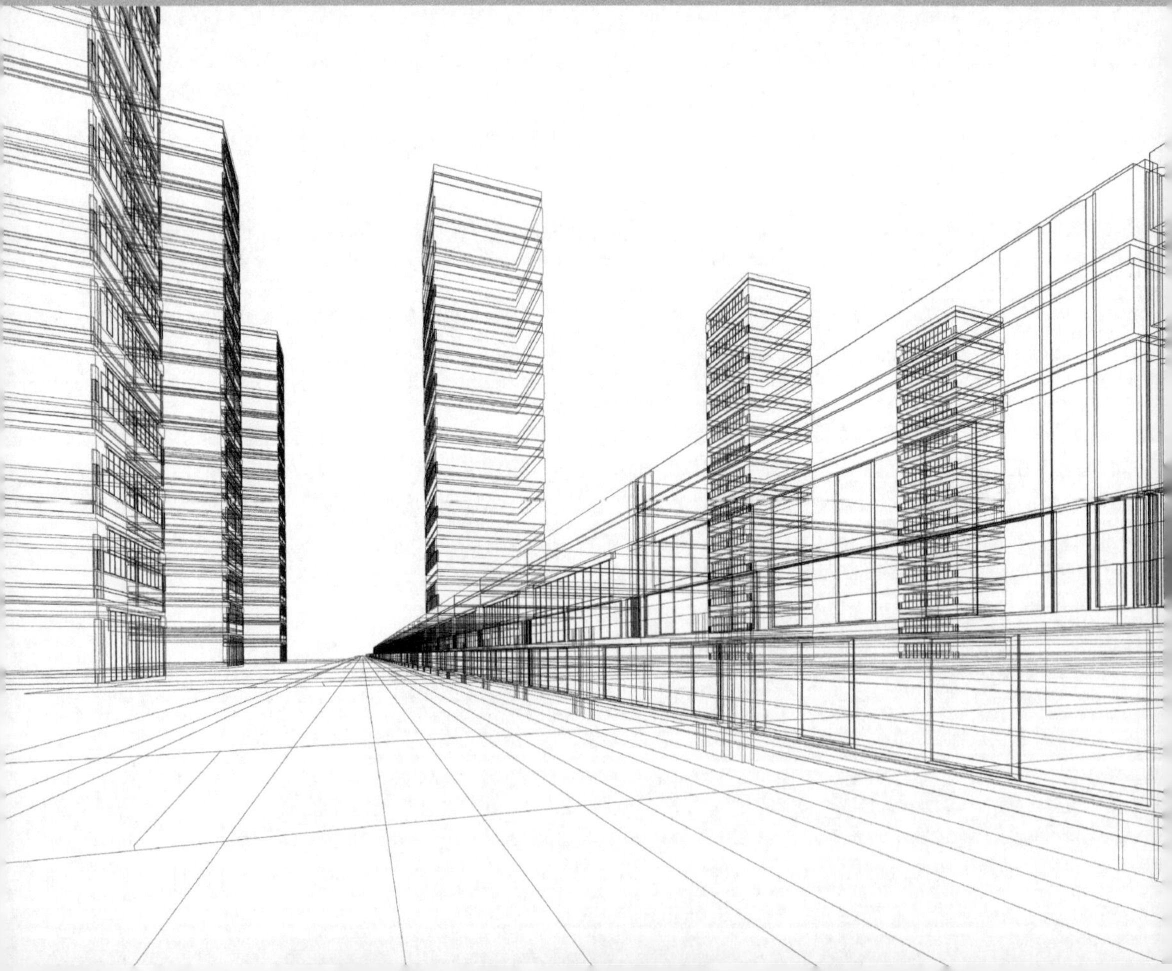

第一节 智慧城市发展模式的理论研究

一、智慧城市发展模式的内涵分析

（一）“模式”与“发展模式”的概念界定

1.“模式”的概念界定

准确界定“模式”是智慧城市发展模式研究展开的首要前提，是分析智慧城市发展模式内涵的第一把钥匙。文献分析发现，虽然，“模式”一词源远流长，历史悠久，但其内涵深刻，外延宽泛，应用多样，理解各异，并没有严格和共识性的定义。1989年版的《汉语大词典》将“模式”解释为“某种事物的标准形式或使人可以照着做的标准样式”，即事物的标准样式。在西方，“模式”和“模型”通常不做严格区分，英文表达一般用“pattern”或“model”。但严格意义上，一般将“model”解释为“对某一事项或实体的内在机制与外部联系进行的一种直观的简洁的描述，即拥有同描述客体相同结构属性的合乎逻辑的设想”，即汉语一般所称模型。将“pattern”解释为“方式或行为的一种方式、途径或方法；一种特定的形式、种类或方式”，即汉语一般所称“模式”。Christopher Alexander（1977）基于场景（context）、动机（system of forces）、方案（solution）三个要素构建了模式研究的CFS范式，并认为“模式”是解决问题的方法论，是在一定的抽象、简化、假设条件下，再现事物本质特征，从而更好地认识和改造客观事物的科学思维与操作方法。因此，“模式”一词从语义学角度看，具有三层含义：一是可识别性：以一种常规的方式能够识别；二是示范导向性：为其他同类事物或事件提供可以遵循的典范；三是可复制性：同样的安排或结果可以出现在类似的事物或事件上。

据此，本书将“模式”理解为系统运行机理的实现形式和外在表现，可以分为理论模式和实践模式。理论模式是基于系统运行机理基础上的系统构成要素及其关联机制的具体化、清晰化表达。实践模式则是在理论模式或其原理基础上，结合具体情况的实际运行安排，不仅更加具体，而且具有多样性、多变性和可操作性，既可以丰富理论模式，也可以为新的实践模式重构提供借鉴。理论模式与实际模式相比，是原则性和框架性的，是基于方法论层面、具有相对稳定性的，可以提供政策思路的抽象性概括。

2.“发展模式”的定义

在逻辑上“发展模式”是“发展”与“模式”的结合。但简单地将“发展模式”解释为“发展”的“模式”无助于解读智慧城市发展模式的概念内涵。必须通过解读“发展”解读“发展模式”。联合国开发计划署（The United Nations Development Programme, UNDP）认为:“发展（development）”是一个不断扩大人们选择的过程，是为人们创造一种有利环境，使人们能够独立或集体地去发挥全部潜力，并有恰当的机会去实现与其需要和兴趣相吻合的有价值和富于创造性的生活，包含了“美好”和“人道”等需要规范研究的定义，即发展是改进人民生活质量的过程，其目标是满足基本需要、提高人类尊严、扩大选择自由。基于上述分析，结合“模式”的定义，不难理解发展模式的内涵。

李晓楠（2008）认为发展模式可以分解为三个层面：广义、中义和狭义。本研究认为这种界定和划分有一定的科学性。

广义上的发展模式是指一个国家或国家群体的发展战略和道路的显著

样态，它是一个高度综合的范畴，是发展理念和原则、目标和战略、途径和机制等方面的统一体。发展模式取决于经济发展水平、社会文明程度、文化传统等方面因素。因此，发展模式的选择和确定，既要参照国际成熟的一般经验和规范，更要从各自特殊的国情出发，充分考虑到社区发展的差异性、多样性。

中义层面的发展模式是宏观发展模式下的社会层面的诸种子模式，如政治发展模式、文化发展模式、经济发展模式、社会发展模式、生态发展模式等。发展模式也有时间、空间和社会属性。不同的历史时期、不同的区域或社区、不同的主体都会在发展目标的指引下去践行不同的发展模式或将模式情境化。

狭义或微观层面的发展模式是在中观发展模式下的诸多种形式，也就是区域发展模式，如长江三角洲地区的“苏南模式”、“耿车模式”和“温州模式”，珠江三角洲地区的“珠江模式”，福建的“晋江模式”，以及西部云南的“红河模式”、“香格里拉模式”和“丽江模式”等。发展模式首先是一个区域经济学概念。在区域经济学语境下，区域经济发展模式是对区域开发过程中产业结构和空间结构选择、构建、调整的历史经验的分析与总结（Richardson，1973），是国家和地区经济发展过程中所形成的具有一定鲜明特色的经济结构和经济运行机制（陈文科，1999）。

发展模式丰富了模式的内涵，将发展的机制要素纳入其中。由此推断，发展模式包涵客观的事实本体要素、发展机制的驱动要素和主观的认知要素三部分。

（二）智慧城市发展模式的内涵分析

1.“城市发展模式”的概念内涵

“城市发展模式”是指城市发展因资源、文化及区位等事实本体要素不同，因而形成的基于不同价值判断和目标的多元化发展路径。“城市发展模式”的概念内涵沿承“模式”、“发展模式”所具有的时间、空间和社会的属性。研究城市发展模式，总结这些模式中内含的一般发展规律，可以为城市健康、可持续发展提供参照系与学习、借鉴的对象。

城市在人类发展史上占据重要的地位，已成为人类经济和社会发展的重要载体与主要渠道。对城市发展模式研究，最重要的是对城市发展事实本体要素、主观认知要素和驱动要素的分析，然后确定其模式定位。国内外在城市发展模式方面有较多的文献资料。然而，既有研究在分析城市发展模式时，没有将模式、发展模式和城市发展模式联系起来，往往得出片面的观点。比如，弗里德曼（Friedmann，2002）将城市发展模式分为城市营销与“准城市国家”两种模式。冯伟（2010）在对城市发展模式的概念进行界定的基础上，通过定量分析方法研究了我国副省级城市发展模式的类型，并结合我国副省级城市的发展特点，归纳了五种城市发展模式，即政策引领型、市场建设型、文化主导型、资本驱动型与工业发展型。长勤（2010）认为我国城市发展有五种模式：工业优先发展模式、产业群模式、环境模式、综合竞争力模式、区域协调和错位发展的比较竞争力模式。另外还有一些学者提出低碳城市发展模式（孙钰 等，2011）、节约型城市（张敬淦，2007）、健康城市，等等。

2.“智慧城市发展模式”的分析范式

依据第三章关于智慧城市的定义，结合“模式”内涵及其 CFS 范式，本研究认为智慧城市发展模式在理论上是指智慧城市发展的标准样式，由智慧城市发展所面临的特定环境条件状况（场景，context），以及所需要解决的问题及其预期目标（动机，system of forces）和在一定机理或机制基础上，平衡各种目标，进而解决所面临问题的方案（solution）三个基本要素构成。智慧城市发展模式是智慧城市发展在某种特定的场景下解决某个不断重复出现问题的标准化方案，进一步讲就是依据智慧城市概念内涵及其发展机理，将智慧城市发展的系统要素加以抽象、概括、类比、分析和逻辑演绎而构建的，以指导智慧城市发展为目的的一种框架性理论方案，不仅应包括智慧城市发展的目标、要求、原则、动力、条件、前提等约束要素，而且还应该包括智慧城市发展系统及其内部结构与外部环境系统要素，如系统层次、领域、主体、环境等，更应该包括智慧城市发展系统及其内部结构与外部环境系统要素的联系与作用机理。

具体而言，智慧城市发展模式是指基于工业化、城镇化、经济增长、民生改善、技术进步和环境可持续等驱动因素，以物联网、云计算等信息通信技术为手段，对智慧城市规划、建设、管理和运营理念、路径、方式等方面的规律性总结和设计。

3. 智慧城市发展模式的研究框架

智慧城市发展模式不仅需要在实践中不断总结和凝练，也需要在深入总结实践经验，并加以抽象的基础上，形成可以指导智慧城市建设实践的模式。一个良好的智慧城市发展模式，能排除智慧城市发展中次要的非本质的部分，将其重要因素、关系、状态和过程突显出来，从而关注智慧城市发展主要的、有特色的部分，有助于一个优良的智慧城市发展方案的形成和理想目标的实现。因此，智慧城市发展模式也可以理解为解决智慧城市发展问题的方法论，可以理解为是在一定的抽象、简化、假设条件下，再现智慧城市本质特征，从而更好地建设智慧城市的科学思维与操作方法。

智慧城市发展模式研究，就是在智慧城市发展机理分析基础上，将这些构成要素进行具体化表达，并揭示其特征，其逻辑思路是谁来建设、为什么建设、怎样建设和靠什么建设。但这一逻辑思路与智慧城市建设实践中的具体操作模式相比，仍然是原则性和框架性的，是基于方法论层面上、具有相对稳定性的，可以提供政策思路的抽象性概括。而实践层面上的具体操作模式则是在此基础上，结合建设实践情况的具体安排，具有多样性、多变性和可操作性，既可以丰富运行模式，也可以指导新的实践模式重构。

本章在对智慧城市发展模式理论和经验进行系统梳理的基础上，通过对相关概念和内涵的逐层解析，提出智慧城市发展模式的四大构成要素、四大分类标准、四大选择准则，为不同特征的城市进行智慧城市发展模式顶层设计提供一个分析框架，并以此为基础在国家和城市两个层面上进行实证研究。这一逻辑思路可以用流程图 4.1 来概括。

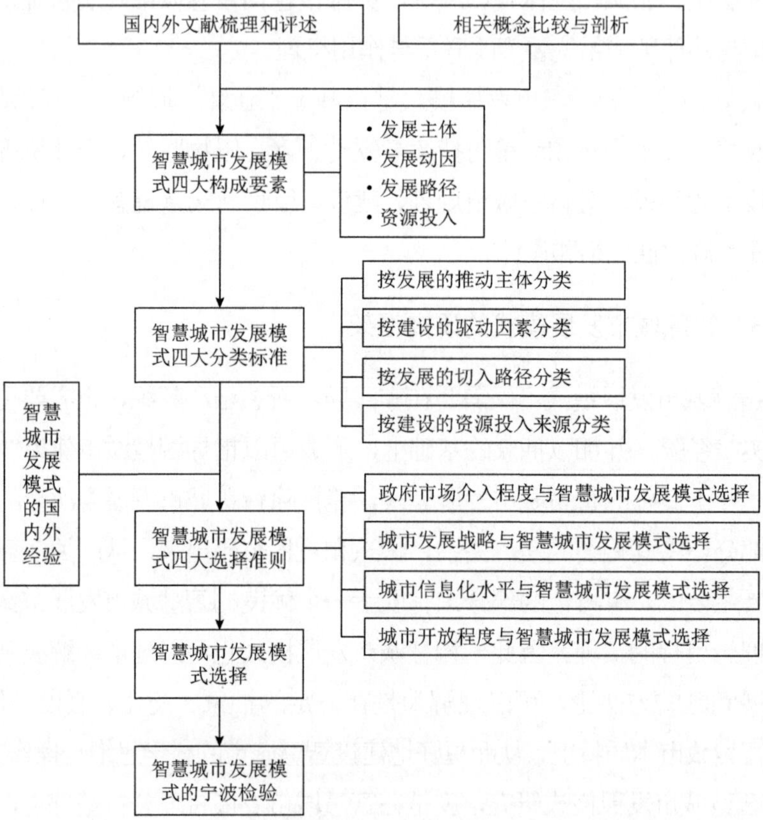

图4.1　智慧城市发展模式的逻辑思路及其研究框架

二、智慧城市发展模式的构成分析

（一）智慧城市发展模式的层次结构

智慧城市发展模式分为国家、区域和市域三个层次。

首先，不同国家智慧城市发展模式存在差异。经济、文化、资源、社会规范、制度等方面的不同对智慧城市国际实践产生影响。从 20 世纪 90 年代初开始，世界各地纷纷将信息和通信技术（ICT）应用于城市。大量的术语和定义被用来描述大都市ICT模式：虚拟城市、智慧城市、宽带大都市、知识库城市、无线城市、移动城市、数字城市、无处不在城市和智能城市，等等。目前，世界上形成了三大国家层面的智慧城市发展模式，如以民生偏向、智慧应用发展为主要特征的英国、法国、德国、芬兰、意大利等国代表的欧盟模式；以均衡发展为主要特征的美国、巴西代表的美洲模式；以增长偏向、基础设施建设为主要特征的韩国、马来西亚、日本等代表的亚洲模式。

其次，不同区域智慧城市发展模式存在差异。区域智慧城市发展模式是指某一国家智慧城市发展过程中所形成的具有一定鲜明区域特色的智慧城市建设、管理和运行模式。我国智慧城市发展中，长江三角洲、珠江三角洲和京津环渤海湾三大智慧城市圈已成为全国智慧城市发展的重要增长极和领跑者。其中长江三角洲地区近年来经济快速增长，区域合作不断加强，智慧城市建设先声夺人，正成为中国经济增长的一个强力引擎。

再次，不同城市智慧城市发展模式存在差异。由于资源禀赋、产业基础和城市发展战略不同，选择的切入点和路径也不尽相同，每个城市都只能适应地选择自己智慧城市发展模式。就目前我国智慧城市建设实践来看，大体包括三类：第一类是无锡、杭州等城市，注重以物联网技术和产业发展为驱动；第二类是上海、重庆等城市，注重以技术研发应用、城市基础设施建设和资源整合为先导；第三类是北京、武汉、宁波等城市，注重以推进重大试点示范应用项目为突破口。

（二）智慧城市发展模式的构成要素

城市发展模式是城市发展主体（包括居民、企业、社会组织和政府机构）在技术、资金、制度、区位等因素激励下，为追求利益最大化，寻求交易成本和生产成本最低的经济活动及地理区位，从而内生地决定了要素流动方向、方式及城市规模的结果。由此可见，借鉴城市发展模式内涵，可将主体要素、驱动要素、认知要素等简化，并情境化为推动主体、驱动因素、发展路径和资源投入来源四个方面，对智慧城市发展模式的构成要素进行分析。

按照亚里士多德（1995）四因论，主体和资源（投入）是质料因，发展动因是动力因，发展路径是形式因和目的因。作为质料因的主体和资源（投入）是智慧城市发展的基础，在发展动因这一动力因的作用下，并根据发展路径这一形式因和目的因，最终才能形成智慧城市发展模式这一形式。因此，智慧城市建设应该是城市主体在既定的历史条件（资源投入）下，认识智慧城市（发展动因）和改造城市（发展路径）的客观实践。

因此，只有对推动主体、驱动因素、发展路径和资源投入来源有准确的把握，才能对智慧城市发展的过程、路径进行透彻分析，进而合理地解释智慧城市发展模式的内涵。

1. 推动主体

智慧城市推动主体是指在智慧城市建设过程中，追求自我利益的个人、法人和从事社会管理的组织机构，它分为政府组织、企业组织、城市居民。

政府组织是智慧城市发展的主导者。同时，政府组织担负着城市规划、建设、经营、管理的责任，是基础设施的主要投资者和公共服务的主要提供者，是城市发展的领导者。

企业组织是智慧城市发展的参与主体。智慧城市是城市政府在促进城市可持续、健康、包容性发展的前提下对城市资源的市场化运作的过程。这一过程离不开作为智慧城市经济主体的各类企业组织的参与。企业组织在智慧城市发展过程中具有举足轻重的作用。按照市场要求，建立现代企业制度，通过资本运营的方式来建设、运营和管理城市资产，是智慧城市经营、运作、管理的最有效的、最有活力的商业模式。因此，企业组织理应成为智慧城市建设中市场行为的代表者和执行者。

城市居民是智慧城市建设的决定力量。城市居民是城市生产、生活等活动的主体，是城市基础设施和公共设施的一般消费者，并与城市的人文形象、地方特色和城市发展等息息相关。城市居民的文化素质、思想意识和创新精神是智慧城市建设顺利进行、效果扩散的必要条件。作为信息社会的缩影，智慧城市应该基于城市居民的需求，反映公众的社会诉求和价值追求。市民作为城市经营的最终受益者，也应当承担起其应有的责任和义务，增强参与意识，加强对智慧城市建设的监督。

因此，可以认为主体要素是对智慧城市服务潜在的用户组的描述：终端用户（如居民、企业），终端用户组（如商会、协会、行会），通过智慧城市提供公共和商业服务的服务人员、组织或机构（如政府、公共机构、企业）。

2．驱动因素

驱动因素是解决发展机制的问题：动力因素。智慧城市建设是一个复杂的动态过程，不同的智慧城市主体基于不同的利益诉求，利用不同的载体，进行错综复杂的实践交往。智慧城市建设在国家、区域和市域层面上各有差异，因此，智慧城市发展模式的驱动因素也呈现各种样式。智慧城市发展模式的驱动因素大致分为以下三种。

（1）经济增长和产业结构调整是智慧城市发展模式的增长要素。到2030年，发展中国家需要40万亿美元进行城市基础设施建设（Naphade et al.,2011），这为智慧城市经济发展带来巨大的创新机遇。先进的通信网络和服务使居民的需求层次、消费结构都将发生变化。对于发展中国家来说，推动经济增长的关键是产业的升级和发展，由于产业平均利润率不同，伴随着经济增长，经济主体为追求利益最大化使得各种资源要素必然会在不同的产业之间自由流动。智慧城市促成产业结构的升级，表现为第二、第三产业的比重增大，而产业结构的调整、演化又反作用于智慧城市的发展。

（2）创新城市管理是智慧城市发展模式的治理要素。联合国《2003年全球人口报告》称，到2030年，城市居民的数量将会上升到50亿。到2050年，80%世界人口将会居住在城市地区。27个大城市人口增长将会超过1000万，但增长的一半多将会发生在当前少于50万人口的城市，创新城市管理将会成为公共服务的重点问题。智慧城市为创新城市管理提供了新的发展路径和愿景。智慧政务不仅可为市民提供有效的公共信息和服务，还可以有效处理突发事件，进行公共事务管理；智慧交通将信息技术、物联网技术等综合地运用于交通体系，建立一种立体的、全方位的、实时的、准确的、高效的运输综合管理系统；智慧能源管理有利于加强能源的集约式发展，保障能源的可持续供给、提高能源设备利用效率。

（3）增强居民幸福感和满意度是智慧城市发展模式的民生要素。智慧城市以人为本，幸福是智慧城市居民的内在需求驱动。智慧城市融合各种物联网技术，凸显个性需求，提供安全、健康、节能、舒适、灵便的生活方式；促进居家舒适化、居住环境安全化，实现“以人为本”的全新生活体验。智慧城市不仅能有效进行居家管理，还将旅游、社交、教育、娱乐、医疗、办公等有机结合在一起；实现住宅自动化、生活便捷化，为生活创造便利，改变居民的生活习惯，影响居民生活的方方面面。

3. 发展路径

智慧城市发展路径是对智慧城市发展模式的具体践行，是对智慧城市顶层设计方案、任务书、路线、进度表的贯彻落实。发展路径涉及智慧城市建设的环节、步骤、方式、方法、措施、进程等多方面内容，是智慧城市建设取得实效的必经之路。

智慧城市发展路径如果偏向于“人”的角度，智慧城市就是一种人性化的、以人为本的、学习型城市。此时人、教育、学习和知识对于智慧城市来说是重中之重。对于城市发展来说，宜居环境、创业环境、知识网络、人才发展等是建设的重点。

智慧城市发展路径如果偏向于“增长”的角度，推动智慧增长就是智慧城市的核心。传统经济增长方式往往伴随资源消耗和环境污染，造成资源和环境压力，需要一种新型的方式实现可持续的经济增长。其中一个重要手段是利用信息化手段改造和提升传统产业，转变经济增长方式，提高企业的附加值和利润空间。发展智慧产业，推动传统产业智慧化是智慧增长的内在要求和主要内容。

智慧城市发展路径如果偏向于“治理”的角度，智慧政务、智慧交通、智慧环境等就成为智慧城市的重中之重。此时智慧城市建设的重点在于运用新一代的信息技术对传统政务管理方式、传统交通组织模式、传统环境管理模式进行创新和变革，目的在于解决城市规模不断扩大、城市人口不断增加带来的突出“城市病”问题，智慧城市建设的重点是利用新一代信息技术提高城市治理的效率。

4．资源投入来源

资源投入解决靠什么建设的问题。从智慧城市建设资源投入来源方式来看，有两种可供选择的模式：开放型和内源型。可将一国（或地区）主要依靠外来资金、技术、人才等生产要素投入智慧城市发展的模式可称之为“开放型”发展模式。反之，依靠本国或本地区生产要素投入来发展智慧城市的模式可称之为“内源型”发展模式。

在开放型发展模式中，商品、资本、劳动力和技术等生产要素能够自由地跨越区域流动。它强调的不仅是对外开放所包含的经济体制发展的方向和过程，而且还强调把国内经济和整个国际市场联系在一起，充分地参与国际分工，同时在国际分工中发挥本国经济的比较优势，推动生产要素双向流动，从而达到国际、国内两种资源在国际、国内两个市场的优化配置（关白，2000）。开放型发展模式不仅要求扩大经济贸易方面的往来，而且更注重经济体内部和外部的协调性发展，要求在社会、经济、文化、教育、产业、市场、体制、民生、生态、设施等方面的全面合作与衔接，对经济体内部的法律、法规、政策进行清理、修订和完善，使其在体制和机制上与国内别的区域及国际接轨，以实现一体化的更高水平（曾海鹰，2008）。

内源型发展是联合国教科文组织在 1977 ～ 1982 年中期规划中提出的。该规划目标之一是“研究符合不同社会实际和需要的内源与多样化的发展过程，它的社会文化条件、价值系统、居民参与这种发展的动机与方式”。内源型发展模式的实质在于立足自身，形成推动一个国家或地区经济发展的最终和持久力量，以实现经济的长期稳定健康快速增长。

（三）智慧城市发展模式的逻辑框架

通过对智慧城市发展的推动主体、驱动因素、发展路径和资源投入来源的分析，我们给出一个智慧城市发展模式的逻辑框架，如图 4.2 所示。

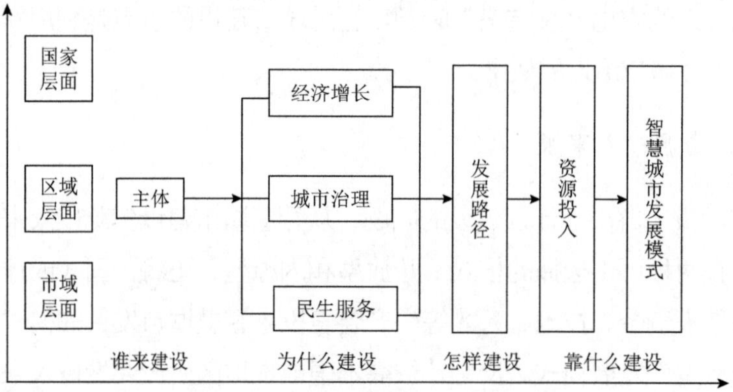

图4.2　智慧城市发展模式逻辑架构

智慧城市发展模式逻辑架构中纵坐标轴代表战略定位、要素构成。战略定位和要素构成二者之间是一种互生互补、相辅相成的耦合关系。在智慧城市发展模式逻辑架构的耦合机制中，战略定位首先是对构成要素进行评价，然后根据地域性、时效性不断调整，从而形成国家层面、区域层面、市域层面的智慧发展模式。

从构成要素层面讲，智慧城市发展模式是对智慧城市发展过程的一个逻辑性总结和概括。通过智慧城市主体的利己或公益行为，利用信息基础设施、智能技术及各种有形、无形的资源，以经济增长和产业结构调整、城市治理、增强居民幸福感和满意度的民生服务为驱动要素，对智慧城市规划、建设、管理和运营理念、路径、方式等方面的规律性概括。它说明谁来建设、为什么建设、怎样建设和靠什么建设这样一种必然的逻辑进程。基于具体的主体要素、驱动要素，必定产生不同的认知要素（发展路径和资源投入），所以智慧城市发展模式也会呈现复杂化。本研究中所指的智慧城市发展模式是互相联系的统一体，同时，可能还有其他智慧城市发展模式，所以该图只是一个粗略的结构图。比如，在主体要素中，从市场和城市效应的角度就得到内生性的智慧城市发展模式，而如果极端强调政府的作用就有外生性的智慧城市发展模式。

三、智慧城市发展模式的类型分析

（一）政府主导型、市场主导型和混合推动型发展模式

依据智慧城市发展模式构成中的本体要素中主导的主体不同，可以分为不同的智慧城市发展模式。根据政府市场介入程度可将智慧城市发展模式分为政府主导型发展模式、市场主导型发展模式和混合推动型发展模式。

政府主导型发展模式是指政府在智慧城市建设中起主导作用的外生性智慧城市发展模式。政府主导型发展模式特征表现在政府牵头，以及政策的制订和调整对智慧城市建设作用明显：一是政府对智慧城市进行系统性规划和建设，避免了局部推进带来的其他配套滞后反过来影响建设绩效的问题；二是因为政府主导，所以能够迅速聚合全社会（国家、区域和市域）的力量，集中人力、财力和物力快速推进智慧城市的建设。

市场主导型发展模式是指因市场和城市效应而产生的内生性智慧城市发展模式。市场主导型发展模式中，市场发挥主导性作用，市场是智慧城市建设的轴心。市场繁荣的地方，智慧城市发展就会较快。其特征表现在通过开发智慧应用、产业结构转换和升级来进行，实现市场供需和配置协调，从而促进智慧城市的发展。

混合推动型模式是指介于政府主导和市场主导之间的柔性双轮驱动模式。混合推动型发展模式中，政府的力量和市场的力量相互协调。从推进动力角度讲，该模式能够迅速凝聚和有效配置社会物质财富和精神财富，形成智慧城市发展的合力。

（二）增长偏向型、治理偏向型、民生偏向型和平衡发展型发展模式

按照智慧城市建设的动因，智慧城市发展模式可以分为增长偏向型、

治理偏向型、民生偏向型和平衡发展型发展模式。

增长偏向型发展模式是指以经济增长和产业结构调整为核心的智慧城市发展模式。增长偏向型发展模式的重点在智慧产业发展上，智慧应用也应该放在智慧贸易、智慧物流等直接与经济增长相关的方面。该模式的特征主要表现为减少商业运营成本、为企业创造增长机遇、给消费者提供价值、为市场创建一个公平竞争环境、支持创业、促进创新观念和产业结构调整等。

治理偏向型发展模式是指以城市建设、创新管理为核心的智慧城市发展模式。治理偏向型发展模式侧重于智慧交通、智慧公共服务、智慧社会管理、智慧能源应用等。该模式的特征主要是提高城市生存和可持续发展的能力、维护城市稳定和社会和谐、提高政府运作效率和综合竞争力。

民生偏向型发展模式是指以提高城市居民幸福感和满意度为核心的智慧城市发展模式。民生偏向型发展模式体现在智慧健康保障、智慧安居服务和智慧文化服务等方面。该模式的主要特征是以人为本、提高居民生活质量和水平、改变居民生活习惯、增强城市居民幸福感和满意度。平衡发展模式把经济发展、改善治理、改善民生放到同等重要位置，同步发展、均力推进。一般来说，平衡发展模式只有在经济发展、城市治理、民生改善均达到很高水平的时候才会被采用，大多数城市的发展战略都是偏向型的，智慧城市发展模式是偏向型的。

（三）设施启动型、技术启动型、应用启动型和综合推动型发展模式

按照智慧城市发展切入路径不同，可以将智慧城市发展模式分为基础设施启动型模式、核心技术启动型模式、智慧应用启动型模式和综合推动型模式。

基础设施启动型模式是指把信息基础设施建设作为推动智慧产业和智慧应用服务发展的基础，推动智慧城市建设的发展模式。基础设施启动型

模式把新一代信息基础设施建设放在智慧城市建设的首要位置，从信息基础设施建设入手启动智慧城市建设。

核心技术启动型模式是指以新一代信息技术为核心，培育和带动物联网、云计算等相关产业，推广智慧应用，从而推动智慧城市建设的发展模式。核心技术启动型模式基于技术优势，迅速汇聚相关资源，以点带面，形成产业优势，从而推进智慧城市建设。

智慧应用启动型模式是指以服务于民生为宗旨，以智慧应用为载体，推动智慧城市建设的发展模式。智慧应用启动型模式充分考虑城市的历史积淀和现实状况，选择智慧城市发展路径，其重点是集中优势资源，降低城市运行和管理成本，提高发展效率。各种应用可以充分利用该结构并能轻松地集成，可以充分地利用促进更快实施、更具成本效率的共同基础设施，支持任何人在任何时间、任何地点信息共享、互通、相互协作、提供无缝服务体验的架构。

综合推动型模式是指对智慧城市发展的各个领域进行全面推动的发展模式。综合推动型模式针对的智慧城市发展的各领域，而不是某一或某些领域。从推动的主体上讲，政府和市场是相互协调的、互补的联合主体。因而综合推进型模式的成功很大程度上取决于政府决策能力、执行力和市场的完善程度。政策、制度的科学性、稳定性、承续性和完善性往往成为该模式的瓶颈。从推动的动力因素来讲，该模式联动智慧城市各方面力量、群策群力，形成智慧城市主体之间的有效互动。同时，综合推动型模式聚集大量的、持续的资本要素投入。

（四）开放型发展模式和内源型发展模式

按照智慧城市建设的资源投入来源分类，即智慧城市建设的资源投入是主要建立在城市自身的企业、资金和人才基础之上，还是建立在充分整合和利用国内外资源的基础之上，可将智慧城市发展模式分为开放型发展模式和内源型发展模式。

开放型发展模式是指智慧城市依靠全国乃至全球的企业、资金和人才进行建设，开放型发展模式要求城市的国际化水平、对外开放水平较高。一般来说，开放程度越高的城市越容易吸引和整合外部资源。从经济规模角度来看，该类型城市对生产要素吸纳能力强，综合功能完善，经济规模大；从经济结构和经济效益角度来看，该类型城市生产能力、创新能力强，具有较高的经济效益，生产要素回报高，能优先获得智慧城市建设政策扶持；从生产和区域发展的战略来看，该类型城市的产业转移对于推动其他地区的发展具有十分重要的作用。

内源型发展模式是指智慧城市建设依靠所在城市的企业、资金和人才进行建设。内源型发展模式强调发展源于各国或各地区的内在需要和内在动力，建立在各国或各地区文化多样性基础上。因而，内源型发展模式注重本地技术进步、提高本地研发水平，而非单纯依靠外国资本、外来技术和外国市场。

四、智慧城市发展模式的选择准则

（一）政府市场介入程度与智慧城市发展模式选择

政府对市场的介入程度取决于两个方面：一是需不需要介入，二是有没有能力介入。前者与智慧城市发展阶段有关，后者主要取决于改革的路径依赖、政府对资源的掌控程度及区域经济发展的市场化水平。在发展阶段相近的时候，计划经济路径依赖越强、政府资源掌控程度越高、区域经济发展市场化水平越低的城市，越会倾向于选择政府主导型模式；反之，会倾向于选择市场主导型模式；当这三种情形不同时出现的时候，可能会出现混合推动型模式。当前我国智慧城市建设都处于起步阶段，不同城市的发展阶段并没有实质性差异，因此决定发展模式的主要是后者。

当改革的路径依赖较弱、市场化水平相对较低，而政府对资源的掌握程度较高，可采取政府主导型发展模式。在该模式中，政府在智慧城市建设中扮演着规划者与设计者的角色。智慧城市的规划、设计都需要政府的积极引导。通过政府自上而下有效地参与，促进智慧城市在较短的时间内取得快速的发展。政府主导型发展模式的成功之处在于政府的合理引导与积极扶持，因而效率较高。但是当政府不适度干预而导致政策失灵时，智慧城市的建设和发展就会陷入混乱、停滞的状态。因而增强城市市场化水平和自生能力是这种模式实现可持续发展的关键。

当市场化水平、改革开放程度较高，而政府对资源的控制力度相对较弱，可采取市场主导型发展模式。该模式通过市场的培育、建设与发展，利用区域自身市场的推力与外部市场的拉力自下而上地带动城市经济的发展。市场在调节经济活动和智慧城市建设时也存在着不利的一面：具有自发性与盲目性等缺陷。如果一味地依靠市场来引导城市发展，城市就难免会出现多种“城市病”，因而需要政府的有效参与和调控。另外该模式需要完善的合作框架和制度框架及处理利益冲突问题的法律条款、政策和制度规范。该模式要给所有参与者带来利益，保证资金和项目取得合理的预期。

如果市场化水平、改革路径依赖和政府对资源的控制力度处于较高的协调状态，则可以选择混合推动型发展模式。该模式是一种理想的、合理的智慧城市发展模式：政府和市场合力推动智慧城市的发展，促进智慧城市的可持续发展。

需要进一步指出的是，智慧城市推动主体的选择既与政府与市场的相对强弱有关，也与智慧城市发展的阶段有关。智慧城市发展初期由于面临大量的基础设施建设、建设主体培育、消费需求引导等问题，会形成较多的“市场失灵”，往往需要政府强力引导；随着市场主体的成长和基础环境的改善，市场的自主力量会起到越来越大的作用。

（二）城市发展战略与智慧城市发展模式选择

智慧城市建设必然要服从于城市发展的整体战略，也就是说，城市发展战略影响和决定了智慧城市的发展模式选择。准确的城市战略定位是选择合理的智慧城市发展模式的前提和基础。城市战略定位决定城市的发展前景，因而本质上决定着智慧城市发展模式的选择。

在经济全球化的背景下，依据信息经济中新技术的运用，空间、商品和资金全球化配置，城市必须不断调整自己的定位。智慧城市发展模式选择要适应城市发展环境的变迁：根据柔性城市定位，制定应变的策略，创新智慧城市发展路径，在竞争中获得更多的发展资源和占有市场，促进智慧城市发展。智慧城市发展模式应该能够不断优化城市资源配置，充分发挥其自身在资源、能力等方面的优势，前瞻性地考虑城市发展问题与机遇。因此，智慧城市发展模式要集中优势资源在城市发展的几个着力点，形成寸劲，短距发力、借力发力；要针对城市自身特色进行资源挖掘和借势发展；要整合资源，在协同中共同发展。这是智慧城市发展模式的一般规律，这对大城市、中小城市或先发城市和后发城市都是一样重要。智慧城市建设必须依据城市战略定位创新发展模式，从本土资源、社会经济和文化等本体要素中吸取营养，结合驱动要素创新城市文化、理念、价值和管理方式。忽视城市自身发展优势和内涵，将会造成城市发展目标、管理方式等方面的一致和趋同，使智慧城市发展缺乏特色。

（三）城市信息化水平与智慧城市发展模式选择

智慧城市建设与城市信息基础设施建设水平、信息化应用水平和信息产业发达水平息息相关。城市信息化水平是智慧城市建设的基础和前提，在城市信息化的初级阶段和转型期，城市面临信息基础设施落后、信息化水平低下等问题，应采取基础设施切入型启动模式：进行信息基础设施建设、加快信息技术的研发和引入、提高技术产品的附加值；在城市信息化的发展阶段，随着信息基础设施的完善、信息技术应用的深化，相关信息产业得到发展，但信息化水平不够均衡、数字鸿沟和城市问题突出，可以进行局部的智慧应用驱动（如智慧政务），着力解决城市突出问题；在城市信息化提升阶段，主要任务是取得关键技术的突破、城市包容性发展和城市居民生活质量的提高。因此在城市信息化提升阶段可以根据城市的具体资源要素和战略定位，采取核心技术启动模式，即通过物联网、云计算等智慧城市关键技术的突破驱动智慧城市建设；也可着力于智慧应用，全局性提升城市居民的生活品质、幸福感和满意度；也可以采用综合推动型模式，全面推进智慧城市建设，但该模式要求有较高的而且分布均衡的信息化水平作为前提。

值得注意的是，城市规模的大小会直接影响城市信息化的均衡发展水平，大城市可能在局部区域信息基础设施很完善，但是由于城市规模太大，信息基础设施建设不均衡。因此，大城市也有可能以进一步完善信息基础设施为切入点进行智慧城市建设。

（四）城市开放程度与智慧城市发展模式选择

智慧城市发展模式根据建设资源投入来源，可以分为开放型模式和内源型模式两类。开放型或者内源型发展模式的选择并不仅仅取决于政府的主观意愿，而且取决于国家或者城市吸引外来资源的能力。或者说，这里对开放型或者内源型发展模式的选择，并不是城市主观角度的选择，而是对城市实际资源投入的区分。开放型模式抑或内源型模式，主要取决于国家或者城市对外开放程度。

自 20 世纪 70 年代改革开放以来，在国家宏观经济计划与政策的干预和调控下，东部沿海省（自治区、直辖市）和内地省（自治区、直辖市）采取了不同的经济发展竞争策略。东部沿海经济基础较好和对外开放有条件的省（自治区、直辖市）采取利用国外和国内资源与要素，发展以出口为主的外向型经济。该地区的城市开放程度大，加之有良好的吸引外资和国外先进技术的有利条件，经济得以迅速发展，表现在两个方面：一是利用国家优惠和倾斜政策，地方各级政府积极制定各种制度、措施，吸纳国外的技术、资金，生产出口产品，开拓国外市场；二是利用工资、人才、管理等比内地更具吸引力的条件，大量地吸收了内地的人才、资金。

与此相反，内地各省（自治区、直辖市）基本上遵循的是利用本地优势资源，以开拓国内市场为主的内源型经济发展策略。内地各省（自治区、直辖市）对外开放对其经济发展的推动作用是相当有限的，表现在：一是政府没有有效发挥其主导职能，招商引资力度不够，治理效率低；二是在不合理的价格体系下，利用资源优势所生产的原材料和初级产品难以转化为经济优势；三是在沿海地区高利润、高工资的诱导下，区内资金和人才、普通劳动力大量流失，减弱了经济增长的能力；四是在工业制成品的国内市场上，由于沿海地区利用国外技术生产的产品竞争力强，内地无法与之竞争，因而，在国内市场上并没有取得优势（吴桂珍，2006）。

我国不同的城市在推进智慧城市建设过程中，应结合自身的地理条件、市场基础、融资环境、历史积累等因素，选择采用开放型模式或是内源型模式。

第二节　智慧城市发展模式的经验研究

一、国外智慧城市发展模式选择经验

（一）欧盟智慧城市发展模式选择的经验

欧盟作为一个政治和经济共同体，从整体上看其智慧城市发展模式属于政府主导、民生偏向的智慧应用驱动型与开放型发展模式。倡导创新、低碳发展是智慧欧盟 2020 战略主题之一，建设智慧城市是其重要举措。欧盟智慧城市发展模式选择的经验如下。

（1）从智慧城市发展的推动主体来看，欧盟智慧城市建设属于政府主

导型发展模式。欧盟在作出智慧城市发展模式选择时，主要依靠欧盟委员会统筹制订智慧城市建设的具体计划，通过产业结构变换和升级，对智慧城市发展的各个领域进行全面推动。早在2007年，欧盟就提出了建设智慧城市的设想。接着在2009年，欧盟委员会提出了建设智慧城市的具体计划，并且决定投入100亿～120亿欧元用于智慧城市建设。此外，欧盟挑选出大约30座城市作为建设智慧城市的首批试点①，在信息基础设施建设与相关技术创新、公共服务、交通及能源管理等领域进行了多项成功的实践（李亮，2012）。

（2）从驱动因素看，欧盟智慧城市更多关注信息通信技术在城市生态环境、交通、医疗、智能建筑等民生领域的作用，希望借助知识共享和低碳战略来实现减排目标，推动城市低碳、绿色、可持续发展，建设绿色智慧城市②。因此，从智慧城市建设的驱动因素来看，欧盟智慧城市建设模式属于民生偏向的发展模式。其驱动因素包括外部压力与内部动力两方面（贾瑞霞，2012）。在外部压力方面，欧盟认为自己应承担起全球性的责任与挑战。欧盟在信息技术领域落后于其他发达工业国家，也敦促欧盟在这一领域加快发展。在内部动力方面，首先是欧盟未来发展的战略要求。《欧洲2020战略》把“欧洲数字化议程”确立为欧盟促进经济增长的七大旗舰计划之一。2010年5月发布的《欧洲数字化议程》提出了七大重点领域。其次是为实现低碳经济而服务。欧盟在实施大规模的工业减排后，城市作为欧洲经济发展的主要节点，减排任务也排上日程。欧盟提出到2020年实现节能20%及到2050年发展低碳经济的目标，城市是实现这些目标的关键。再次是有来自于欧盟信息化技术应用不足的压力。欧盟数字市场有待整合，相关技术标准的通用性有待加强。缺乏数字化知识的普及教育，ICT专业技能人才短缺。犯罪分子利用网络进行不法活动日渐增多，导致网络信任度难以提高。

① 欧盟．智慧城市是城市化发展的高级阶段．http://www.bornlead.com/html.php/msg-1-363.html[2011-08-24].

② 智慧城市．http://baike.baidu.com/view/3310078.htm[2012-04-17].

（3）从发展路径看，欧盟的智慧城市建设实践，比较侧重于某一领域的智能试点应用，并未发布城市的整体规划。例如，欧盟在其新能源研究投资方案中，为智慧城市建设投资 110 亿欧元，选择 25 ～ 30 个城市发展低碳住宅、智能交通、智能电网，提升能源效率，应对气候变化。欧盟还通过欧盟第七研究框架计划（7th Framework Programme，FP7）对未来互联网、云计算、物联网等关键领域进行重点支持，攻克技术难关。通过物联网、云计算等智慧城市关键技术的创新应用启动智慧城市建设，从而牵引智慧产业和智慧应用服务的发展，推动智慧城市建设。从智慧城市的发展路径来看，欧盟智慧城市建设属于智慧应用驱动型发展模式。

（4）从资源投入来源看，欧盟智慧城市建设除了吸收来自各城市内部的企业、资金和人才以外，还不断整合欧盟各国乃至全球资源进行建设。因此，从智慧城市建设资源的投入来源来看，欧盟智慧城市建设属于开放型发展模式。2010 年 5 月，来自欧洲各国的 500 多名市长和代表在欧盟总部签署了《市长盟约》，承诺将带领各自城市努力实现节能减排，力争到 2020 年将这些城市的温室气体排放量在 1990 年的基础上减少 20% 以上。欧洲城市希望借助知识共享和低碳战略来实现减排目标，建设智慧城市。欧盟委员会计划至少投资 1.15 亿欧元帮助这 500 多个城市进行节能建设。截至 2012 年，签约城市已达 1700 个，签约者承诺到 2020 年超越 20% 的碳减排目标（为欧盟 30% 的减排承诺提供基础），签约城市将发展自己的可持续能源行动计划。

（二）美国智慧城市发展模式选择的经验

2009 年 1 月 28 日，IBM 首席执行官彭明盛 (Sam Palmisano) 首次提出“智慧地球” (Smart Planet) 这一概念，建议奥巴马政府投资新一代的智慧型信息基础设施。这为美国的智慧城市建设拉开了序幕[①]。从整体上看，美国智

① 慧聪汽车电子网. 国外“智慧城市”概念的提出及建设进展情况 . http://info.carec.hc360.com/2011/06/090949227881. html. [2011-06-09].

慧城市发展模式属于初期政府主导，中后期政府与市场协同发展的混合的、均衡的、综合推动型与开放型发展模式。

（1）从推动主体看，美国智慧城市建设是分不同阶段采用不同模式进行的[①]。从智慧城市发展的推动主体来看，在建设初期，美国智慧城市建设属于政府主导型发展模式。1993年美国政府提出NII（National Information Infrastructure，国家信息基础设施）计划，目标是在全美建成通达全国各地的信息高速公路。1998年9月，时任美国副总统戈尔正式提出“数字化舒适社区建设”的倡议，约有60个城市同时进行数字化建设，现已建成一批“智能化生活小区（数字社区）”示范工程。美国应急联邦管理署（Federal Emergency Management Agency，FEMA）制定了“电子化”（e-FEMA）战略，利用信息技术在电子政务框架下构建信息技术基础设施，以提高政府部门的应急能力和效率。2009年年初，美国总统奥巴马在发布《经济复兴计划进度报告》中宣布，计划投资110亿美元，建设可安装各种控制设备的新一代智能电网，以降低用户能源开支，实现能源独立性和减少温室气体排放。在建设中后期，主要采用政府与市场协同发展的混合推动型发展模式。美国政府利用财政资金推进一些重点智能城市基础设施的投资、建设；通过各种财政、金融政策手段引导企业、高校以各类研究院所等作为主体在上述基础上进行业务、产业模式等的创新。通过政府外包、向企业购买、吸引企业参与建设运营等，建设以互联网、物联网、宽带网等网络组合为基础的智慧城市。

（2）从驱动因素看，美国把经济发展、改善治理、改善民生放到同等重要位置，同步发展、均力推进，属于均衡推动模式。其驱动因素如下：首先，刺激经济复苏。通过创建智慧城市，可以带动物联网、互联网、云计算、软件等相关产业发展，从而拉动地方经济。因此，美国高度重视智慧城市这一面向未来城市产业发展新机遇，进一步强化美国技术优势和对全球经济的掌控。 其次，改善城市治理。目前，美国很多城市都建设了以网络为

① 宁波市智慧城市规划标准发展研究院．智慧城市世界动态研究（内部资料），2012年9月3日．

平台的综合性公共安全地理信息系统和应急资源系统，用资源地图方式实现人员、装备、物资等应急资源的合理存储和科学调配，在第一时间对抢险救援所需资源进行清晰准确定位和快速有序调配，迅捷有效地应对突发事件。根据“急时应急、平时服务”的原则，普遍建立了标准化、规范化、跨部门、跨区域的综合性城市管理系统，实现城市管理各系统之间和相邻地区之间的互联互通，保证各系统在个性化、定制化的同时满足互操作性要求，实现政府应急管理工作与日常公共服务之间的有机融合①。再次，改善民生。城市的快速发展往往会带来一些城市病。建设智慧城市，就是通过信息化为城市排忧解难，提高百姓的生活品质。例如，2009 年 9 月，美国中西部爱荷华州的迪比克市与 IBM 共同宣布，将建设美国首个整合的智慧城市——一个由高科技充分武装的 60 000 人社区。采用一系列 IBM 新技术“武装”的迪比克市将完全数字化，并将城市的所有资源都连接起来（水、电、油、气、交通、公共服务等），因此可以侦测、分析和整合各种数据，并智能化地作出响应，降低城市的能耗和成本，更适合居住和商业的发展，更能满足市民的需求。该项目通过使用传感器、软件和互联网让政府和市民能够测量、检测和调整他们使用水、电和交通的方式，以期打造更加节能、智能化的城市②。

（3）从发展路径看，美国的智慧城市建设实践，并不是侧重于某一领域的智慧试点应用，而是针对智慧城市发展的各个领域，属于综合推动型发展模式。在基础设施建设方面，2010 年 3 月美国联邦通信委员会（Federal Communications Commission，FCC）正式对外公布了未来 10 年美国的高速宽带发展计划，将目前的宽带网速度提高 25 倍，到 2020 年，让 1 亿户美国家庭互联网传输的平均速度从当时的每秒 4 兆提高到每秒 100 兆。在核心技术开发和智慧应用方面，IBM 整合了其在传感器网络、云计算、超级计算、软件服务化、数据整合与挖掘等方面的核心技术优势，推出多项“智慧”的解决方案，并已经在一些城市中开展建设实践。

① 宁波市智慧城市规划标准发展研究院．智慧城市世界动态研究（内部资料），2012 年 9 月 3 日．
② 宁波市智慧城市规划标准发展研究院．智慧城市世界动态研究（内部资料），2012 年 9 月 3 日．

（4）从资源投入来源看，美国智慧城市建设不仅得到了各级政府的政策推动和资金支持，还吸引了很多优秀企业、研究机构等参与建设运营，属于开放型发展模式。例如，美国政府1993年提出NII计划，对信息基础设施投入较大资金，取得了长足进展，为智慧城市的建设打下了较好基础。圣何塞2009年4月启动了智能道路照明工程，市政府为这个项目力争联邦刺激方案的资金支持。2009年，美国联邦政府与纽约健康和心理卫生局携手推进电子健康记录工作。纽约市政府在整治政府邮件问题时，要求各级政府部门使用Zumbox公司为政府部门量身定做的电子邮件系统，以提高政府官员的工作效率，有效地减少纸张资源浪费，同时降低政府邮递文件的成本[①]。

（三）新加坡智慧城市发展模式选择的经验

由于缺乏天然资源，作为城市小国的新加坡缺乏长期的劳动力和制造业竞争优势，应把发展重点放在资本和技术密集的产业上，充分利用知识和智慧来应付现在和未来的挑战。因此，新加坡智慧城市发展模式属于政府主导、增长偏向的基础设施驱动型与内源型发展模式。新加坡智慧城市发展模式选择的经验如下。

（1）从推动主体看，新加坡智慧城市建设属于政府主导型发展模式。早在20世纪80年代新加坡政府就开始了信息化规划和建设。1992年，新加坡政府提出IT2000——智慧岛计划，计划在10年内建设覆盖全国的高速宽带多媒体网络，普及信息技术，在地区和全球范围内建立联系更为密切的电子社会，将新加坡建成智慧岛和全球性IT中心。2000年，新加坡政府提出“信息通信21世纪计划”，计划到2005年成为网络时代的“一流经济体”。2006年6月，新加坡政府公布“智慧国2015”（IN2015）计划，这是一个为期十年的信息通信产业发展蓝图，旨在通过对基础设施、产业发展与人才培养，以及利用信息通信产业进行经济部门转型等多方面的战

① 宁波市智慧城市规划标准发展研究院. 智慧城市世界动态研究(内部资料), 2012年9月3日.

略规划，实现新加坡智慧国家与全球都市的未来愿景①。

（2）从驱动因素看，新加坡智慧城市建设属于增长偏向的发展模式。由 IDA 领导的“智慧国 2015”计划主要通过公共、企业、国民 (P-P-P) 领域的共同协作创新，来实现其愿景。智慧国 2015 也设立了一系列目标。其中包括：到 2015 年，基于资讯通信技术所发展起来的经济和社会价值高居全球之首，并实现行业价值增长两倍的目标，以及出口收入增长三倍的目标。为了实现以上目标，IDA 制定了四大战略，确定实现 9 个部门的行业转型，它们分别为数字娱乐媒体、教育、医疗卫生、中小企业发展、交通、金融、旅游、酒店和零售、贸易和物流产业；使用资讯通信来改造关键经济领域，如教育、金融服务、医疗卫生等。新加坡政府通过提供辅助资金、技术支持、合作征求计划等方式，推出了多个项目以促进信息通信技术在这些行业的应用，进而帮助提高行业的服务质量，实现整体经济发展。

（3）从发展路径看，新加坡智慧城市建设属于基础设施驱动型发展模式。完善的资讯通信基础设施是产业发展的基础，新加坡也一直致力于发展新一代资讯通信基础设施。“智慧国 2015”计划的战略要点之一就是发展完善的基础设施，目标是 2012 年建成新一代全国信息通信基础设施，包括超高速且具有普适性的有线和无线两种宽带网络。同时新加坡政府还推出相应的平台和新服务，进一步加强新一代信息通信基础设施建设，为经济增长和社会发展打好基础。在有线网络方面，新加坡政府拨款 7.5 亿新元发展新一代的全国宽带网络（简称 NBN），希望能覆盖 95% 的家庭商业业务，这将确立新加坡作为通信枢纽的地位。新加坡不仅通过铺设光纤和电缆来铺设网络，也进行规章制度改革，具体来说是通过相互分离的三大概念产业城，来避免垄断，鼓励创新。在无线宽带网络方面，新加坡 2006 年就推出其无线网络项目，主要在商业区域实现免费上网。Wireless 截至 2010 年 10 月份已经有 170 万用户使用该项服务，同时 Wireless 更加快捷，2009 年 9 月起，Wireless 访问速度提升一倍到 1 兆，并且免费服务延长至

① 新加坡——“智慧国 2015 计划”. http://www.cnscn.com.cn/news/show-htm-itemid-1043.html[2012-07-14].

2013 年的 3 月份。“智慧国 2015”计划最后一个战略将侧重改造公共政府部门的基础设施，强化公务员的相关能力。例如，政府将建立私有的政府云，在用户中提供共享服务，政府采取多管齐下的方式，来推动政府部门对云计算的使用。比如非敏感服务可使用市场上获取的公共云计算服务，如果涉及敏感的政府功能，建设仅供试用的基础设施，各个政府部门就能根据本身的需求，用这些云计算资源实现整体政府运作，从而提高效率。

（4）从资源投入来源看，新加坡智慧城市建设模式属于内源型发展模式。通过采取“政府主导、企业参与”的模式，依靠城市内部的企业、资金和人才进行建设，新加坡政府解决了“智慧国 2015”计划所面临的建设资金短缺、用户需求匮乏、企业动力不足的问题。目前，新加坡政府为“智慧国 2015”计划总共投资了 40 多亿新元，主要用于建立超高速、广覆盖、智能化、安全可靠的资讯通信基础设施，仅在新一代全国宽带网络（NBN）项目上，新加坡政府的拨款总额就达到 10 亿新元，解决了通信基础设施建设所需的资金问题。企业参与主要体现在，新加坡政府将产业链划分为无源基础设施建筑商、有源设备运营商、零售服务提供商三个层面，将他们相互分离，以避免自然垄断或不公平竞争的产生，并规定了价格和普遍服务义务，以建立一个公平、高效的平台，促进产业各方共同参与。

（四）韩国智慧城市发展模式选择的经验

2004 年，面对全球信息产业新一轮“U”化战略的政策动向，韩国信息通信部提出 U-Korea 战略，并于 2006 年 3 月确定总体政策规划。U-Korea 战略是一种以无线传感器网络为基础，把韩国的所有资源数字化、网络化、可视化、智能化，以此促进韩国经济发展和社会变革新的国家战略。建设 U-City（智慧城市）是 U-Korea 发展战略在韩国城市的具体实施。U-City 是一个可以把市民及其周围环境与无所不在的技术 (ubiquitous technology) 集成起来的新的城市发展模式。2007 年 6 月 7 日，为了使 U-City 工作顺利落实，韩国信息通信部成立了 U-City 支援中心，首尔、釜山、仁川等 6 个地区成为 U-City 示范区。通过整合的泛在网络，市民不仅可以方便地享受远程教育、远程医疗、远程办税服务，还可以远程控制家电，以降低家庭能耗。从整体上看，韩国首尔智慧城市发展模式属于政府主导、治理偏向的综合推动型与开放型发展模式。韩国智慧城市发展模式选择的经验如下。

（1）从推动主体看，2004 年，韩国政府发布的《数字时代的人本主义：IT839 战略》报告提出了建设无所不在的智慧城市计划，并于 2006 年启动了以首尔为代表的智慧城市建设，核心是通过建设遍布整个城市的互联网，使市民可以随时随地地使用或办理各项社会服务。基于建设国际一流智慧城市的愿景，首尔政府在规划 U-City 时构建了“FIRST 五大战略目标”和“BEST 四项关键建设”的理念体系（杨红艳，2012）。2009 年，韩国通过了 U-City 综合计划，将 U-City 建设纳入国家预算，在未来 5 年投入 4900 亿韩元（约合 4.15 亿美元）支撑 U-City 建设，大力支持核心技术国产化，标志着智慧城市建设上升至国家战略层面。全韩国的 U-City 建设规划与管理由政府国土海洋部负责，该部为 U-City 建设制定了两大目标与四大推进战略。因此，从智慧城市发展的推动主体来看，韩国首尔智慧城市建设属于政府主导型发展模式。

（2）从驱动因素看，气候变化是 21 世纪人类面临的最严峻挑战之一，引起气候变化最重要的原因是人类消耗化石能源、排放大量温室气体。“智慧首尔 2015”计划指出，韩国 CO_2 排放量位居世界第 9，占世界 CO_2 排放量的 1.7%；CO_2 排放量增加率在 OECD 各国中排名第一（韩国的 CO_2 排放量增加率为 99%，日本和美国分别为 19% 和 16%）。该计划正视首尔面临的环境危机，提出要实现“智能绿色城市”的信息化发展具体目标，并在全国各地区中率先制定了长期绿色政策，从运用智能电网、云计算及提供智能交通信息、智能环境信息等方面，提出了一系列措施（廖瑾，2012）。韩国首尔所推动的 U-Seoul 计划，主要希望透过整合资讯通信技术、满足消费者需求、解决城市现有疑难杂症等方式，达到建构无所不在的 U-Seoul 智慧城市及全球最高水平的电子政府之愿景。因此，从智慧城市建设的驱动因素来看，韩国首尔智慧城市建设模式属于治理偏向的发展模式。

（3）从发展路径看，首尔的智慧城市建设不仅定位于信息技术升级，更定位于城市的经济、文化、社会、环境及市民的整体发展，其重点应用领域包括福利、文化、环境、交通、产业、行政及都市管理（政务）。其计划分为发展期和成熟期两个阶段，共需约 10 年完成（杨红艳，2012）。其中发展期约 5 年，分为示范推动、模式扩散和全部实现三个步骤。U-City 有两种实现模式：一种是新市区的全新改革，使新市区到处都有 U 化应用；另一种是旧市区的改造，针对既有特色加入 U 化应用元素，以提升城市的效能。首尔的 U-City 计划正从根本上改变着当地人生活的各个方面：①在城市设施管理方面，利用无线传感器网络，管理人员可以随时随地掌握道路、停车场、地下管网等设施的运行状态；②在城市安全方面，利用红外摄像机和无线传感器网络，在检测火灾时，可以突破人类视野限制，提高火灾监测自动化水平；③在城市环境方面，U 环境系统可以自动地将是否适宜户外运动等气象和交通信息发送到市民的移动终端上，市民还可以智慧化地控制房间的能耗；④在城市交通方面，U 交通系统可实现对公交信息和公共停车信息的管理，并智能地实现支持残障人士出行和控制交通信号；⑤在城市生活方面，首尔在街道或广场安装了生态友好的媒体显示屏，并利用电子芯片使 LED 的能耗降低 26.7%；还专门设置媒体街，以提供视频监控探头、触摸屏、安全后灯、麦克风等生活工具。2008 年，首尔获得纽约智能城市论坛组织颁发的全球智能城市创新奖。因此，从智慧城市的发展路径来看，韩国首尔智慧城市建设模式属于综合推动型发展模式。

（4）从资源投入来源看，首尔 U-City 的建设不仅得到了韩国中央与地方政府的大力推动，韩国的系统集成企业与电信运营商也对其具有较高兴趣，纷纷认为 U-City 建设是未来新业务可进行前瞻性投资。同时，韩国政府期望 U-City 建设不局限于国内，计划未来主要面向新兴国家出口 U-City 建设的技术与经验。因此，从智慧城市建设的资源投入来源来看，韩国首尔智慧城市建设模式属于开放型发展模式。

二、国内智慧城市发展模式选择的经验

（一）北京智慧城市发展模式选择的经验

从智慧城市发展的推动主体来看，北京智慧城市发展的推动主体是政府和市场，形成了政府与市场混合推动型发展模式；从智慧城市建设的驱动因素来看，北京是均衡推动的发展模式；从智慧城市的发展路径来看，北京是综合推动型发展模式；从智慧城市建设的资源投入来源来看，北京是内源型发展模式。总体而言，北京智慧城市发展模式可以总结为“政府与市场混合推动＋均衡驱动＋综合推动＋内源型”发展模式。

首先，关于“政府与市场混合推动 + 均衡驱动”。北京在智慧城市建设中，一方面结合智慧城市建设的需求，2012 年 3 月从市政府的层面发布了《智慧北京行动纲要》，具备了良好政策优势；另一方面积累了丰富的相关技术和产业发展的创新资源，聚集了清华大学、中国科学院、中国电信研究院等国家级研发机构，同时拥有一大批高新技术领军企业，政府和市场两股力量共同驱动智慧城市发展。数字北京在网络及相关应用方面成效显著，市民对信息化建设比较认可，使得智慧北京有了良好的群众基础，特别在网络应用层面发展迅速，奠定了从“数字”向“智慧”跨越发展的基础。以 2008 年奥运会的举办为转折点，北京的智慧城市建设在数字北京的基础上逐步向更广阔更高级别拓展，将城市智能运行、市民数字生活、企业网络运营、政府整合服务、信息基础设施、智慧共用平台、应用与产业对接、发展环境创新等领域列为智慧城市建设重点领域，形成智慧城市建设经济发展、治理改善、民生改善同步均衡发展的良好局面。

其次，关于“综合推动 + 内源型发展”。北京信息基础设施较为完备，在此基础上，以普及城市运行、市民生活、企业运营和政府服务等领域的智慧应用为突破点来开展智慧城市建设。基于城市特点，政府提出的《智慧北京行动纲要》，主要解决两大类问题，一是解决特大型城市发展难题，主要缓解人口、资源、交通、环境等方面压力；二是解决经济发展方式转

变的问题，发展高端产业，催生新的业态。北京智慧城市建设主要依托本土企业、高校、研究机构等本地资源。例如，北京天地互连信息技术有限公司、中星微电子集团等牵头制定了 IEEE 1888、SVAC 等国际和国家标准，占领了智慧城市产业技术创新的制高点。同方股份有限公司、大唐电信科技股份有限公司、神州数码控股有限公司等一大批本土企业联合清华大学、中国科学院、北京邮电大学等科研院校成立了中国第一个物联网产业联盟，通过开放式创新合作，研究和设计形成了 160 多项物联网整体解决方案，确立了北京物联网产业集群的整体竞争优势，为北京智慧城市建设提供产业基础。

（二）上海智慧城市发展模式选择的经验

从智慧城市发展的推动主体来看，上海智慧城市发展的推动主体是政府，形成了政府主导型发展模式；从智慧城市建设的驱动因素来看，上海是增长偏向的发展模式；从智慧城市的发展路径来看，上海是基础设施启动型发展模式；从智慧城市建设的资源投入来源来看，上海是开放型发展模式。总体而言，上海智慧城市发展模式可以总结为“政府主导＋增长偏向＋基础设施启动＋开放型”发展模式。

首先，关于“政府主导 + 增长偏向”。政府在推动上海智慧城市建设方面发挥了主导作用。2011 年 9 月，上海市政府发布了《上海市推进智慧城市建设 2011—2013 年行动计划》，正式提出智慧城市建设，明确提出推进以数字化、网络化、智能化为主要特征的面向未来的智慧城市建设，全面提高城市现代化水平，让市民共享智慧城市建设成果。为了促进经济增长与产业结构升级，上海将智慧城市建设的重点放在智慧应用与智慧产业发展上，形成了增长偏向的发展模式。在智能应用体系建设方面，上海重点推进城市建设管理、城市运行安全、智能交通、社会事业与公共服务、电子政务、信息资源开发利用、“四个中心”建设、“两化”深度融合 8 个专项，促进城市运行管理水平、经济发展水平、公共服务水平和居民生活质量提升。在智慧产业发展方面，上海围绕构建创新活跃的新一代信息技术产业体系，以企业为主体，重点实施云计算、物联网、TD-LTE、高端软件、集成电路、下一代网络（Next Generation Network, NGN）、车联网、信息服务8个专项，加强技术研发，推进示范应用，加快产业发展。

其次，关于“基础设施启动＋开放型发展”。上海智慧城市建设以信息基础设施建设为龙头，带动智慧应用和智慧产业发展。上海由政府主导的智慧城市建设是以提升网络宽带化和应用智能化水平为主线，在三年内围绕构建具有国际水平的信息基础设施体系，通过政府规划引导，推动相关企业重点实施宽带城市、无线城市、通信枢纽、三网融合、功能设施5个专项，落实完善规划体系、规范建设管理、强化机制建设3项重点任务，全面提升上海信息基础设施服务能级。上海智慧城市依靠全国乃至全球的企业、资金和人才进行建设。例如，重点专项强调积极鼓励外资投资封装业，建立与上海集成电路产业链相适应、互动发展的封装产业；支持集成电路设备和材料业发展，在产业化、商品化方面形成突破。同时创新政府扶持资金的投入方式，通过资本金注入、贷款贴息、服务外包补贴、融资担保等形式，吸引集聚外资参与智慧城市建设①。

（三）南京智慧城市发展模式选择的经验

从智慧城市发展的推动主体来看，南京智慧城市发展的推动主体是政府，形成了政府主导型发展模式；从智慧城市建设的驱动因素来看，南京是治理偏向的发展模式；从智慧城市的发展路径来看，南京是综合推动型发展模式；从智慧城市建设的资源投入来源来看，南京是内源型发展模式。总体而言，南京智慧城市发展模式可以总结为“政府主导＋治理偏向＋综合推动＋内源型”发展模式。

首先，关于“政府主导＋治理偏向”。南京市从规划与政策上明确智慧城市发展方向，制定并发布了《南京市“十二五”智慧城市发展规划》，

① 资料来源：浙江大学宁波理工学院课题组. 2012. 国内代表性智慧城市发展模式调研报告.

并相继出台了《市政府关于推进市民卡项目建设的意见》（宁政发〔2008〕200号）、《市政府关于加快建设政务数据中心的意见》（宁政发〔2010〕65号）等一系列政策文件，规范和指导南京智慧城市建设。结合南京实际情况，智慧城市建设强调优化和完善城市治理。选择无线政务专网与政务数据中心、市民卡、智能交通等项目作为智慧城市发展重点，打造成南京智慧城市建设的亮点。

其次，关于“综合推动＋内源型发展”。南京强化顶层设计，综合推进智慧城市建设。构建以“一大平台、六大体系”为核心的“智慧南京”总体架构，把智慧城市云计算服务平台作为智慧城市建设的核心基础支撑，为政务、警务、交通、医疗等行业提供云服务平台，将基础设施、应用、产业、资源管理、技术支撑和政策保障体系作为智慧城市框架的六大基础构件。南京的智慧城市建设主要依靠城市自身企业、资金来进行。例如，智能交通公司先期由南京市信投公司投入引导资金，同时融入社会资本，负责项目融资、建设、维护及运营，为政府提供交通基础信息的采集服务，并依法开展交通信息资源的社会化服务[①]。

（四）无锡智慧城市发展模式选择的经验

从智慧城市发展的推动主体来看，无锡智慧城市发展的推动主体是市场，形成了市场主导型发展模式；从智慧城市建设的驱动因素来看，无锡是增长偏向的发展模式；从智慧城市的发展路径来看，无锡是核心技术型推动发展模式；从智慧城市建设的资源投入来源来看，无锡是开放型发展模式。总体而言，无锡智慧城市发展模式可以总结为“市场主导＋增长偏向＋核心技术推动＋开放型”发展模式。

首先，关于“市场主导＋增长偏向”。无锡市在智慧城市建设过程中充分发挥市场的主导作用，到2011年，无锡已引进各类物联网企业190家，其中注册资本千万元以上企业占一半以上，总产值突破了600亿元。根据

① 资料来源：宁波市智慧城市规划标准发展研究院．2012．南京、无锡、扬州三市智慧城市建设调研报告．

《无锡市传感网产业发展建设规划》，2015 年，无锡物联网的产值将达到 2500 亿元。无锡把物联网产业上升到了全市战略的高度，使物联网产业成为无锡市经济增长的内生动力，为全面实现经济结构调整、产业升级和城市转型作出贡献。无锡物联网发展的重点领域包括：物联网核心产业（各类传感器、新型传感网芯片设计、制造和封装、软件 / 中间件、系统集成、网络服务、内容服务、物联网技术应用等）、物联网支撑产业（微纳器件、集成电路、通信设备、微能源、新材料、计算机、软件等），以及物联网带动产业（利用物联网大规模产业化和应用对先进制造业、现代服务业和传统产业带来的根本变革，重点推进带动效应大的现代装备制造业、现代农业、现代服务业、消费电子、交通运输及其他传统产业改造升级和发展）。

其次，关于“核心技术推动 + 开放型发展”。无锡提出建设智慧城市晚于上海、宁波等同类城市，但是无锡在智慧城市建设起步和实质性推动方面却是早于这两个城市。这与无锡以扩展物联网产业市场为切入点发展智慧城市的路径有关。无锡以物联网和云计算两大智慧城市建设的核心技术为突破口，通过大力培育和发展物联网、云计算产业来驱动智慧城市建设。物联网产业在无锡异军突起后，随着物联网与云计算的逐步融合，无锡将强大的物联网产业与云计算产业联动发展，进一步推动了云计算产业的发展。2011 年云海创想信息技术（无锡）有限公司和曙光信息产业股份有限公司两大国内云计算产业巨头先后进驻无锡，使无锡成为全国云计算领域的领头城市之一。无锡充分利用外部技术与资金发展智慧城市，形成开放型发展模式。2009 年 8 月，无锡在时任国务院总理温家宝视察无锡时提出要发展物联网产业，得到了温家宝总理的赞同和支持。不久，中国移动率先在无锡成立物联网研究中心，紧接着中国电信、中国联通也相继在无锡成立物联网技术重点实验室和研究院。2009 年 12 月，中国科学院无锡物联网产业研究院落户无锡。三大通信公司和中科院的进驻一举奠定了无锡在全国物联网发展中心的地位。2010 年 1 月，中国物联网研究发展中心在无锡挂牌成立。同月，无锡物联网基地跻身工业和信息化部正式批准的第一批“国家新型工业化产业示范基地”名单之中[1]。

（五）佛山智慧城市发展模式选择的经验

从智慧城市发展的推动主体来看，佛山智慧城市发展的推动主体是政府，形成了政府主导型发展模式；从智慧城市建设的驱动因素来看，佛山是民生偏向的发展模式；从智慧城市的发展路径来看，佛山是智慧应用驱动型发展模式；从智慧城市建设的资源投入来源来看，佛山是开放型发展模式。总体而言，佛山智慧城市发展模式可以总结为“政府主导＋民生偏向＋智慧应用启动＋开放型”发展模式。

首先，关于“政府主导＋民生偏向”。佛山以政府为主导确立智慧城市建设方向。在2010年颁布了《四化融合 智慧佛山发展规划纲要（2010—2015年）》，提出了“四化融合，智慧佛山”发展战略，即佛山在推进信息化、工业化、城镇化、国际化融合过程中，要把智慧产业、智慧城市、智慧生活、智慧管理放在战略地位，以智慧应用推动四化融合。佛山智慧城市建设强调给予城市居民更加智能、便捷、舒适和多元的生活。一是公共事业智慧化。包括启动广佛肇教育信息化合作项目，共建教育教学资源库及实现教育城域网互联互通；构建以居民健康信息为主线的覆盖全市医疗卫生机构的卫生信息化区域；实现全市社会保险互联互通；建设全市体育综合信息库、体育人才信息库、体育比赛信息库、体育产业信息库等。二是交通管理智慧化。包括加快公交智能调度系统的建设，普及卫星定位系统（GPS）在各类营运车辆上的安装和应用。开发市交通数据交换系统，深化交通信息资源的开发利用，最终建成覆盖全市的交通信息化综合体系。三是公共安全智慧化。重点建设和应用人口信息管理、公安综合信息快速查询、警力指挥调度、公共网络安全监控等方面的信息系统。四是环境保护智慧化。包括推进土地资源、城市规划、城市建设、园林绿化、环境保护等领域信息资源互联共享；对环境数据进行统一管理和深层利用，提高环境综合管

① 资料来源：浙江大学宁波理工学院课题组 .2012. 国内代表性智慧城市发展模式调研报告 .

理工作的科学性和高效性。

其次，关于“智慧应用启动 + 开放型发展”。佛山把智慧应用放在智慧城市建设的首要位置，以智慧应用为突破口带动智慧城市其他领域的发展。一是数字化城市管理，利用集成的数字化、网络化技术，充分整合公安、应急、交警、卫生、交通、消防、三防、地震、环保、气象、国土等各部门的应急救助资源，实现统一的应急救助联动指挥调度。二是构建高效在线公共服务，从资源整合和信息共享、“一站式”网上服务平台、业务管理三方面搭建电子政府框架。三是建立统一的电子政务三大中心和数据库，全市统一建设电子政务网络数据中心、应急指挥中心，电子政务灾难备份中心；建立统一的数据库，共享数据资源，包括人口基础信息数据库，企业法人数据库，GIS 数据库，行政审批、服务、办公类数据库，市民健康数据库等。佛山在智慧城市建设中利用引进大型国内及跨国企业项目，有侧重地开展信息技术协同设计、生产、营销等方面的合作。通过鼓励大企业开展并购活动，形成产业链垂直整合与地区间整合，加快企业生产过程和业务流程的信息化改造①。

三、国内外智慧城市发展模式选择的启示

通过对国内外智慧城市发展模式的经验分析，我们发现不同国家、不同城市因自身特点不同而具有不同的智慧城市发展模式。案例分析中的几个国内外智慧城市建设均起步较早，目前都已取得了显著成绩。在智慧城市建设过程中如何借鉴和吸取案例的成功经验，并结合本地经济社会发展实情，选择适合自身的智慧城市发展模式，是一个值得深思的重要问题。

（1）智慧城市建设可以分阶段采取不同的主体发展模式。在智慧城市建设初期，可以采取政府主导型发展模式，由政府牵头统筹制订智慧城市建设的具体计划，避免局部推进带来的其他配套滞后反过来影响建设绩效的问题；加大基础设施投资，自上而下，通过产业结构转换和升级，对智

① 资料来源：浙江大学宁波理工学院课题组 .2012. 国内代表性智慧城市发展模式调研报告 .

慧城市发展的各个领域进行全面推动。在智慧城市建设中后期，可以采取政府与市场协同发展的混合推动型发展模式，实现自上而下和自下而上的有机结合。在经过早期的大规模的信息化、网络化等基础设施建设之后，智慧城市建设与发展还需充分利用市场机制推动建设要素向城市集聚与流动，利用财政资金推进一些重点基础设施的投资、建设，通过政府外包、向企业购买、吸引企业参与建设运营等，迅速凝聚和有效配置社会的物质财富和精神财富，形成推进智慧城市发展的合力。同时，应积极鼓励民间力量参与，促进相关信息产业发展，在智慧城市建设过程中，部分城市明显存在着政府“包办”、忽视公众参与的问题。为此，各级政府部门应借鉴案例经验，加强与公众的互动，以获取公众对其广泛深入的支持，使智慧城市建设惠及全民；同时应提倡竞争机制，充分运用市场力量以提高建设效率，保证建设质量，提高企业竞争力，促进本土信息产业的发展。

（2）智慧城市建设必须服从于城市发展的整体战略，量力而行、有序发展。因为每个城市的经济水平、城市问题、居民生活质量追求都是不一样的，所以不能照搬其他智慧城市的建设模式。智慧城市建设必须要有科学的方法，遵循如下共同规律：①不同城市必须结合本地发展的需求和实际，制定差异化的发展模式；②要规避脱离城市实际、不计投入、急功近利的思想，对于基础条件较为薄弱的城市，更要根据本地的信息化、经济和社会发展基础，逐步探索、循序渐进；③要深入研究本地在各个历史发展阶段的需求和特征，有效地评估投入产出的效益，形成着眼于长远需求的智慧城市建设方案。

（3）智慧城市建设要率先推进信息基础设施建设。尽管发达国家信息基础设施较为先进，但是各国依然把信息基础设施建设作为智慧城市建设的优先切入点。例如，美国 1993 年就提出了建成通达全国各地信息高速公路的“NII 计划”；欧盟 2005 年提出了“i2010 战略”，把信息基础设施建设和信息通信技术的推广作为第一阶段智慧城市建设的主要手段；韩国“IT839 计划”是智慧城市建设“U-Korea 战略”的核心，强调通过信息产业服务、基础网络设施建设和新的增长技术全面提升韩国的信息基础设施水平。国内也是如此。例如，上海，尽管其信息基础设施水平走在全国前面，但是上海智慧城市建设仍然把信息基础设施建设作为主要切入点和重要内容，为智慧应用发展奠定基础。

（4）智慧城市建设应采取政府主导、多方参与的开放型模式。在智慧城市的建设过程中，可能涉及上千万甚至上亿元的资金投入，而它的产出则是一个漫长的过程，甚至很多项目是改善民生的福利工程，并不能产生直接的经济效益，因此完全依靠企业出资基本行不通。而如果完全依靠政府，那么会增加政府的财政负担，同时政府的性质特点也决定了它并不擅长于商业运作项目，也不可能事无巨细地深入到每个具体环节。因此，在智慧城市建设的资源投入中，政府作为资源投入的主导方，应大力投入资金推进一些重点领域基础设施的投资、建设，通过各种财政、政策扶持手段吸引大量优秀企业、科研机构等其他社会公众大力参与到智慧城市的建设运营当中来；除了要整合城市内部的企业、资金和人才以外，还要不断整合全国乃至全球的外部资源，大力推进智慧城市建设。

第三节　我国智慧城市发展模式的选择

一、我国智慧城市发展模式选择面临的问题

当前，我国智慧城市建设仍然处于探索阶段，尚未出台国家层面的智慧城市规划或者行动计划，因此目前并不存在国家层面的智慧城市发展模式。从对部分城市的实地调研来看，大多数城市在发展模式选择上并没有充分考虑自身的资源禀赋、面临约束、战略定位等个性化因素，而是从智慧城市的基本体系出发，追求建设框架的全面性，导致发展模式选择雷同，相当一部分发展手段难以落到实处。本书从推动主体、驱动因素、发展路径、

资源投入来源四个维度出发对现有智慧城市发展模式选择中存在的主要问题进行分析。

（一）政府与市场缺乏合理分工和动态转换

智慧城市建设是政府与市场联动耦合的结果，政府与市场的分工因市场化程度、政府财政投入能力及智慧城市所处的阶段不同而异。当前我国智慧城市建设同时存在政府投入不足和投入过度的问题。部分经济相对落后的城市由于财政实力所限，难以对智慧城市建设进行大规模投入，希望通过引入市场力量推动建设，对企业投入依赖过高。但是由于智慧城市启动初期城市信息基础设施滞后，企业对智慧产业心存观望心态，居民对智慧应用的付费观念没有形成，智慧城市建设存在较多的“市场失灵”领域，在政府缺位、财政投入不足的情况下，智慧城市建设难以实质性撬动。而部分经济发达的城市，在凭借财政的大规模投入启动智慧城市建设后，虽然在一段时间内进展明显，但是由于未能逐步实现以政府为主的驱动模式向以市场为主的驱动模式转换，尤其是对培养居民和企业智慧应用付费意识重视不足，导致智慧城市建设过度依赖政府，一旦政府投入下降，智慧城市建设进展就会明显放慢，甚至发生逆转。根据智慧城市不同发展阶段实现政府和市场的合理分工和及时转换，是当前智慧城市发展模式优化的重要方向。

（二）发展模式未能充分体现城市具体特征

智慧城市建设的出发点和落脚点，是为了提高城市的运行效率，更好地实现城市既定的发展战略。因此，智慧城市的建设目标，应能够充分体现所在城市的战略定位，与城市发展战略内在一致。智慧城市的系统架构和发展重点，应充分反映当前城市运行和管理中存在的关键的、瓶颈的问题，并根据不同阶段的城市发展关键的、瓶颈的问题的变化及时进行调整。从现有各智慧城市建设规划和行动计划的解读来看，绝大多数城市在编制规划和行动计划过程中，并没有对城市当前运行和管理中的问题进行分析和解剖，建设思路和原则也未能体现与城市发展战略的结合。系统架构和发展重点的设计停留在静态层面，没有体现“世易时移”动态转换的思路。反映在具体发展模式上，绝大多数城市采取的是均衡推动模式，将经济增长、改善民生、优化治理等目标一视同仁。这意味着这些智慧城市的规划者，缺乏对智慧城市建设目的的深层次理解，仍然停留在为智慧城市而建设智慧城市的狭隘思路上。

（三）信息基础设施滞后于智慧城市发展

智慧城市的建设和运行，对城市信息基础设施具有高度的依赖性，智慧治理、智慧民生、智慧环境、智慧产业、智慧规划都需要以较为发达的城市信息基础设施为前提。我国当前城市信息基础设施建设还处于起步阶段，绝大多数城市信息基础设施水平相对较低。即便是北京、上海这类国际化大都市，尽管核心区域信息化基础设施较为完善，但是核心区域与外围区域信息化基础设施水平明显不均衡，难以容纳全市层面的智慧城市建设。从这个意义上讲，当前我国大多数城市应把信息基础设施的建设放在智慧城市建设的首要位置。然而，从实际调研来看，绝大多数城市尽管并未忽视信息基础设施建设，但是更为强调智慧应用的发展，甚至把主要精力放在智慧应用的建设和推广上，实际上本末倒置，尽管可以在局部领域出一些成果，但是与智慧城市资源整合、协同融合的本质特征并不一致，智慧城市建设难以实质性推进。

（四）过于依赖外部资源推动智慧城市建设

当前，各个智慧城市建设过程中，无一例外高度强调对招商引资的重视，试图通过招商引资实现智慧城市建设的跨越式推进。这种思路在操作过程中出现了两个比较重要的问题：第一，部分城市并不具备招商引资的比较优势。由于我国长期以来存在梯度发展格局，沿海城市与中西部地区、中心城市与非中心城市、发达城市与相对不发达城市，在吸引外部资源上存在较大的差距。目前国内有能力推动智慧城市建设的企业数量较少，如果所有城市都依赖于外部资源引进，不仅会陷入恶性竞争，而且那些缺乏引资比较优势的城市最后会难以把建设规划落到实处。第二，对于具有招商引资优势的城市来说长时间依赖外部资源并不是好的发展取向。目前，国内有能力推动智慧城市建设的企业，其总部主要集中在北京、上海、深圳等少数城市，这些企业在承接智慧城市建设业务时，主要采取项目公司形式，一旦项目建设完成，项目公司的使命也随之终止。如果建设城市没有能够及时培育起本地支撑企业，智慧城市项目的后续运行和维护可能会遇到很大问题。因此，我们认为，无论是有引资优势的城市还是没有引资优势的城市，都要注意把握内部资源与外部资源的统筹协调。没有引资优势的城市只能以内源型发展模式为主，但是也要争取局部领域引入外部力量，以加快和提升本地企业的成长；有引资优势的城市可以采取开放型模式，但是要注重同步培育自己的本地支撑企业，实现持续发展。

二、我国智慧城市发展模式的选择路径

（一）我国智慧城市发展模式选择的依据

我国作为最大的发展中国家，区域经济发展不平衡。考虑到经济发展水平参差不平所带来的信息化水平不均、市场化程度不同及对外开放程度不一，我国在建设智慧城市的过程中应该选择差异化的发展模式，更多地尊重不同城市的自主选择，避免一刀切。但是从另外一个角度来看，智慧城市作为未来我国城市发展的重点战略方向之一，完全放任各个城市自主探索是不科学的，国家层面理应对智慧城市发展进行总体把握和引导，因此，我国智慧城市建设有必要在国家层面就智慧城市发展模式进行顶层设计。

选择什么样的智慧城市发展模式首先要考虑到城市资源要素和具体特

征。如果不重视城市资源要素和具体特征的话，就容易造成城市功能雷同、资源浪费，也容易忽视区域、城市发展的可持续性和协调性，忽视区域、城市的现实状况，造成产业结构单一的局面。进而引发城市之间不正当竞争，造成市场垄断、滥用政策优惠等地方保护主义现象，使行政力量侵占市场功能，阻碍生产要素按照正常规律流动和配置，制约产业整合、产业结构调整和资源共享，降低城市规模效应和城市群协同效应，也抑制了城市聚集经济作用的发挥。

不同城市所拥有的资源条件不同，发展模式显然会有较大差异。同时，城市是一个复杂的系统，它包含多种要素，诸要素之间互相关联，构成整体。具体而言，城市系统包括环境要素、制度要素、经济要素、社会与文化要素、技术要素四部分。环境要素包括自然环境和人工环境。自然环境包括自然资源、自然条件，人工环境包括住宅的设计和配套、公共服务设施、交通、电话、供水、供气、绿化等。经济要素包括经济结构（产业结构、分配结构、交换结构、消费结构和技术结构）、经济发展水平、经济体制、经济政策、当前经济状况及其他经济条件。社会与文化要素包括人口要素（年龄、教育水平）、社会流动性、消费心理、生活方式、文化传统、价值观等方面。技术要素包括区域创新能力、经营能力和劳动技能。这些要素均可纳入本体要素、驱动要素和认知要素框架下进行分析。根据智慧城市建设的推动主体、驱动因素、发展路径及资源投入来源等方面的差异，我们提出了四个角度的分类标准，不同角度下的分类组合可以形成 96 种不同模式（图 4.3）。

按发展推动主体分	政府主导型	市场主导型		混合推动型
按发展驱动因素分	增长偏向型	治理偏向型	民生偏向型	平衡发展型
按发展路径分	基础设施启动型	核心技术启动型	智慧应用启动型	综合推动型
按发展资源投入分	开放型		内源型	

政府市场介入程度与智慧城市发展模式选择	在智慧城市建设初期，应选择政府主导型发展模式；随着智慧城市建设的不断推进，应由政府主导型向市场主导型转变
城市发展战略与智慧城市发展模式选择	城市发展战略偏向于经济增长，或城市治理，或民生改善，分别选取相对应的智慧城市发展模式；城市发展战略是多目标的，选取综合驱动发展模式
城市信息化水平与智慧城市发展模式选择	城市信息化水平从低到高，应分别采取基础设施启动型、智慧应用启动型或核心技术启动型、综合推动型的模式
城市开放程度与智慧城市发展模式选择	开放程度越高的城市，在智慧城市建设中更容易利用外部资金、人才、技术等资源，可选择开放型为主的发展模式；开放程度低的城市，应更多地挖掘城市自身的资源，选择内源型为主的发展模式

图4.3　智慧城市发展模式分类图

（二）我国智慧城市发展模式的选择思路

1. 基于政府市场介入的判断

政府市场介入程度决定了智慧城市发展的推动主体是政府、市场还是混合主体。不同的城市应根据其政府对市场的介入程度进行判断，选择具体模式。城市的市场化程度较低，政府在城市发展、规划过程中有较强的主导作用，这样的城市可以选择政府主导型模式。例如，西部地区的城市，整体市场化程度较低，可以选择这一政府主导型模式。也有一些城市由于历史原因，政府的主导作用较强，如一些大型矿区城市天然地选择了这一类模式。城市的市场化程度较高，非公有制经济较发达，市场较为灵活，这样的城市可以选择市场主导型模式，如东部沿海的上海、南京、杭州等。城市的市场化程度一般，政府与市场的作用力趋于均衡，这样的城市适合采用混合推动型模式，如中部的武汉、成都等。

2. 基于城市发展战略的判断

按照智慧城市建设动因的差异，我们把智慧城市发展模式区分为增长偏向型、治理偏向型、民生偏向型三类。智慧城市建设是一个城市整体经济社会发展的组成部分，因此智慧城市建设的模式和重点内容选择必然要服从于城市的整体发展战略目标和战略定位。从政府作为公共服务提供者的本质上讲，任何一个城市的最终目标都是居民福利程度的提升，但是在不同的经济社会发展阶段，由于面临的约束条件不同，会形成阶段性目标的差异。这也意味着智慧城市发展模式的选择不是一成不变的，而是会随着城市整体发展战略目标、定位的阶段性转移而相应转变。一些城市正处于成长阶段，城市经济增长是其当前的主要任务，这些城市在智慧城市建设过程中，宜侧重于发展智慧产业等以带动智慧城市的发展，一些中小城市或城镇属于这些类型。一些城市在发展过程中遇到问题（如交通、环境等），需要进行治理，这样的城市宜在智慧交通、智慧环境等方面进行重点发展，一些中等城市属于这一类型。一些城市发展到一定阶段，经济发展达到一定规模，城市民生发展的需求提到了议事日程，主要需要解决城市居民的住、行、教育和社会保障等问题，一些大、特大城市属于这一类型。

3. 基于城市信息化水平的判断

信息化是智慧城市建设的前提和基础，智慧产业、智慧应用均以信息化为前提和基础。在信息化水平较低、信息基础设施较为薄弱的阶段，智慧城市建设宜采用基础设施启动型模式，保证建设的基础，一些信息化程度较低的城市属于这一模式。在信息化水平到一定程度时，可以采取智慧产业启动型或者智慧应用启动型的发展模式，发展相关的物联网、智慧医疗等，一些信息化程度一般的城市属于这一模式。在信息化水平比较高的时期，可以根据具体情况，采用产业启动型、智慧应用启动型或综合推动型等模式。

4. 基于城市开放程度的判断

智慧城市发展模式根据建设资源投入来源，可以分为开放型模式和内源型模式两类。选择开放型模式抑或内源型模式，主要取决于城市对外开放程度。一些资源投入主要依靠外部的城市，可以采用开放型模式，如东部沿海的外向型城市。一些资源投入主要来自内部的城市，可以采用内源型模式，如中东部地区的城市。

第四节 我国智慧城市发展模式的宁波检验

一、宁波智慧城市发展模式的选择判断

（一）基于政府市场介入程度的判断

基于对宁波当前改革发展进程、政府资源掌控程度及市场化进程的判断，宁波智慧城市建设应是混合推动模式。作出这一判断的主要依据如下。

1. 宁波的混合经济已发展到一定水平

宁波所有制改革开始较早，结构较为完善。改革开放后，宁波在保持公有制经济较快发展的同时，民营企业已逐渐成为宁波混合经济迅速发展的主导力量。宁波现有股份合作企业、联营企业、有限责任公司、股份有限公司、港澳台合资合作企业等多种产权相互融合构成混合经济，多元的市场经济主体为宁波经济带来巨大的活力，也极大地促进宁波经济的发展。2011 年全市实有私营企业 14.2 万家，全市私营企业注册资本总额达到 3201 亿元。宁波民营经济创造的 GDP 总量占全市 80% 以上，创造利税占

全市 76% 以上，创造就业占全市 87% 以上[①]。在全国工商联公布的 2012 年度全国上规模民营企业调研结果，宁波 19 家企业进入“全国 500 强民营企业”行列。在混合经济发展的路径依赖下，宁波的智慧城市建设模式不能是政府主导的模式，必须考虑市场的推动因素，应是混合推动的模式。

2. 宁波的市场化程度较高

宁波作为我国较早实行经济体制改革和对外开放的城市之一，市场经济发展迅速（叶舒婷和陈可嘉，2010）。按照胡求光和汪浩瀚（2008）的研究，宁波市的市场化程度[②]在长三角地区居于领先位置，仅次于上海，比第二层次的杭州、无锡等城市要略高一点。这表明，市场在宁波的资源配置中具有重要的地位。因此，宁波在进行智慧城市建设过程中，必须考虑市场对资源配置的作用，一些具有实力的市场主体，可以在智慧城市建设过程中充分发挥有效的补充作用，加快智慧城市建设与市场化的步伐。

3. 宁波的政府职能在逐步转变

不同发展阶段，政府的作用和功能也有所不同，在基础设施建设大规模展开的初期，政府作为投资建设主体的功能仍具有重要作用；在市场经济发展早期，经济运行中不可避免地存在一些盲目性，政府在规范市场主体行为方面仍然占有主导性地位；在经济社会全面转型期，制度建设的深化与完善既是政府责无旁贷的任务，也是政府公共职能的重要内容。宁波现在正处于经济社会全面转型期，政府主要工作是政策制定和公共服务，正由过去纯粹的计划型政府向市场型政府转变，由决策集权型政府向民主参与型政府转变，在公共服务效率方面较高。因此，在智慧城市建设过程中，宁波市政府应更多的进行制度与体制的设计，让更多的民众参与到城市的建设过程中来，提高政府的决策效率和公共服务效率。在建设过程中政府

---

① 殷浩 .2012-8-31.19 家宁波企业入围中国民企 500 强 . 东南商报 .

② 市场化程度，指市场对于资源配置的作用，其高低直接影响到一个地区或城市的资源配置与经济效益 .

与市场可以协调发展，各有作为。

（二）基于城市发展战略的判断

智慧城市发展模式的选择会随着城市整体发展战略目标、定位的阶段性转移而相应转变。本书认为，按照宁波的城市发展战略，当前宁波智慧城市建设应该采取民生改善的发展模式。作出这一判断的主要依据如下。

1. 宁波城市发展已达到一定规模

2012 年，全市建成区面积达到 450 平方公里，中心城区建成区面积为 285 平方公里。2012 年市域常住人口 763.9 万，户籍人口 577.7 万，预计到 2015 年城市化率达到 70%。据《2012 年宁波市国民经济和社会发展统计公报》显示，宁波市实现地区生产总值 6524.7 亿元，按常住人口计算人均生产总值为 85 475 元，按户籍人口计算人均生产总值为 112 943 元（按年平均汇率折算分别为 13 541 美元和 17 892 美元）。宁波市人均 GDP 已经超过 10 000 美元，走在全省乃至全国的前列。根据测算，“十二五”期间，宁波人均 GDP 更是将实现由 1 万美元向 2 万美元的跨越。这一阶段是城市和社会矛盾集中出现的阶段。宁波市无论在用地规模、人口规模、经济规模等都达到了一定的城市规模，各种城市病也在不断出现，需要有效的政府治理，以不断提高城市居民的生活满意度与幸福感。

2. 民生建设是当前面临的主要问题

保障和改善民生是发展的目的，也会为发展增添新的动力。宁波市的“十二五”规划建议提出，宁波全市发展的总体目标是：科学发展走在全省乃至全国前列，惠及全市人民的小康社会全面建成，建设现代化国际港口城市、率先基本实现现代化的基础更加牢固。惠及全市人民的小康社会具体来讲就是出行、就医、文化娱乐和社会保障等民生工程信息化水平和城乡居民的幸福指数普遍提高。例如，可以针对眼下的出行难问题，建设和完善宁波综合交通服务平台、交通运输应急指挥平台、数字公路系统、出租车智能服务管理系统等。智慧城市建设要把民生作为着力点，要通过建设智慧城市切实增强城乡居民的幸福感，使人们工作和生活更安全、更舒适、更幸福。

3. 宁波的发展重点是信息技术与经济社会的进一步融合

基于2010年《国务院关于长江三角洲地区区域规划的批复》（国函〔2010〕38号），宁波进一步明确了城市战略定位，提出要建设“先进制造业基地，现代物流基地和国际港口的城市”。特别是在国家大力发展海洋经济时，宁波应抓住机会，在建设现代化国际港口城市的过程中，有效整合城市的一切有形和无形资源，促进信息化技术与经济社会的进一步融合，实现物流、信息流、资金流在城市的政治、经济、社会和文化各领域全方位高效配置。因此，宁波在智慧城市发展模式选择时，立足港口城市的特点，围绕已有的石化、机械、电子、轻纺等支柱产业，重点突出智慧物流、智慧产业和电子商务的建设，通过智慧城市的建设进一步助推宁波国际化港口城市的建设。在现阶段，宁波智慧城市建设发展战略上侧重于民生改善和城市治理，城市重点放在智慧交通、智慧城市管理、智慧能源应用等，促进智慧应用和智慧产业的进一步发展。

（三）基于城市信息化水平的判断

信息化是智慧城市建设的前提和基础，智慧产业、智慧应用均以信息化为前提和基础。如前所述，在信息化水平较低的阶段，智慧城市建设应该采取基础设施切入型的发展模式；在信息化水平到一定程度时，可以采取智慧产业切入型或者智慧应用切入型的发展模式；在信息化水平比较高的时期，产业切入型、智慧应用切入型或者综合推动型均可成为可行选择。宁波市曾获得“2010中国城市信息化十佳城市”、“2010中国城市信息化示范城市”，有较好的城市信息化基础，这一阶段宁波智慧城市建设应该采用的是智慧应用切入型。作出这一判断的主要依据如下。

1. 信息化基础设施水平较高

目前，宁波已形成由电信、移动、联通三大电信运营商为主建设的、覆盖全市的高速城域宽带网，到2012年年底，互联网城域出口带宽已超过1200G。电话、电脑、手机、数字电视、导航仪等各类信息终端普及率和使用率不断提高，多项指标位于全国前列。无线城市加快推进，3G无线宽带网络已覆盖城区，3G用户数量达到200万户，WiFi热点已经覆盖行政机关、机场等主要人员聚集区，下一代广播电视网络逐步普及。宁波已被工信部、国台办、发改委列为两岸合作无线城市试点城市。较高的信息化基础设施水平使宁波智慧城市建设基础设施瓶颈较少，可以把重点放在智慧应用推广上。

2. 信息化应用水平较高

近年来，宁波市在经济、政治、社会、文化、生活的各个领域深入推进信息化应用，特别是“两化融合”和信息化对产业转型升级的促进，信息化已融入大中型企业的生产管理过程。电子商务加快发展，应用领域不断拓宽。信息技术在农业生产经营领域得到广泛应用。社会信息化全面展开，智慧交通建设加快推进，数字城管正在实践中调整。2011年全市共举办各类农业培训班30余期，培训农村信息员3000余人次，协助市经济和信息化委员会建成启用2560个农村信息服务站，全年共发送各类农业信息1200多万条，提供为农咨询服务8000多人次，减少农业病害、灾害损失6000余万元。医院信息在大中型医院实现基本普及，区域卫生信息平台启动建设，医保信息系统与全市社保定点医疗机构、定点药店实现联网结算。电子政务与食品安全溯源也有较快的发展。宁波在信息化应用与设施方面有较好的基础，据浙江省统计局发布《浙江省地区信息化发展指数报告》中测算宁波属于信息化发展较高水平地区，在浙江省内与杭州同列“第一梯队”[1]。信息化应用是智慧应用的重要基础，较高的信息化应用水平使宁波在推广智慧应用中具备了较好的市场需求基础，居民推广难度较低。

3．信息产业有较快的发展

自2007年开始，宁波市软件产业连续四年以超过40%的速度快速增长，2012年全市软件产业实现业务收入178亿元。园区产业集聚效应进一步显现，按照“一园多点，集聚发展”的宁波软件园建设模式，积极引导县（市、区）形成特色产业集聚区，取得明显效果。宁波软件园已在高新区形成综合软件应用开发基地，其中电子商务、行业应用软件已有一定规模，保税区形成嵌入式软件特色，鄞州区、北仑区形成动漫产业特色等，有近600家软件与信息服务企业入驻，成为软件产业发展的重要载体。大企业、大项目带动电子信息制造业跨越式发展，连续几年拥有全国电子百强企业两三家，元器件百强企业六七家。宁波科宁达工业有限公司、宁波韵升股份有限公司、宁波云环电子集团有限公司入围2012年浙江省电子信息产品制造业30强，宁波科宁达工业有限公司、宁波技嘉科技有限公司入围浙江省信息产业外贸出口10强。宁波市先后被确定为国家火炬计划电子信息产业基地、制造业信息化示范城市和电子商务示范城市[2]。较为发达的信息化产业使宁波拥有比较扎实的产业基础，可以为智慧应用的实现提供产业支撑。

（四）基于城市开放程度的判断

依照不同城市对外开放程度，可采用开放型模式或内源型模式。当前宁波智慧城市建设过程中，采取开放型模式是切实可行的。作出这一判断的主要依据如下。

① 宁波日报 .2012-01-04. 宁波市信息化发展水平走在浙江省前列.
http://www.sme.gov.cn/web/assembly/action/browsePage.do?channelID=20326&contentID=1325636533452.

② 宁波市信息产业局．2011. 宁波市信息化十二五规划.

1. 宁波的开放程度较高

宁波是中国首批沿海对外开放城市、计划单列市和全国15个副省级城市之一，也是我国对外开放较早、开放程度较高的地区之一。十一届三中全会后，宁波就开始了对外开放进程，逐步实现从封闭到开放。特别是宁波港的大力开发，宁波经济技术开发区的建立，各项体制的改革，“走出去”与“引进来”的结合，极大地促进了宁波的对外开放。自中国加入世贸组织以来，宁波充分发挥港口物流优势、民营经济优势、特色产业优势和政策的先行先试优势，在更大范围、更深程度上参与国际分工和合作，经济增长更加快速，综合实力大幅提升，特别是开放型经济增长质量和效益明显提高，完成了从开放大市向开放强市的嬗变（方平原和金刚毅，2011）。2011年，全市实现外贸自营进出口总额981.9亿美元，其中出口608.3亿美元，进口373.6亿美元。口岸进出口总额突破2000亿美元大关，达到2004.4亿美元。外贸经营备案登记企业累计17 321家，有进出口实绩企业12 010家。民营企业（包括私营企业和集体企业）出口额占全市出口总额比重达54.0%，进口额占全市进口总额比重达44.6%。全年集装箱吞吐量完成1451.2万标准箱，增长11.6%，稳居中国内地港口第3位，世界港口第6位。宁波市外贸依存度超过110%。对外开放程度较高使宁波政府已经形成了较好的吸纳外来资源的软硬环境，在智慧城市相关企业引进上相比内陆城市具有明显的先发优势。

2. 招商引资潜力较大

宁波的引进力度也较大，全年全市合同利用外资50.2亿美元，实际利用外资28.5亿美元（表4.1）。对外合作稳步推进，全年全市完成对外承包劳务合作营业额11.0亿美元。服务外包迅猛增长，全年全市服务外包合同总额85.6亿元。对内合作进展顺利，全年全市实际引进内资530亿元，引进重点机构320个，引进优质项目132个。宁波引进的不仅仅是资金，更重要的是先进的人才、先进的装备、先进的技术、先进的管理经验，为宁波的经济社会发展提供更多的外生力量。

表4.1　2012年宁波市主要经济社会指标一览表

指标	实绩	同比增长/%
GDP/亿元	6 524.70	7.8
第二产业/亿元	3 516.70	6.0
第三产业/亿元	2 738.00	10.9
规模以上工业企业总产值/亿元	11 962.10	1.3
固定资产投资/亿元	2 901.40	21.6
港口货物吞吐量/亿吨	4.53	4.5
集装箱吞吐量/万标箱	1 567.10	8.0
社会消费品零售总额/亿元	2 329.30	15.4
出口/亿美元	614.40	1.0
实际利用外资/亿美元	28.50	1.5
财政一般预算收入/亿元	1 536.50	7.3
地方财政收入/亿元	725.50	10.3
市区居民人均可支配收入/元	37 902.00	11.3
农村居民人均纯收入/元	18 475.00	11.8
新增城镇就业岗位/万个	15.20	2.7
城镇登记失业率/%	2.55	-25.9

资料来源：《2012 年宁波市国民经济和社会发展统计公报》

3. 投资环境较好

地方政府在为宁波经济市场化提供基础设施、增进市场效率、提供法律保障和实施宏观调控等方面发挥不可或缺的作用（胡求光和汪浩瀚，2008）。宁波的政府职能已从直接管理企业，转向为企业服务和间接管理的宏观调控，比长三角其他许多城市的基层政府都更好。据中国台湾电机电子同业公会公布的《大陆投资环境与风险调查报告》显示，由于宁波地方政府做好了裁判员的角色和企业的服务工作，宁波被评为 A 级城市。因此，宁波投资环境在副省级城市中具有较好的基础，有助于吸引更多的外来企业与资金参与智慧城市建设。

二、宁波智慧城市发展模式的选择结论

根据上述分析，按照发展模式的选择准则，宁波智慧城市建设应采取政府与市场协同推动的，基于城市民生改善的综合型、开放型发展模式。

第五章

我国智慧城市建设的保障体系构建

第一节　智慧城市建设保障体系的理论内涵

一、智慧城市建设保障体系概念的理论解读

（一）保障体系概念内涵的挖掘与解读

概念是客观事物在人们观念上的反映。“保障体系”作为一个约定俗成，广为使用，但并没有权威定义的名词，理解其概念内涵，把握其特征、框架及组成要素，必须在保障体系的实际使用中加以挖掘。现实生活中，社会保障体系包括社会保险、社会福利、社会救助、社会优抚四个层次；安全生产保障体系包括法规、标准、制度、生产环境、秩序、技术六个方面；生态建设保障体系一般包含行政、文化、经济、科技、法律五个层次；文化建设保障体系包括组织保障、制度保障、财政保障、政策保障、人才保障五个层次；企业发展保障体系包括技术研发、企业文化、规章制度、人才资源、资金、项目、组织领导七个方面。由此可见，保障体系是指系统运行所有必需的外部支撑、基础条件等要素构成的子系统，是支撑服务某一项目或事物科学有序发展的所有要素之和，具有多元性、有机性、关联性等特点，一般由思想、组织、制度、要素等构成。

（二）智慧城市建设保障体系的既有研究

1. 智慧城市建设保障体系内涵研究进展

在国外，对智慧城市建设保障体系的研究基本上是对某一个或某几个模块的研究，对整个保障体系进行的系统性研究尚不多见，但已经有对该问题进行的较大范围的探讨。2013 年 3 月，英国《卫报》与巴克莱银行、Bird & Bird 法律事务所及 Cisco 公司，组织了一场在线的关于如何保障智慧城市建设的讨论（Oliver Balch，2013）。有专家从加强领导的视角出发，认为智慧城市的建设不仅需要技术和创新的方法，而且需要有杰出的领导机构或领导者，认为他们能够有效整合建设过程，解决管理协调、财务等相关问题，能够加强各方的精诚合作；也有专家从投资及其风险管理的视角出发进行探讨，认为新颖的影响力投资（impact investment）①方式具有较好的实践价值，另外在分配项目的过程中分散投资风险、税金增额融资（tax increment finance）②，以及调整已有的融资方式等也值得考虑。此外，也有专家提出要使公众能够广泛地参与到智慧城市的建设过程中来。IBM 公司（2012）发布的《智慧的城市在中国》则认为，智慧城市是一个全面互联、充分整合、激励创新、协同运作的系统工程，因此，需要以对城市发展的深刻理解和丰富的全球实践经验为依托，以雄厚的技术和业务力量为保障，其目的是推销企业自身的技术与服务。

在国内，许继楠（2011）提出，如果缺乏顶层设计，很容易出现重复建设和形成新的信息化孤岛，做好顶层设计是建设好智慧城市的前提和保障。赵刚（2012）从智慧城市的概念出发，重点分析了智慧城市建设的组成要素，梳理了其应遵循的基本原则，指出了智慧城市建设的组成要素包括信息基础设施、智慧技术、政策体制、组织领导等。赵全军和夏以群（2012）

---

① 影响力投资是一种新的投资理念，除了追求一定的财务回报外，在社会和环境影响力方面也能获得可以量化的回报。资料来源：影响力投资：中国投资人的报国门 . 华尔街日报中文版，2012-2-2。

② 税金增额融资在美国都市开发过程中被广泛使用，指项目建成后，地方政府以预期的增额税收的一部分，来支付开发所需成本的一种融资形式。资料来源：曾巨威 . 学习美国实施 TIF 的宝贵经验 . 国政评论 , http://www.npf.org.tw/post/1/7751, 2010-7-6。

指出，智慧城市建设包括了舆论宣传、组织协调、试点示范、政策体制、资金投入等保障体系内容。杨靖（2011）在科技日报发表的《宁波：巧用财政投入建设智慧城市》等文章，都对强化智慧城市建设的资金保障做了探讨。梁金兰（2012）提出，建设智慧城市包括政府带动、人才推动、技术驱动等多种路径，离不开政策、人才、技术等保障。蔡进军（2011）认为基础设施、技术、政策、人才、资金等是智慧城市建设的主要保障。辜胜阻和王敏（2012）提出，智慧城市建设必须强化信息基础、产业基础和技术基础，完善政策支持体系，重视技术规范和法律规范，在典型示范积累经验基础上全面推进，这些都是智慧城市的保障体系内容。张永民(2011）指出，智慧城市的核心理念是智慧、协同、互联，其系统组成包括了理念、技术、基础设施、制度等方面。王世福（2012）提出，智慧城市作为基于信息技术在各领域广泛应用的新型城市理念和实践，其系统框架包括了认知系统、组织系统、推进系统、要素系统、技术系统、制度系统等。崔婷婷（2011）指出，智慧城市建设的规划问题、资金问题、信息安全问题及制度问题都需要高度重视。王兆进等（2012）在概述了智慧城市发展沿革的基础上，阐述了智慧城市的发展趋势，并重点阐述了基于一体化顶层设计的智慧城市发展蓝图，其中加强保障体系建设是一项基础性和根本性工作。胡蓉和夏洪胜（2012）提出，保障体系不够健全是我国智慧城市建设面临的一大瓶颈，要从技术、制度、认识、要素等多方面多措并举。

2. 智慧城市建设保障体系内涵研究述评

第一，目前关于智慧城市建设的国内外文献总体数量已有不少，但是针对智慧城市建设保障体系的专门研究仍基本处于空白状态，已有的研究成果基本是分散性、碎片化的。因此，这方面的理论研究严重滞后于实践发展，开展智慧城市保障体系研究不仅重要而且紧迫。

第二，从有限的现有研究成果看，许多地区都已深刻认识到智慧城市建设是一项庞大、长期、复杂的系统工程，涉及多个系统、多个区域、多个部门、多个领域，因此需要一个系统全面、有力的保障体系来支撑，把其作为顺利推进智慧城市建设的前提和基础。

第三，从现有理论研究可以看出，智慧城市建设的保障体系涵盖许多内容，比如制度保障、组织领导保障、要素保障等。而在每一类保障下面又有许多保障项目，比如要素保障包括资金、土地、人才等保障。保障体系的总体框架和组成要素还需进行深入的探讨研究。

第四，从现有的研究来看，已经明确先进的信息技术对智慧城市建设具有重要的价值和作用。但是，更需要强调的是从整个城市建设和产业发展的角度出发，对技术应用进行有效的规划、设计、部署和实施，以及采取相关的技术战略行为。比如，技术标准制定、技术协同创新等，以达成智慧城市建设和产业升级战略目标，我们把这方面的保障，称为技术管理保障①。

二、智慧城市建设保障体系概念的实践解读

（一）国外智慧城市建设保障体系建设实践

1. 日本的智慧城市建设保障体系

日本在智慧城市的认知保障和制度保障方面做了很多工作。2009 年 7 月，日本政府 IT 战略本部制定了“I-JAPAN2015 战略”，以此作为日本智慧城市建设的纲领性文件。与之前出台的“E-JAPAN”和“U-JAPAN”战略相比，“I-JAPAN”战略并没有过于强调数字化技术，而是更多侧重制度和体制，提出了一系列推进智慧城市建设的相关法律制度。比如，设置副首相级的首席信息官（CIO），赋予其必要的权限并为其配备相关辅佐专家；完善电子政务推进体制，确立 PDCA(计划—执行—检查—行动)体制，简化行政事务等。

① 应当区分技术与技术管理保障。技术是指物联网、云计算这样的先进信息技术，而技术管理保障则是通过技术管理的方法，保障智慧城市建设和产业发展战略目标的达成。

2. 韩国的智慧城市建设保障体系

韩国政府在推进智慧城市建设过程中，强化组织领导保障，这个方面值得学习借鉴。韩国成立了以总统为首的国家信息化指挥、决策和监督结构——“信息化战略会议”，以及由总理负责的“信息化促进委员会”，指导并制定国家信息化政策和计划，协调各部门间的法律政策关系和提供资金技术的支持。2004 年 3 月，韩国政府推出了 U-Korea 发展战略，开始了智慧城市建设的新进程，韩国信息和通信部则具体落实并负责推动 U-Korea 项目的建设。韩国中央政府和地方政府都非常支持 U-City 建设，韩国政府的国土海洋部负责 U-City 建设规划与管理，并制定了相关规则制度，国土海洋部还制定了 U-City 的两大目标与四大推进战略。为了使 U-City 工作顺利落实，韩国信息通信部还成立了 U-City 支援中心，首尔、釜山、仁川等 6 个地区被确立为 U-City 试点示范区。

3. 新加坡的智慧城市建设保障体系

新加坡的智慧城市建设走在全国前列，这与其高度重视人才保障是密不可分的。根据智慧国 2015 计划，新加坡期望在未来 10 年将自身打造成一个智慧的国家、一个全球化的城市，并将培养具有全球竞争力的专门人才作为四大关键性战略之一，其关键之举就是通过提供培训和奖学金等多种方式培养和开发优秀的专业技术人才，尤其是着力培养引进在金融服务、医疗保健、食宿招待和零售等多领域拥有混合技能的高端人才、复合型人才，着力开发在云计算、绿色科技、资讯通信技术安全和网络工程等新兴领域拥有专业知识背景和高水平技能的顶尖人才等。

（二）国内智慧城市建设保障体系建设实践

1. 南京的智慧城市建设保障体系

南京在智慧城市建设中，比较突出的特点是组织保障和推进体系非常健全。和许多城市智慧城市建设由经信委牵头不同，南京智慧城市建设是由发改委负责牵头组织实施，2011年，南京市发改委牵头制定了《南京市“十二五”智慧城市建设规划（讨论稿）》，并按照规划纲要和年度行动计划，从资金、项目、人才等方面全面加强保障，以智慧医疗、云服务、智能门户等为突破口，强力有序推进。2012年，南京市政府正式下发《南京市“十二五”智慧城市发展规划》。

2．武汉的智慧城市建设保障体系

武汉推进智慧城市建设过程中，突出强调了两个方面的保障建设。一是重视规划方案设计，该市投入1000万元对智慧城市顶层设计进行了招标。二是重视标准法规建设。在信息基础设施建设方面出台了《武汉市住宅小区信息管网建设技术规定》、《武汉市居住小区信息管网施工及验收技术规定》和《武汉市居住小区光纤到户家居布线技术规定》，从源头管控信息基础设施建设；在智慧交通方面出台了《武汉市贷款建设的城市道路桥梁隧道车辆通行费征收管理办法》和《武汉市机动车电子标签安装办法》，目前该市机动车电子车牌覆盖率达到60%以上。

3．中国台湾的智慧城市建设保障体系

中国台湾在推进智慧城市建设过程中，充分体现了政策保障充分的特点。从20世纪90年代初期至21世纪初期，中国台湾先后实施了“数字台湾计划”、“移动台湾计划”和“智慧台湾”计划。“智慧台湾”计划主要通过政府推动，如在主要城市实行免费无线上网，为智慧公共服务平台建设、智慧校园和智慧社区建设提供专项扶持资金，为智慧产业发展、智慧产业园建设等提供政策扶持等。

（三）对智慧城市建设保障体系既有实践的认识

从上述对国内外智慧城市建设保障体系建设的实践案例中，可以得出以下几条经验和结论。

第一，智慧城市建设是一项长期的、复杂的系统工程，涉及众多领域、

多个环节，其保障体系也是一个庞大而复杂的体系，涉及组织领导、试点示范、资金保障、基础设施、技术管理、政策、规划、认知等许多内容。

第二，目前智慧城市保障体系建设刚刚起步，还不够系统、不够健全，尽管一些城市在保障体系建设的某些环节或方面取得了积极成效，但多数城市的智慧城市保障体系建设工作还处于理论研讨和规划研制阶段，这在一定程度影响了智慧城市建设整体推进。

第三，对智慧城市建设来说，保障体系是基础和支撑。需要主要领导关注、关心并成立智慧城市专门领导执行机构，需要制定详细的智慧城市规划方案，需要财政方面给予大力支持，需要积极推进智慧城市试点示范项目，需要加快建设信息基础设施，需要优化完善政府服务和政策，需要加强智慧城市宣传和舆论引导，等等。

第四，智慧城市建设单单有先进的信息技术是不够的，还需要采取强有力的技术管理手段。从整个城市建设高度出发，采取技术管理战略行为，统筹规划、设计和部署智慧城市技术体系和技术应用，以保障智慧城市系统的可用性、安全性、互通性、开放性和可升级性等目标，同时实现产业的发展和升级。因此，必须将技术管理保障纳入重要的考量范围，而现有的研究和实践或者混淆技术与技术管理，或者对此关注不够。

第五，国内外在智慧城市保障体系建设上，存在一定的差异性和侧重点。比较而言，国外对保障体系的认识更加到位，更加重视顶层设计、关键技术研发和基础设施保障，而国内对保障体系的认识还不够全面。

三、智慧城市建设保障体系的构成分析

（一）智慧城市建设保障体系的概念界定

基于上述分析，我们认为智慧城市建设保障体系是运用系统科学方法构建的一整套基础性的智慧城市建设支撑系统。完整的智慧城市建设保障体系包括认知、组织、制度、技术管理、要素五个层面。认知层面是解决

要不要建、建什么的问题，属于前提性保障；组织层面是解决谁来建、怎么建的问题，属于过程性保障；要素层面是解决用什么建的问题，属于基础性保障；技术管理层面和制度层面分别从技术管理和制度的角度出发，来解决怎么更好地建和怎么建得更好的问题，属于关键性保障。这五个方面中，既有“硬”保障，如要素保障等，也有“软”保障，如认知保障、制度保障等，还有软硬结合保障，如技术管理保障、组织保障等。从内在的关系来看，这五个方面相互联系、相互渗透、相互补充，是五位一体的有机整体。

（二）智慧城市建设保障体系的总体框架（图 5.1）

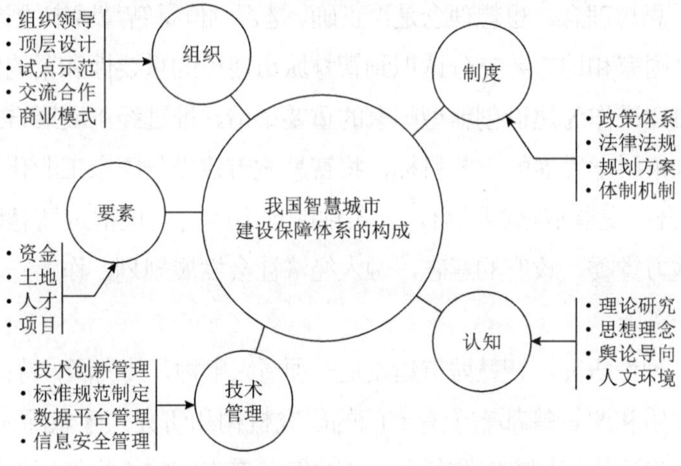

图5.1　智慧城市建设保障体系总体框架

保障体系有广义和狭义之分，广义的智慧城市建设保障体系包括了智慧城市建设的管理、服务、产业等体系，涵盖了智慧城市建设系统架构的大部分内容，狭义的智慧城市建设保障体系指智慧城市系统运行所有必需的外部支撑、基础条件等构成的子系统。本书研究的智慧城市建设保障体系是指狭义的保障体系，是指以支撑保障智慧城市建设又好又快发展为目标，运用系统的思维和方法，构建必要的组织模块，形成一整套外部的、基础性的相互联系、相辅相成的支撑系统。通过分析借鉴国内外相关地区的实践做法和理论成果，我们认为智慧城市建设保障体系大体可以分为五个层面：认知层面，主要包括智慧城市建设的理论研究、思想理念、舆论宣传、人文环境等；技术管理层面，主要包括技术创新管理、标准规范制定、数据平台管理、信息安全管理等；制度层面，主要包括政策体系、法律法规、规划方案、体制机制等;组织层面，主要包括组织领导、顶层设计、试点示范、交流合作、商业模式等;要素层面，主要包括资金、土地、人才、项目等。

（三）智慧城市建设保障体系的构成要素

1. 智慧城市建设保障体系的认知结构

（1）思想理念。思想理念是否正确、是否到位是智慧城市的首要保障，其意思是国家和地方要充分认识到智慧城市建设的重要性和紧迫性，要把智慧城市建设作为建设创新型国家的重要举措、推进经济发展方式的重要路径和未来科学发展的重要目标，将智慧城市建设与国家工业化、信息化“两化融合”发展战略相结合。有条件的地方政府要把推进智慧城市建设上升为地方党委、政府的意志，融入经济社会发展规划，作为一项重要战略来推进实施。

（2）理论研究。智慧城市建设是一项新兴事物，其内涵、特征、要求、框架、实质和愿景等都需要有专门的研究机构和研究人才做深入的研究，智慧城市建设的规划方案和行动计划也需要有专门的机构做好前期的调查分析，以便为党委、政府制定有关建设智慧城市的决策提供理论支撑和智力支持。智慧城市建设，还必须建立健全决策咨询机制，建立智慧城市建设相关研究咨询机构信息库和智慧城市专家数据库。比如，需要有包括信息化专家委员会、科研院所、行业协会相关人员的智慧城市建设专家咨询委员会，对智慧城市建设面临的重大问题进行咨询指导，从宏观上把握智慧城市建设的方向，以更好地服务于经济和社会发展的大局。再如，需要有智慧城市规划标准方面的研究院，履行智慧城市发展战略与规划、标准与法规的研究和决策咨询等职责等。

（3）舆论导向。智慧城市建设不仅需要政府和企业的关注，还需要全社会的广泛参与。扩大宣传、引导舆论，为智慧城市建设营造良好的社会氛围，也是智慧城市建设认知保障的重要一环。比如，需要制定宣传计划，利用电视、广播、报刊、网络等各种渠道和媒体，积极宣传建设智慧城市的重要意义、总体目标和工作部署等，在全社会广泛开展智慧城市建设相关知识的普及工作，提高政府、企业、市民对智慧城市建设的认同度、参与度和协同度。再如，需要抓好各级领导和机关干部的培训，统一思想，提高认识，增强推动智慧城市建设的责任感和紧迫感，提升智慧城市建设的专业知识和业务能力。又如，举办各类专业论坛、专业会展等活动，引导相关企业、社会团体、专家学者和广大市民参与智慧城市建设，形成全社会支持智慧城市建设的良好氛围。

（4）人文环境。建设智慧城市，既是一项专业性、技术性的工程，也是一件公益性、普惠性的实事，需要汇聚各方力量、合力共同推进，这就离不开人文环境的构建。也就是说，智慧城市建设不仅要体现为物的智能化，更要体现为人的智慧、文化的穿透力。比如，要带动全体市民提升信息化意识和能力，逐步建立多元开放的人文环境，鼓励各单位开展信息技术教育和培训，普及计算机、网络应用和信息化知识，形成信息化氛围，增强市民信息素质，提高全民信息技术应用技能和获取信息服务的能力，加强对信息化弱势群体的教育和培训，增加其接触信息技术的机会及获取和使用信息的技能。再如，要顺利推进智慧城市建设，还需要大力倡导“敢为人先、敢于冒险、敢于创造、宽容失败”的创新文化和创业精神，最大程度激发全社会的创造活力，夯实智慧城市建设的人文基础。

2．智慧城市建设保障体系的技术管理结构

（1）技术创新管理。智慧城市是城市化和新技术革命结合的结果，离不开关键、核心技术在技术研发和技术应用两个方向上的原始创新、集成创新和引进消化吸收后再创新。此外，智慧城市建设的一个重要目标是为

了促进智慧城市产业的发展，并带动相关传统产业的转型升级。技术创新管理一方面通过构建智慧城市产业技术联盟、搭建智慧城市技术论坛等形式，有效地整合各类技术相关资源（企业、高校、科研机构等），加强产学研合作，为智慧城市建设提供技术支撑和保障；另一方面，通过制定智慧城市科技发展规划，加强对技术前沿的跟踪和了解，加大关键核心技术、共性技术研发的扶持力度，强化智慧城市公共技术平台的搭建，构建技术研发公共服务体系，加快有关技术在相关行业领域的应用推广等。

（2）标准规范制定。建设智慧城市，需要把以前城市中的教育、医疗、交通、市政等各部门间割裂的信息，整合到一个平台上，如果没有统一的标准，各地按照各自的规划各行其是、一哄而上，势必形成新的城市间的信息割裂，因此建设统一合理的标准意义重大。智慧城市建设的标准是指，根据信息资源目录体系国家标准，围绕信息资源采集、组织、分类、保存、发布与使用等信息生命周期各环节，建立符合我国智慧城市建设发展要求的标准体系，主要由信息技术基础标准体系、信息资源标准体系、网络基础设施标准体系、信息安全标准体系、应用标准体系、管理标准体系等部分组成。

（3）数据平台管理。智慧城市建设还离不开统一的基础性、专业性和综合性大数据平台建设及其管理。数据平台管理主要包括以下几个方面的工作：一是加快推进各类公共基础大数据建设。这些大数据可以涵盖：法人数据库、自然资源与空间地理数据库、人口数据库、社会信用数据库、医疗卫生等专业数据库，也包含了有关国民经济、政务、科技教育、人才资源、文化资源、城市管理、文件档案等各类信息资源。建设工作包括数据的采集、整合、分类、更新与同步等。二是建立健全信息资源开发和共享交换相关政策、法规、机制，积极探索建立多层次、跨区域的信息资源开发和共享机制。三是在相关法律法规基础上，为各类智慧应用提供服务接口，向政府各部门、企业、各类机构单位和个人提供大数据公共服务，建立大数据综合服务体系。四是制定相关法律政策，采取技术手段，强化大数据安全与个人隐私保护。

（4）信息安全管理。网络与信息安全是智慧城市建设的基石。加强智慧城市建设的信息安全管理主要要注重以下两个方面：一是进一步完善信息安全保障体系。加强立法和执法工作，强化互联网安全管理，建立上网身份认证（实名）制，规范互联网运营商和联网单位的信息安全的管理职责，认真落实信息安全管理责任制，全面推行信息安全等级保护和风险评估制度，加强网络安全防护体系建设，定期开展信息系统安全检查。二是进一步加强信息安全制度建设。建设数据灾备中心，完善数字认证、信息安全测评和信息安全等级保护等信息安全制度，规范重要数据库和信息系统的开发、运营和管理等各个环节的安全工作，加强网络经济活动中违反信用行为的惩戒制度建设，提升网络应用的数据备份和应急处理能力，把握信息安全的主动权，为智慧城市建设提供可靠的信息安全保障。三是研究新型信息技术应用（如物联网）可能带来的安全与隐私保护问题，采取法律、技术措施，制定相关制度，避免黑客、病毒等侵入智慧型应用可能引发的公共安全受威胁、个人隐私受侵犯等后果，实现新型信息技术在智慧城市中的和谐应用（沈斌和刘渊，2011）。

3. 智慧城市建设保障体系的制度结构

（1）政策体系。智慧城市建设是一项创新性的事业，需要研究制订高起点、具体化、实用性的政策支持体系，积极创造智慧城市建设良好的政策环境，充分发挥政府的主推作用。智慧城市建设政策体系主要包括将智慧城市与物联网、3G通信等战略性新兴产业的发展相结合，与发展低碳经济相结合，研究制定智慧城市新技术、新应用、新业态发展的相关政策。比如，国家层面上，制定落实国务院《进一步鼓励软件产业和集成电路产业发展的若干政策》的实施细则，加快软件和集成电路产业发展；通过投资、信贷、税收、土地等政策手段，充分发挥政府对智慧城市建设的引导作用，激励企业加大研发投入，扩大智慧产业规模等。

（2）法律法规。智慧城市建设还离不开法律法规的保障，国家要结合智慧城市的应用需求和探索实践，建立立法研究创新团队，在电子商务、公共卫生、现代物流、电子口岸、金融电子化、交通道路管理、城市管理服务等领域率先进行前瞻性研究，适时提出立法建议，推进有关立法项目的起草论证；加大知识产权保护力度，坚决查处和打击各种侵权行为，为创新成果转化为生产力提供良好的法律环境；推进信息化地方综合立法，按法定程序研究制定促进本市信息化发展的地方性法规，等等。地方部门要按照各自职责及时提出制定地方性法规、政府规章的建议，共同做好智慧城市建设有关地方性法规、政府规章的起草和实施工作。

（3）规划方案。智慧城市建设需要经历渐进的长期发展过程，必须编制发展规划，予以有目标、有重点、有步骤的推进。我国智慧城市建设的规划方案保障，包括按照“立足实际、着眼长远、注重实效、适当超前”的原则，研究制订具备前瞻性、科学性和操作性的智慧城市建设总体规划，明确智慧城市建设的战略目标和战略路线图，成为引领智慧城市建设的方向和目标；研究制订加快推进智慧城市建设的总体方案，有关部门、区域要明确分工，抓紧制订与总体规划和总体方案相配套的具有较强针对性和可操作性的实施方案，出台相关扶持政策，扎实有序地推进智慧城市建设，等等。

（4）体制机制。为了更好地推进智慧城市建设，还必须创新体制机制，协调各方利益，破除制度障碍，为顺利推进智慧城市建设提供有力的体制机制保障。比如，支持地方在智慧城市建设过程中进行投融资机制创新，建立健全政府与企事业单位等多方参与、市场化运作的投融资机制，以“三网融合”、云计算和专业应用系统开发为依托，组建专业化投资运营公司，引导更多的社会资金投向智慧城市建设，通过增资扩股引进合作企业，组建智慧城市建设专业投资运营主体，引导更多的社会资金投向智慧城市建设；建立完善考核评价机制，研究建立智慧城市建设评估考核体系，定期对智慧城市建设进行评估，每年发布评估信息和白皮书，加快制定智慧城市建设的奖惩制度和激励机制，加大工作考核力度，检查和督导智慧城市建设规划、方案和年度计划的落实情况，为决策和指导推进智慧城市建设提供科学依据，等等。

4. 智慧城市建设保障体系的组织结构

（1）组织领导。智慧城市涉及面广，推进和监督难度大，要树立大科学、大工程的理念，统一组织、统一协调、整体推进、科学引导。组织领导保障的主要内容有：从国家层面上来说，明确或建立一个智慧城市建设牵头指导部门，并建立一个由国家工信部、科技部、广电总局、中国科学院、中国工程院、三大电信运营商等有关部门组成的推进和沟通协调机制；从地方层面来说，各级党委、政府要建立强有力的组织领导体系，建立智慧城市建设工作领导小组，负责智慧城市的指导协调工作，协调解决智慧城市建设中的重大问题，督促落实智慧城市建设的各项工作任务，领导小组下设办公室承担领导小组的日常工作，负责加强与个别职能部门的联系和沟通，协调处理涉及智慧城市建设的有关事项。同时，有关区域和部门要推行首席信息官制度，提高智慧城市建设的领导和执行能力。

（2）顶层设计。根据多年来的信息化建设实践经验，如何推进信息资源整合，避免信息孤岛是信息化建设必须要考虑的一个重要问题，也就是必须加强智慧城市建设的顶层设计保障。主要内容包括：国家智慧城市建设牵头指导部门要尽快做好全国智慧城市建设的顶层设计，包括智慧城市自主标准、体系架构、功能组件、应用场景、指标体系，形成具有完整性、前瞻性、可扩展性、可操作性的智慧城市建设总体方案，为智慧城市的海量信息发挥商业创新价值和创造服务外包市场构建一个灵活、高效、安全、高扩展的整体系统，以此吸引技术提供商、平台架构商、应用服务集成商的积极参与和协同，从而促进城市的数字化、互联化、物联化和智能化进程。

（3）试点示范。试点示范也是组织领导保障的内容。智慧城市建设没有先例可循，每个地方都在探索摸索，试点示范保障也必不可少。其主要内容包括：从国家层面上来说，在全国合理布局智慧城市建设试点，坚持以点带面，示范带动，强化抓样本、抓示范、抓典型，做好试点城市的总体实施方案，鼓励、支持和指导有代表性与典型性、有基础、有条件的城市先行先试，推进重点领域的试点工作，建成几个“样板工程”、“经典模式”，积极探索智慧城市建设模式、积累智慧城市建设经验，积极推广智慧城市最新研究成果、产品和成功应用案例，扩大示范带动效应，引领和带动整个国家的智慧城市建设，形成全面发展、重点推进的良好格局和态势。对地方政府来说，要结合区域特色、领域特点和各自基础，积极争取国家支持，在相关领域先行先试，制定试点工作方案的编制和论证工作，坚持按工作方案编制年度计划，明确分工，建立责任分解和考核制度，确保工作有序、资源整合、体制创新、政策举措的合成到位，提升智慧城市试点建设水平。

（4）交流合作。交流合作也是组织保障的重要一环。智慧城市建设同样必须强化开放合作，充分吸收借鉴先进做法经验，立足自我、面向市场、面向世界、面向现代化，汇聚智慧、加强合作、强化统筹，分享智慧城市建设方面的经验与成果，促进区域间智慧城市建设的优势互补和共同发展。对地方政府来说，开展智慧城市建设交流合作的主要内容包括：积极开展以智慧城市建设为主题的国内外合作交流活动，加强与国家有关部委、科研院所和电信及广电运营商等单位的合作；利用展会、论坛等载体，建立以新技术、新产品、新成果、新范例、新模式为纽带的开发合作机制，宣传推介最新研究成果、产品和成功应用案例；着力引进一批以国内外智慧系统开发商、综合运营商、专业运营商为投资主体的重大项目，促进更宽领域、更广范围的合作与交流，更好地汇集全球智慧和资源推动智慧城市建设；加强与国家级科研院所、电信及广电运营商等单位合作，鼓励设立分支机构和工程技术研究中心，共建产学研联合体，力争实现一批核心技术的突破，不断为智慧城市建设注入新的动力，等等。

（5）商业模式。商业模式创新对于智慧城市这样技术含量较高、资金投入较大的新鲜事物尤其重要。所谓商业模式创新就是商业流程再造并实现模块化、模式化，形成核心竞争力，然后把产品和服务向全行业乃至全国、全球推广，从而实现商业化运营。智慧城市建设的商业模式主要有三种：第一种是由城市管理者推动，第二种是由运营商推动，第三种就是由各种厂商市场化推动。我们在推进智慧城市建设过程中，要合理组合运用这三种商业模式，同时更加高度重视第三种商业模式即市场化模式，即立足全国乃至全球市场，通过抓核心技术、建基础设施、推示范工程等手段和途径，创新智慧技术、智慧产品开发应用的商业化模式，创造智慧城市某几个模块的订单模式，然后在全国各地不断复制、推广，通过吸收全球的智慧资源、拓展全球的智慧市场来推进，从而实现可持续发展。比如，宁波搞智慧城市建设，若将智慧医疗、智慧物流、智慧交通、智慧安居服务等智慧应用系统开发出来，并且模式化、商业化，那么在全国、全球都会有非常广阔的市场。

5. 智慧城市建设保障体系的要素结构

（1）资金要素。智慧城市建设需要大量、稳定的资金投入，这样才能保证各项工程的顺利实施。强化资金保障的主要内容是：扩大资金投入来源，充分调动社会各界的积极性，鼓励企业和个人参与智慧城市建设，采取政府导向投入和市场机制运行方式筹措建设资金；建立智慧城市建设财政预算投入机制，加大财政资金对智慧城市建设项目的投入力度，建立多级政府智慧城市建设分级投入机制，建立智慧城市专项资金，并鼓励引导具有管理、技术和资金优势的企业、社会机构参与信息化建设项目投资或提供运行维护服务，积极为智慧产业发展营造良好的配套服务环境；创新政府扶持资金投入方式，通过资本金注入、贷款贴息、服务外包补贴、融资担保等形式，吸引集聚民资、外资等社会资本参与智慧城市建设；充分发挥资本市场作用，鼓励企业通过发行股票、项目融资、股权置换等方式拓宽融资渠道，逐步建立以政府投入为导向、企业投入为主体、社会投入为重要渠道的多元化投融资体系，以政府扶持资金带动更多的社会投入。

（2）人才要素。智慧城市是新鲜事物，也涉及很多前沿技术，因而人才是智慧城市建设的核心要素之一，是引领智慧城市建设的关键要素保障。智慧城市建设所需要的人才主要有三类：一是领导人才（高层次领导、具体分管领导、普通干部等）；二是技术研发人才，包括高端领军型人才（两院院士、“千人计划”人才、海外高层次留学人才等）和操作型技术技能人才；三是经营管理类人才，主要是指企业家等。强化智慧城市人才保障的主要内容有：一是强化对智慧城市建设人才保障工作的组织领导，如建立多部门参与的联席会议制度，每年定期召开会议，研究制定实施计划，确保智慧城市建设人才培养工作落到实处；二是加强培养，利用各种信息传播平台和各类教育培训机构，开展信息产业从业人员多渠道、多形式、分层次、分类型的再培训、再教育等；三是积极引进，出台相关政策举措，大力引进智慧城市建设所需的各类人才等；四是着力营造有利于人才发展的良好环境，注重发挥人才作用，为其事业发展提供舞台等。

（3）资源要素。智慧城市建设也是一个以新型产业融合推动城市化进程的过程，无论是研发基地、智慧装备制造基地等智慧产业基地建设，网络数据中心、公平服务平台等智慧基础设施建设，还是智慧城市重大项目、重点工程建设，都需要土地资源保障。因此，智慧城市建设还必须强化土地保障。比如，将智慧城市的重点项目列入市级、省级乃至国家级项目，通过加大智慧城市建设重点区域土地出让力度、推行集约高效的土地利用模式、盘活建设用地存量等途径，强化土地资源保障。

（4）项目要素。推进智慧城市建设，抓项目是最管用的手段，也是最有效的保障。强化项目保障，就是要抓项目生成和储备，结合自身基础条件和发展需求，培育和引进一批前景广阔、技术含量高、经济效益好、资源消耗少、能耗污染低的智慧城市建设新兴产业项目，瞄准跨国公司、中央企业、行业龙头企业大力引进大项目、好项目，尽快报批、储备一批新的智慧城市建设重大支撑性项目，保持投资和项目建设的可持续性；抓项目保障，还要加强统筹协调，及时协调项目推进过程中的审批、征地、拆迁等问题及困难，使政策和要素资源向重大重点项目倾斜，集中精力抓好项目推进，已签约的项目加强跟踪服务争取尽快落地，未开工的项目争取早日开工建设，已开工的项目要确保按照进度加快推进。

第二节 我国智慧城市建设保障体系的现状

一、我国智慧城市建设保障体系的问题

（一）我国智慧城市建设的认识程度有待深化

1. 智慧城市建设的内涵尚未形成权威性的认知共识

思想是行动的先导，对智慧城市建设的准确认知，是推动智慧城市建设健康发展的重要前提。虽然截至 2012 年年底，我国已有 154 个城市提出了建设智慧城市的目标，70 多个城市制定了智慧城市的建设规划，其中 45 个地级以上城市（含 4 个省级城市和 10 个副省级城市）在政府工作报告或“十二五”规划中正式提出建设智慧城市，包含了绝大多数一线城市和 50% 以上的二线城市。但从加强思想保障的角度来看，智慧城市内涵依然存在着认知分歧，面临着进一步深化认识的问题。

自智慧城市概念引入中国以后，专家学者、城市政府、企业分别从不同的角度，对智慧城市的概念内涵做出了不同界定。有的从技术框架视角对智慧城市进行描述，强调智慧城市的技术特征；有的从智慧城市应用体系角度进行描述，强调智慧应用系统的建设；有的从智慧城市整体发展角度进行建设保障体系描述，强调各个子系统相互衔接、相互支持、协调发展。目前，已形成“技术平台说”、“城市新模式说”、“民生服务说”等多个存在明显差异又较有代表性的观点①。对智慧城市内涵认知的差异，既反映了智慧城市建设的区域特色，也反映了智慧城市作为一项新生事物，人们对

① 如国家工信部副部长杨学山认为，“智慧城市就是将信息技术融合到城市生产、生活、发展、管理的各个方面，构建形成一个统一集中的信息技术应用平台”；宁波市认为，“智慧城市是城市社会和新的信息化时代，以物的智能和人的智慧相结合为特征，以智能的技术和智慧的制度安排有机融合为途径，系统化解决现代城市发展的突出问题，实现可持续发展的城市演化的新形态”；IBM 则认为，“智慧城市就是要充分运用信息通信技术，对包括公共、环保、政务服务等各种需求做出智能响应，为人类创造更美好的城市生活”。

其内在本质和发展规律的认识还未能完全到位，这种“不到位”极有可能会成为制约智慧城市又好又快发展的思想障碍。

2．智慧城市建设的价值尚未取得一致的认同

虽然智慧城市建设提出以后，其价值意义得到了较大的认同，但目前也存在着一些不同的声音，主要表现为：一是“无用论”。认为智慧城市不过是近一两年才出现，核心技术尚未突破，国内外还没有比较统一的智慧城市建设标准。因此，智慧城市建设是一个仍需进一步研究、不具备实践价值的理念。二是“虚幻论”。认为智慧城市是一种虚无缥缈的城市形态，究竟是什么，说不清、道不明、摸不着，与城市建设及老百姓的生活没有什么切实的联系。本书问卷调查显示，35%的问卷对象表示，对于智慧城市说不清楚、感受不太深刻，即使使用了GPS城市导航系统、智慧公交信息系统等，也不知道其是智慧城市的有机组成部分。三是“条件论”。认为智慧城市虽是“好东西”，但超越了我国的经济发展阶段，目前国内的许多城市没有条件、也建不成智慧城市。四是“口号论”。认为智慧城市与“数字城市”、“无线城市”、“网络城市”、“智能城市”等没有什么本质区别，只是一个“口号创新”而已。本书调查数据表明，即使在专业的政府部门中也有近10%认为智慧城市是“换汤不换药”，只是换了个说法，本质性东西没变。

（二）我国智慧城市建设的技术管理保障体系薄弱

1．我国智慧城市建设缺少核心技术创新能力的支撑

智慧城市建设以新一代信息技术应用为基础，涉及物联网、云计算等多个技术领域，能否在这些关键技术上实现突破创新，直接决定着智慧城市建设水平的高低。我国作为一个发展中国家，有关智慧城市建设的基础技术研究、产品研发、成果转化等起步较晚、积淀不多，高端芯片、关键组件、基础软件等核心技术创新不多、储备不足，大部分核心技术、产品

依赖国外进口，这给智慧城市建设带来了成本和安全两方面的挑战。一方面，会导致智慧城市建设成本的增加；另一方面，会带来信息安全的隐患。

2. 我国智慧城市建设缺乏标准规范配套支撑

技术标准是智慧城市技术体系建设的重要一环，谁拥有技术标准谁就拥有主动权，谁就能够占领技术的制高点。由于缺乏国家层面的顶层设计和宏观指导，国家级的政策规划和法律法规等也尚未完善，智慧城市发展的行业技术标准较为缺乏。与此同时，各地、各部门智慧系统建设都是从本地、本部门的利益和需要出发，不同的系统之间标准不一、接口复杂，不易实现系统互联互通和信息的协同共享，极有可能形成和扩大“信息孤岛”问题，使城市治理中的资源分散、条块分割、部门分治局面进一步加剧。

3. 我国智慧城市建设的信息安全管理有待加强

智慧城市建设是一个全新的实践，在城市大尺度层面上的大型智慧应用可能会带来各类信息安全隐患，并对现行的相关技术、法律、法规等带来全新的挑战。这种信息安全隐患可能是公共安全，也可能是个体安全，所侵犯的可能是健康、财产、隐私，甚至是生命。比如，通过智慧医疗，实施远程医疗手术。黑客通过入侵智慧医疗系统，获得手术控制权，可能会危及病人的生命健康；医疗卫生数据包含了大量私人的就诊治疗、身体健康信息，这些信息的泄露可能会导致社会公众的不安。而目前，在我国智慧城市实践中，尚未对这些潜在的信息安全管理问题进行前瞻性的探索和实践，相关研究和管理实践有待进一步加强。

（三）我国智慧城市建设的配套政策有待完善

1. 缺乏细化的智慧产业发展扶持政策

完善的产业体系是支撑智慧城市快速发展的重要动力。当前我国既缺乏针对智慧城市新技术、新应用、新业态发展的专题性新政策，也缺乏对已有产业扶持政策的深化、细化和有效落实。比如，虽然国务院制定了《进一步鼓励软件产业和集成电路产业发展的若干政策》，但各地出台实施细则情况不一，一些地方的集成电路、互联网增值服务等智慧产业发展仍然面临着一定的政策瓶颈。智慧城市建设过程中，各地对智慧产业发展的重视程度不一，有些地方专门出台了专项扶持政策，有些地方则涉及不多。即使是已出台专项扶持政策的城市，政策也较为宏观，细化程度不够、可操作性不强，在具体实施过程中，存在着执行不力、效果不尽如人意的问题。比如，部分城市在产业扶持政策的实施过程中，存在着“政策扶持对象确定难”、“确定的扶持对象认可度不高”等比较突出的问题，导致专项扶持资金、税费减免等难以落地。

2. 缺乏细化的智慧城市建设运营扶持政策

智慧城市建设是一项专业性、技术性、复杂性非常高的工作，需要有大量高水平的专业化、国际化的市场主体，尤其是要有一批龙头性、规模化的大企业、大集团作为支撑。智慧城市建设运营主体，包括信息基础设施服务商、信息系统开发服务商、信息内容服务商、综合服务统包服务商等多种类型，目前这些主体主要是一些跨国公司，本土企业数量不多、规模不大、品牌知名度一般。因此，亟须通过政府优先采购、税费优惠、研发资助等方式，培育一批具有一定规模实力及品牌影响力的本土智慧城市建设综合运营商和专业运营商。但目前扶持智慧城市建设运营主体的细化、可操作性政策仍较为匮乏。

3. 缺乏细化的智慧城市建设绩效考核政策

一是新一代信息技术、智慧产品、智慧产业基地等智慧经济统计标准研究刚刚起步，尚未形成规范化、共识性的计量标准和工作体系，很难对智慧城市建设和运营效果作出较为准确的经济性统计分析，要对智慧城市建设水平进行精准评价还缺乏技术标准支持。二是许多智慧城市建设的具体项目，往往涉及多个部门、多个层级政府，业务交织复杂，要对牵头主体和相关部门进行精细化考核，难度非常大，目前各地都还处在探索试验阶段，尚未形成一套行之有效、示范性较强的操作办法。

（四）我国智慧城市建设存在投资瓶颈

1. 我国智慧城市建设存在“投入少”的问题

智慧城市建设牵涉面广、涉及点多、投资体量大、资金保障要求高，资金投入水平直接决定着智慧城市建设水平。从调研情况看，我国智慧城市建设存在“投入少”的突出问题，即智慧城市建设主要由地方政府主导推动，投入主要靠政府财政资金，存在着“总量少、不够用”的问题。《宁波市智慧城市发展总体规划》明确提出每年市、县（市、区）财政要拿出10亿元专项资金用于保障智慧城市建设，其中市政府每年安排扶持资金不少于5亿元，这在全国已经是投入比较大的了，但与宁波智慧城市建设的需求相比仍有较大差距，因为根据《宁波市加快创建智慧城市行动纲要（2011—2015）》，预计“十二五”期间，宁波全市需要近300亿元项目建设投资资金，平均每年建设投资就需要60亿元左右。此外，项目建成后运营维护也需要大量的资金投入。关系到国家战略和重大民生的项目，前期投入巨大，在没有盈利预期的情况下，企业往往不敢或不愿贸然投资，需要政府先期投入引导，保障这些基础项目建设的正常进行。但政府的财力毕竟有限，尤其是财力相对薄弱的中西部地区的地方政府，基本无能力可持续地拿出大笔财政性资金投入到智慧城市项目建设中去。

2. 我国智慧城市建设存在“投不了”的问题

一方面，由于智慧城市是新生事物，地方政府尤其是基层的县（市、区）政府对智慧城市的理解还不够深入，加之缺少国家层面的顶层设计，省、市的规划指导、政策引导也不够细化，因此，目前在智慧城市建设中，一些县（市、区）根据上级政府要求安排的财政性资金存在着“不太会投”、“不是很好投”、“很难完全投出去”等问题。另一方面，由于新一代信息技术具有高投入、高风险的特征，民间资本往往因为担心投资风险，而不愿投或不敢投。即使是一些民间资本愿意投资，往往也存在着“投不了”的问题，原因主要有两点：一是智慧城市作为一项新生事物，企业、社会对其的理解认知较为有限，即使想投也不知往哪投；二是智慧城市建设处于刚刚起步阶段，启动的多是一些公益性、民生服务类项目，一般都是由政府相关部门主导建设运营，民间资本进入往往面临政策配套支撑不足的困境。

（五）我国智慧城市建设人才保障不力

1. 缺乏精通智慧城市建设的高级管理人才

智慧城市建设的人才需求不仅“面广量大”，而且具有“高、精、尖、新”的特点。智慧城市建设涉及城市升级、公共管理优化、产业转型及民生服务等各个方面，涉及业务流程整合、体制机制创新，需要政府的示范引导、全力主推，尤其是在智慧城市建设的初始阶段，特别需要政府强有力的介入。要确保智慧城市建设“开好头、起好步、走好路”，必须要有一批懂专业、有热情、愿投入的党委、政府领导和相关职能部门的负责人来主抓主推智慧城市建设运营。但由于党委、政府等公共管理部门用人制度的特殊性，以及人员的历史沉淀等原因，在智慧城市建设方面，真正懂专业、晓产业、知行业的党政领导人才非常稀缺，虽然我国一些地方政府组织部门近年来开始推行新选拔干部信息化资格考试制度和在政府职能部门设立首席信息官制度，但总体上涉及面较窄，开发培养的党政人才数量规模不大，与智慧城市建设的需求相比差距明显。

2. 缺乏从事智慧城市建设的专业研究人才

智慧城市是一项全新的理念、技术和模式，需要开展深入的系统化、专题式理论研究、标准研究和政策研究，形成一批高质量的研究成果，为厘清认识、统一思想、推进工作和优化实践提供理论依据、思路借鉴和决策参考。与国外经过几十年发展，在物联网等领域集聚了大量研究机构、研究人才和研究成果相比，我国的智慧城市建设研究刚刚起步，专门的机构、人才、成果等积淀不多、储备不够，目前也仅有中国工程院、中国科学院、同济大学等少数科研院所对智慧城市建设开展系统研究，只有宁波市等极少的地方政府组建了专门的智慧城市方面的研究机构。同时，具有丰富行业经验、能真正胜任智慧城市发展战略研究、规划编制、标准规范研制、政策法规起草的咨询专家和专业研究人才也非常匮乏。

3. 缺乏支撑智慧城市建设的智慧产业人才

智慧产业是一项新兴产业，我国智慧产业人才的开发存在比较明显的“短板”。一方面，缺少智慧产业方面的企业家。长期以来，电子信息、通信技术等领域的产业链高端市场主要为IBM等跨国公司占领，智慧城市建设运营管理的理念、技术、标准等也主要由一些国际知名公司把持，国内企业涉足较少，即使有所涉及也掌握不了核心技术，进入不了关键产业环节，因此，在这一领域有国际影响力的本土大企业和企业家非常稀缺。同时，由于对智慧产业认知有限，国内一些企业家不敢或不愿进入智慧产业领域，新兴的智慧产业或传统产业的智慧化改造步伐也相对较慢，由此导致能引领我国智慧产业发展的企业家人才队伍群体成长相对缓慢。另一方面，缺乏智慧产业应用人才。既缺乏区域经济学、产业经济学、企业管理学等领域硕研以上学历或者副高以上职称的高层次企业经营管理人才，也缺乏软件工程师、物流工程师、金融分析师等高技能人才。

（六）我国智慧城市建设的组织协调不力

1. 我国智慧城市建设缺少顶层组织协调

智慧城市建设是一项复杂的系统工程，党委、政府的科学统筹、有序组织、有效协调是推动智慧城市建设的重要保障。与各地方政府热衷于建设智慧城市情况大相径庭，在国家层面上，智慧城市建设还未形成总体规划设计，未明确牵头部门，相关管理职责也还未厘清。在理念层面上，目前有关智慧城市的内涵特征、条件标准、功能定位、建设体制、运行机制等尚未形成共识性的理论表述和权威性的政策界定，对智慧城市“是什么”、“为什么”、“做什么”、“怎么做”等问题，主要由地方党委、政府自行理解界定，然后根据本地实际，自行规划布局、自行出台政策、自行建设发展。这样的发展格局虽然有利于充分发挥地方的积极性、主动性和创造性，但也容易造成盲目发展、无序建设和同质化竞争等问题。从实践来看，由于缺乏国家层面的顶层设计和宏观指导，在各地智慧城市建设中，存在着基础参差不齐、定位各自为政、项目一哄而上、低水平重复建设、投入成本居高不下、资源利用效率低下等一系列问题。

2. 我国智慧城市建设综合统筹力度不够

一是纵向上，市对县（市、区）的规划定位不够细化、不够明确。市级政府制定出台了智慧城市建设的政策意见和整体方案，形成市级层面的“顶层设计”。但这些“顶层设计”对县（市、区）智慧城市建设的规划布局、重点方向和特色突破口的定位往往较为宏观，县（市、区）在智慧城市建设过程中，主要是依靠自己探索。市域范围内的智慧应用项目、智慧产业基地项目和智慧基础设施项目也存在着区域失衡、重复建设、同质化竞争等问题。

二是横向上，工作交织复杂，综合协调机制有待完善。智慧城市建设项目往往涉及多个部门、多个系统、多个行业，横向上的部门之间沟通协调、综合统筹任务较为繁重、难度很大。一方面，由于存在着项目经费、信息数据、管理权限等利益问题，一些部门往往存在着比较突出的利益本位主义，牵头部门作用往往难以发挥，很难组织协调参与部门，由此造成“牵头部门一家做、参与部门挂挂名”的问题，导致很难形成项目建设的系统合力。另一方面，智慧城市很多项目，尤其是涉及智慧民生、智慧政务、智慧基础设施等方面的重大项目，往往需要市级部门与县（市、区）合理分工、通力合作、协调组织实施，但目前各地的市级相关部门与县（市、区）之间尚未建立起现场办公、专题协调、定期例会等工作协调机制，市级部门与县（市、区）工作对接和系统合力尚显不足。

二、我国智慧城市保障体系建设的难点

（一）智慧城市建设的利益格局调整难

1. 智慧城市建设的政府利益格局调整难

政府是智慧城市建设的倡导者、管理者及应用者，智慧城市建设需要调整利益格局。本书调研发现，调整利益格局首先遇到政府层面的阻碍，其原因有如下两方面。

一是智慧城市建设会诱致公共资源配置变迁，在政府内部形成新的资源竞争关系。一方面，智慧城市建设会衍生出大量的智慧基础设施工程、智慧应用系统、智慧产业项目，上级政府的智慧城市发展战略规划、项目配置导向直接决定着智慧城市建设资源在其辖区各个行政单元的分配，省域内的市与市之间、市域内的县（市、区）与县（市、区）之间存在着直接或间接的智慧城市资源竞争关系。另一方面，同一层级的党委、政府的职能部门之间也面临着利益格局的调整，不仅原有的事权、财权需要重新调整优化、新增的项目和经费需要配置到具体的主体，而且智慧城市要求部门之间加强信息共享与业务协同、实现互联互通，原有由某一部门垄断或独享的资源要转型为共享式的"公共资源"，这些都是对传统部门公共资源配置机制的重塑和调整。

二是智慧城市建设会对政府部门公务人员的利益造成一定的影响。一方面，智慧城市建设是一项长期的、复杂的系统性工程，投入大、周期长、见效慢、可观性弱，不像其他一些"短、平、快"的基础设施、市政工程或产业发展项目那样，能立竿见影、快出成绩、易于形成视觉冲击，地方政府官员的政绩考核和职业发展可能会因此受到影响，需要其对政绩观、执政思路等作巨大的调整。另一方面，智慧城市建设会对政府公务人员的能力素质、管理服务水平等提出新的要求和挑战，政府公务员需要不断学

习更新自身的知识系统，接受学习更加高效快捷、公开透明、廉洁公正的工作方式。

2. 智慧城市建设的社会利益格局调整难

社会利益格局重塑和调整主要体现在企业和公众两个层面上，本书调研发现，社会利益格局调整比较难主要有两个方面原因。

一是智慧城市建设需要大量的建设运营主体，这会诱致形成一批新业态、新企业和新产业，催生大批新的市场主体，形成新的市场竞争关系。一方面，原来的信息产业内涵会发生变化，业态会进一步细分，信息产业内部的企业与企业之间，以及其他产业与信息产业之间的市场边界、利益纽带等都会发生变化，整个社会层面的产业体系需要重构，企业与企业之间的竞争将进一步加剧、更趋复杂。另一方面，产业与产业、企业与企业之间对政府掌握的公共资源的竞争将进一步加剧，政府的产业政策、产业资源也需要重新作出调整。比如，智慧基础设施建设运营商，能直接进行项目投资、承建、运营，进而转售或租给政府使用；解决方案提供商，能提供智慧城市建设行业咨询与规划、智慧项目建设方案与技术支持等；内容及业务提供商，能提供行业化、本地化的内容信息及定制业务等。

二是智慧城市建设会对公民的利益产生一定的影响。智慧城市建设不仅会造成城市形态和技术构成的变革，也将对城市民众的工作生活理念、方式和质量产生深刻影响。在目前我国信息安全基础建设尚不完善、公众信息应用能力群体差异较大的背景下，要让大多数的民众认可、接受、支持智慧城市建设并非易事。

（二）智慧城市建设的商业模式培育难

1. 智慧城市建设的政府主导模式适应市场难

政府主导的智慧城市建设模式适合于智慧城市建设的起步阶段，在短期内会有一定成效，但长此以往则会难以维系。要为智慧城市建设提供充足、可持续的资金、人才、主体保障，就必须培育出一个成熟、能产生经济效益的市场化商业模式。从实践来看，智慧城市建设的商业模式主要有三种：第一种是以政府为主推动的商业模式，政府对智慧城市建设作出全面的规划，并制定具体的智慧城市建设项目安排、资源配置方式和时间进度要求；第二种是以运营商为主推动的商业模式，由中国电信、中国移动、中国联通等基础电信运营企业推动实施；第三种是以厂商为主推动的商业模式，智慧城市的目标分拆与落地时，由一些知名厂商推动实施，如国外的 IBM 公司、国内的贝尔信科技有限公司等。

目前，国内的智慧城市建设商业模式较为单一，以第一种模式为主，主要依靠政府开发投资、建设管理，要改变这种模式，短时间内实现“政府为主”转向“市场主导”并非易事。因为政府为主导的商业模式已经形成了一定的利益格局和运行惯性，相关的机构设置、人员配备、项目安排、政策配套等已初步成型，要打破这种格局和惯性面临着利益调整的阻力和操作方式的障碍。比如，要吸引社会资本参与智慧城市建设，引入市场化的筹资体制就面临着政策、平台等不配套的技术性问题，目前各地财政性智慧城市建设资金多以直接投资形式加以使用，通过资本金注入、贷款贴息、服务外包补贴、融资担保等市场化的手段技术，吸引集聚民资、外资等社会资本参与智慧城市建设的不多，财政投入和税收优惠的杠杆效应、撬动功能不够突出。

2. 智慧城市建设运营的市场主体培育壮大难

智慧城市建设和运营归根到底是智慧城市建设主体的创造性活动，建设和运营主体不仅是智慧城市建设商业模式的重要构成，而且是其灵魂和动力源。培育市场化的智慧城市建设商业模式，首先需要培育一批具备专业服务能力、按照市场化机制运作的商业性智慧城市建设运营主体。而智慧城市建设涉及初期项目定位、前期规划设计、中期开发建设、后期运营管理等多个环节，对建设运营主体的资金实力、研发能力、人才条件、配套资源等都有着比较高的要求。培育发展一大批专业化、高水平的智慧城市建设运营主体，目前面临着一些难题。

一方面，我国智慧城市建设刚刚起步，现有的市场化建设运营主体基础非常薄弱。如前文所述，当前我国专业化、市场化的智慧城市建设基础设施建设运营商、解决方案提供商、内容及业务提供商等建设运营主体，以及相关产业资源（如云计算、物联网、通信与网络等产业）等非常缺乏。即使有一些厂商、运营商，也多是刚刚转型而来，往往既缺乏专业能力积淀、行业经验积累，也缺乏人才资源配套、示范性项目支撑，在参与智慧城市建设时往往受到多重制约，很难“走出去”开拓市场，即使是在国内市场竞争中也很难形成优势。另一方面，在我国智慧城市建设过程中，市场机制作用发挥不够充分，社会资本进入智慧城市建设的平台不多、渠道不畅，市场化建设运营主体发展空间受限。

（三）智慧城市建设的体制机制创新难

1. 推进智慧城市建设体制机制创新的外部条件差

体制机制创新是保障智慧城市又好又快发展的关键环节，要突破智慧城市建设中已经或可能存在的责任模糊、合力不足、效率不高、统筹不够等瓶颈问题，为智慧城市建设提供强有力的组织、制度和政策保障，关键是要创新智慧城市建设的体制机制，构建形成统筹有序、科学高效的智慧城市建设组织体制、工作机制和政策体系。体制机制创新是一个复杂的系统工程，需要配套环境作为支撑，但目前推动我国智慧城市建设体制机制创新的外部基础条件比较薄弱。比如，要打破信息垄断，形成信息互联互通、协同共享的体制机制，就面临着外部条件差的难题。这种“差”既体现在工作基础上，也体现在政策基础上。

一方面，要实现信息的互联互通，推动智慧系统共建共享，首先需要信息基础设施能有机融合、相互贯通，但目前我国的“三张网”（电信网、广播电视网、互联网）分别由不同的主体建设运营，因为部门利益的问题，彼此之间竞争多于合作，相互整合协调明显不足。虽然国家启动了“三网融合”工程，以试点形式加以推进，目前有些城市进行了试点，但进展较为缓慢，效果不甚明显，另有一些城市没能进入试点，若要推动“三网融合”则面临无政策可依的困境。

另一方面，在智慧应用体系方面，尽管政府各个部门基本上建立了自己的信息系统，但跨系统互联和流程优化基本没有实现，跨部门合作尚未完全展开，信息资源为部门或单位所有，信息资源整合和共享的阻力仍不同程度存在，信息资源的共享程度比较低，要形成部门信息资源共建共享体制机制，需要更科学、更细化、更具可操作性的政策法规作为支撑。但目前我国这方面的政策法规还不够健全，即使有一些，也存在着内容不够具体、领导重视程度不够、执行落实不力等一系列问题。

2. 推进智慧城市建设体制机制创新的内部难题多

我国智慧城市建设刚刚起步，在外部环境条件尚不够完善的背景下，要实现体制机制创新，哪怕是某一个点上的体制或机制创新都需要破解诸多难题。比如，要实现智慧城市建设工作推进机制创新，至少要破解三大难题：①工作统筹不够、合力不足的难题。智慧城市涉及多个行业、多个部门，发改、财政、科技、经信等多个部门均有一定的职能，但在制定政策、配置资源、部署工作时往往各行其是，缺乏有效的工作协调统筹机制，导致智慧城市建设工作合力不足。②试点项目推进效率不高的难题。要提高智慧城市建设试点项目（工程）推进效率，需要破解诸多难题，如试点项目选择、推进时序安排等问题，牵头部门主体作用如何发挥、参与部门积极性如何调动，市级政府职能部门与县（市）区如何统筹联动，土地、资金、综合配套等重大问题如何协调等。③评价考核落实难的难题。如何对智慧城市建设发展水平作出精确统计，智慧城市建设评价考核指标体系应该包括哪些内容，具体的评价考核工作如何实施等都亟待破解。

（四）智慧城市建设的保障系统集成难

1. 保障体系建设面广、量大、任务重

智慧城市保障体系建设是一项庞大而复杂的系统工程，通过试点建设、集中攻关，在局部领域实现突破相对不难，但要实现整体推进、系统集成，构建形成一个系统全面、支撑有力的保障体系绝非易事。从保障体系的概念内涵和要素构成来看，智慧城市建设保障体系涉及认知、技术管理、制度、要素、组织等多个系统，每个系统下面都又包涵多个子系统。比如，要素保障包括资金、土地、人才、项目等保障，技术管理保障包括技术创新管理、标准规范制定、数据平台管理、信息安全管理等保障。因此，智慧城市保障体系建设是一项多领域、多环节、多层次的工作，需要整体推进、系统集成。而构建形成一个系统全面、支撑有力的保障体系涉及面非常广、任务点非常多、工作量非常大。此外，有些保障因素的培育形成，需要一定的周期，很难一蹴而就。比如，人才保障问题，我国智慧人才开发刚刚起步，规模小，教育培养的基础比较薄弱，而要设置专门的学科专业、培养专门的师资队伍、建设专门的人才培养基地，既需多方配合、多方努力，又需长期坚持、不断积累。

2. 地方政府保障体系建设能力有限

智慧城市保障体系建设不仅涉及多个领域、多个环节，而且涉及多个区域、多个部门、多个层次，既需要横向上的部门与部门、区域与区域之间的多方协同，也需要纵向上的上下级政府之间的协调配合。在国家层面缺少对智慧城市建设顶层设计、区域与区域之间缺少横向协调的背景下，地方政府尤其是城市政府往往会受制于权限不足，很难在保障体系的每个点上都实现突破。比如，要协同推进标准化建设，为智慧城市建设提供技术标准规范支撑保障，地方政府权限有限的瓶颈就会立即凸显，如省级政府最多只能做到省域范围内系统标准、服务规范、监管流程的一体化，城市政府更是只能局限在市域范围内。再如，要设置智慧城市方面的学科专

业、学位点，建立健全智慧人才培养体系，地方政府尤其是一般的城市政府根本没有这方面的权限。

第三节　我国智慧城市建设保障体系的构建

一、我国智慧城市建设保障体系构建的总体思路

我国智慧城市建设保障体系构建的总体思路是：以提高对智慧城市建设的认知水平为先导，以提升智慧城市建设的技术管理保障为基础，以加强对智慧城市建设的资源要素供给为重点，以优化智慧城市建设的政策制度为根本，以强化智慧城市建设的组织协调为核心，为全面推进智慧城市建设提供坚强的认知、技术管理、制度、组织和要素保障。

二、我国智慧城市建设保障体系构建的基本原则

1. 保障体系构建原则的依据

保障体系构建的成功与否，从一定意义上讲，决定了智慧城市建设的质量甚至成败。构建智慧城市建设保障体系，既要把握智慧城市建设的整体规划和推进程度，又要结合城市当前社会经济发展的历史脉络和现实情况，更要充分考虑各保障要素本身的特点与优势以及相互之间的匹配和协调情况。构建智慧城市建设保障体系应符合智慧城市建设目标和保障体系建设的总体思路，并瞄准智慧城市建设保障体系构建的重点和难点。

2. 保障体系构建的若干原则

（1）系统原则。所谓系统原则，是指智慧城市保障体系建设不仅是智

慧城市建设整体系统中的一个子系统，而且其本身也是一个由多个要素组成的有机整体。因此，既要把智慧城市建设保障体系作为一个完整的系统来理解和推动建设，要注意与智慧城市建设整体布局的配套；也要把它作为智慧城市建设的子系统进行更为宏观的把握，充分考虑保障体系自身各系统之间的统筹与协调，使各层面能各成系统、相对独立，又能相互匹配、形成合力。

（2）效益原则。所谓效益原则，是指要强化和保障智慧城市建设保障体系建设所取得的经济效益、社会效益和生态效益等综合效益。要建立健全智慧城市建设保障的绩效考核评价体系，牢固树立绩效提升理念，将“效益一成本”的理念体现到智慧城市建设的每一个环节之中，有效地评估投入产出的效益，努力实现在控制成本和风险的基础上实现效益最大化。

（3）持续原则。所谓持续原则，是指构建智慧城市建设保障体系，要把握我国当前发展实际，把智慧城市建设作为推动城市转型发展的长期战略举措，兼顾长远利益和短期利益，创新商业模式，有效发挥政府引导作用，充分利用市场化力量，激发广大企业主体的积极性、主动性和创造性，保障智慧城市建设长期、健康推进。

（4）共享原则。所谓共享原则，是指构建智慧城市建设保障体系过程中，要找到并切中政府、企业、居民、社会组织等各方利益的汇合点，使智慧城市建设内化为各相关主体的自身需求。要强化民生导向，牢固树立以人为本的核心理念，使智慧城市及其保障体系建设的成果能够为广大人民群众共享，能解决有迫切需求的民生问题，突出智慧城市的服务功能，让老百姓真正得到实惠。

（5）有序原则。所谓有序原则，是指智慧城市建设保障体系的构建既要有总体规划，在组织、技术管理、制度、要素等方面全面协调推进，形成系统化全方位建设发展格局，又要立足现状，审时度势，量力而行，分步实施，分类建设，在有基础有优势的重点领域及急需拓展提升的关键环节突出重点、寻求突破，切忌追求一步到位，避免一哄而上、重复建设。

三、我国智慧城市建设保障体系构建的目标方向

根据智慧城市建设保障体系的总体思路和主要原则，参考有关智慧城市建设的指标体系，智慧城市建设保障体系的具体设计应该包括主要内容、建设目标、主要指标和参考值等几个方面，具体内容如表5.1所示。

表5.1　智慧城市建设保障体系的主要指标

内容	建设目标	主要指标
认知保障体系建设	理论研究取得重大突破，理论体系基本建立	省部级以上关于智慧城市建设研究的课题数量（个）
		核心期刊关于智慧城市研究的论文数量（篇）
	学科体系逐步建立	在国家一级学科“管理科学和工程”下设立“智慧城市建设”二级学科的高校（所）
	职业培训体系基本建立	设置“智慧城市建设”相关专业的高校（职校）数量
		参加智慧城市建设专业培训人数（万人）
	政府、企业和居民的认知水平高、参与程度高	明确提出智慧城市建设规划的城市数量
		居民对智慧城市的认知程度
		参与智慧城市建设的企业数量
		主要媒体上智慧城市的出现频率
技术管理保障体系建设	核心关键技术创新能力强，公共技术服务体系基本建成	区域智慧城市技术创新能力评价指标
		智慧城市产业技术联盟建立和运作情况指标
		智慧城市科技技术发展规划制定与执行情况指标
		智慧城市技术研发公共服务体系建设情况
		智慧城市核心关键技术行业应用推广情况
	技术标准规范制定有序推进	主导、参与国际技术标准、国家技术标准制定情况
		区域智慧城市技术标准和技术规范的推广情况
	大数据平台建设稳步推进，大数据管理有序到位	各类大数据平台的建成情况指标
		信息资源开发、共享的政策法规、体制机制建设情况
		大数据平台的服务情况指标
		大数据平台的运营管理情况
	智慧城市信息安全管理政策法规、机制体制建立	重大信息安全事故发生数量
		信息安全政策法规、体制机制的建设和执行情况

续表

内容	建设目标	主要指标
制度保障体系建设	国家在有关智慧城市建设的信息安全、知识产权保护的法律法规逐步完善	智慧城市建设法律法规的层级和数量
	覆盖智慧城市建设各个领域的政策体系基本建成	智慧城市建设政策支持的层级和数量
		智慧城市建设规划的层级和数量
	表彰激励机制基本建立，权威性的考核评价体系基本形成	智慧城市建设列入文明城市建设的考核内容
		评选、奖励全国智慧城市建设示范城市的数量
		智慧城市建设考核评价体系形成
		智慧城市建设的公共服务平台
组织协调保障体系建设	打破传统城市发展模式下城市各子系统相互隔离、各自为政的状况，建立适应智慧城市发展的领导体制和共建共享工作机制	智慧城市建设领导机构和协调机构的层级与数量
		智慧城市建设试点城市的数量
		智慧城市建设试点领域的覆盖面及成效
		城市各部门、各行业的信息资源共享设施和共享机制
		重点工程项目实施前风险和效益评估机制
要素保障体系建设	形成以信息资源为核心，自然生态环境、社会资源、城市品牌无形资源等相互协调、相互促进的资源要素保障体系	智慧城市建设用地规模
		智慧城市建设的政府资金投入
		智慧城市建设的投资总额
		智慧城市建设的相关人才总量
		家庭网购比例
		智慧城市建设重大项目数量（百万元以上）

四、我国智慧城市建设保障体系构建的路径

1. 提升社会各界对智慧城市的认知度

智慧城市建设是一项具有很强开拓性、创新性的工作。目前社会上对智慧城市的认识还普遍存在一些模糊和偏差，这对于大力推进智慧城市建设是极其不利的。为此要继续深化智慧城市建设的基础理论和决策咨询研究，加大宣传培训力度，不断提升社会各界对于智慧城市建设的理解度和认知度。

一是要把智慧城市建设上升到国家战略的高度。智慧城市建设是决胜城市未来的重大战略举措，事关城市未来发展的兴衰，也是决定国家未来

竞争力的重要因素。从一定意义说，智慧城市建设的成功与否，也决定了我国城市化发展的成败。从世界城市发展的现状来看，智慧城市建设是城市发展不可逆转的潮流。因此，把智慧城市建设提升到国家战略的高度，不仅有利于优化国家智慧城市建设的整体布局，也有利于深化各界对于智慧城市建设的认知度、认同度和接纳度。

二是要深化对智慧城市建设的基础理论研究。要着重开展智慧城市、智慧产品、智慧技术、智慧产业、智慧应用等方面的专业化、系统化理论研究，尽快形成一批系统性强、普及性好的理论成果，为智慧城市建设顺利推进提供决策参考和理论支撑。

三是要强化培训培养力度。要把智慧城市建设列入各企事业单位的年度学习培训规划中，以公务员、企业家等为重点对象，通过举办自学、学习班、培训班、研修班等形式，加强以智慧城市为内容的专题培训，并及时进行检查考核。

四是要加强舆论宣传工作。要充分利用广播、电视、报纸、杂志、网络、户外广告、社区专栏等各种媒介，通过有奖问答、知识竞猜、公益广告、专栏、专版等形式，广泛开展有关智慧城市建设基本知识的宣传和普及，广泛开展有关城市智慧城市建设工作和成果的宣传，使智慧城市建设进学校、进社区、进家庭、进课堂，提高广大居民对智慧城市的认知度和认同度，使智慧城市的建设深入人心。

2. 建立健全智慧城市建设的组织推进体系

智慧城市建设涉及城市发展的各个领域，要解决利益格局调整难、系统集成难等问题的关键，是要加强组织领导和推进机制创新。

一方面要强化国家层面的顶层设计和宏观指导。要从国家层面出发，制定相关政策、法规，并从技术上进行顶层设计，从宏观上进行指导，以促进全国范围内智慧城市的发展，提高信息系统的互联互通和无缝衔接能力。

另一方面要建立健全智慧城市建设地方组织领导机制。在地方层面，要从区域全局发展高度给予足够的重视，建立强有力的组织体系和相应的支持系统来有序推进智慧城市建设。比如，成立智慧城市建设工作协调小组和决策咨询专家指导组等专门机构，制定智慧城市建设规划纲要和实施方案，研究制定智慧城市建设的相关政策，协调解决智慧城市建设遇到的重大问题等。

3. 强化智慧城市建设的创新和技术管理保障

一是要加强核心技术研发。要坚持市场先导与政府引导相结合，以企业为主体，以自主创新、产业链集群发展为主线，积极推进新技术的研发、应用和推广，尤其是要在云计算、物联网、高端软件、集成电路、下一代网络、车联网等高端技术、前沿技术、核心技术领域实现突破，形成具有竞争力的关键技术服务和整体解决方案，提升新一代信息技术产业对经济社会发展的渗透作用，带动传统产业转型升级，为智慧城市建设提供技术支撑和产业保障。

二是要建立统一技术标准规范。初期要积极主导或参与物联网和城市信息化管理系统的国际标准和国家标准制定，尤其是涉及国家权益和安全的物品编码及解析体系等关键资源标准、物联网架构标准和大规模应用急需的网关、M2M 模组与平台等标准，以更好更快推进智慧城市的发展。当前可以选取几个城市试点，从体验良好、有代表性的系统中筛选出运行可靠、兼容性好的技术、标准、接口等，提交国际标准化组织、国际电工委员会、我国国家标准化管理委员会等，作为国际（国家）参考标准，以占据产业技术标准制高点，提高区域内技术的标准化统一程度，同时减少跨地区智慧城市建设系统整合和互联的难度。

三是加快相关人才开发。技术创新，关键在于人才。要加大对智慧城市建设相关人才的扶持力度，制定智慧人才开发专项规划，在人才培养、人才引进、平台建设、项目支持、创新奖励、服务提升、环境优化等方面出台更有竞争力的鼓励政策，引进培育一批领军型、复合型、专业型人才，形成支持智慧城市建设的智力保障。

4. 增强智慧城市建设的可持续能力

一是要完善投融资体系。围绕政府为先导、市场为主体的投融资体系的目标，完善多元投融资机制，拓宽融资渠道，积极吸引风险投资、私募基金。当前，尤其要积极创新智慧产业金融服务，鼓励银行等金融机构发展以企业信用为基础的股权质押、知识产权质押、应收账款保理与质押、仓单质押等信贷创新产品，鼓励商业银行试办科技支行或科技信贷专营部门，为智慧技术和产品研发、智慧应用体系建设、智慧基础设施建设提供更加多元的信贷金融支持，增强智慧企业融资能力。

二是要大力引导社会投资。政府投资在推动智慧城市建设中主要发挥“杠杆式”的引导作用，在涉及国家安全与公共利益的领域，必须采取政府主导的运营模式；但在不涉及国家安全与公共利益的领域，要大力引导社会投资进入，积极探索 BOT[①]、TOT[②] 等投资模式，组建专业化的智慧城市建设投资公司，鼓励财政性资金与社会资本合资开发建设智慧基础设施、智慧民生项目、智慧公共管理系统等。

三是要创新商业模式。要按照产业化的要求，面向全国乃至全球市场，尽快形成一批具有较强应用性和安全性的行业总体方案，培育一批具有自主知识产权和国际核心竞争力的智慧企业，创造一批具有核心技术和知识产权的“智慧产品”，创造一批具有推广价值和效益的订单模式，培育发展一批智慧城市产业集群，实现可持续发展。

四是要积极引进战略投资者。要在国内外深化扩大智慧城市建设合作交流，积极引进国内外龙头企业、知名机构参与智慧城市建设和智慧产业发展。当前要制定政策，鼓励国家电网、中国电信、中国移动、中国联通、华为、IBM 等国内外知名企业积极参与智慧城市建设试点项目，作为合作主体参与智慧城市项目的投资建设和运营，推进相关技术研发、生产制造、商务模式创新、运营服务、人才培训基地等的“落地”。

---

① BOT 即 Build-Operate-Transfer（建设 - 经营 - 转让）。
② TOT 即 Transfer-Operate-Transfer（转让 - 经营 - 转让）。

5. 完善智慧城市建设的政策体系

一是要制定智慧产业扶持政策。研究制定智慧城市新技术、新应用、新业态发展的相关政策，充分发挥政府采购的政策导向功能，对于符合条件的智慧企业的自主创新产品，列入政府采购产品计划目录，各级使用财政性资金的机关、事业单位、国有企业对列入自主创新产品目录的智慧产品按相关规定优先采购使用，来促进智慧产业发展。采取优先受让土地、减免规费，给予财政补贴、税收优惠等措施，大力支持智慧产业基地建设。

二是要制定智慧城市建设本土综合运营商和专业服务商扶持政策。通过给予政府优先采购服务、税费优惠等政策措施，大力培育发展一批有一定规模实力和品牌影响力的智慧城市建设本土综合运营商和专业运营商。政府投资的智慧城市建设重大工程项目在招投标过程中，向本土智慧城市建设综合运营商和专业服务商倾斜，在同等条件下优先中标。大力支持本土智慧城市建设综合运营商和专业服务商“走出去”发展，对于承接国家重大建设工程的本土智慧企业，给予税费补贴和贷款贴息等支持。

三是要完善智慧城市建设考核评价体系。积极研究制定智慧城市建设的相关标准，加大对智慧城市建设工作考核力度，把智慧城市建设重大工程、重要项目实施进展情况纳入政府工作目标考核范畴，研究制定智慧技术、智慧产品、智慧产业基地等智慧产业统计标准，重点加大对重大智慧应用体系项目、智慧产业项目、智慧基础设施项目的投资论证、审计监督、绩效评价，科学评估智慧城市建设投入—产出效益，防止智慧城市建设投资风险问题。

第四节　我国智慧城市建设保障体系构建的宁波检验

在借鉴国内外智慧城市建设保障体系建设实践经验的基础上，基于本章所提出的智慧城市建设保障体系的总体框架和构成要素，同时遵循我国智慧城市建设保障体系构建的总体思路、基本原则和路径，进行了宁波智慧城市建设保障体系的相关实践。

一、宁波智慧城市建设保障体系的认知实践

（1）提升认识，形成战略。2010 年 5 月，宁波市抓住了成功举办上海世博会“信息化与城市发展”主题论坛的契机，充分认识到建设智慧城市的重要意义，在国内率先提出了智慧城市建设的构想。2010 年 9 月 20 日，率先出台了《关于建设智慧城市的决定》，要求全市上下必须充分认识建设智慧城市的重要性和紧迫性，抢抓机遇，齐心协力，扎实推进智慧城市建设。2011 年 2 月 26 日，宁波市第十三届人民代表大会第六次会议通过的《宁波市国民经济和社会发展第十二个五年 (2011—2015 年) 规划纲要》中明确提出了“六个加快”重大战略，加快创建智慧城市成为“十二五”全市重大战略之一，进一步明确了建设智慧城市的战略地位。2011 年 6 月，宁波市发布了《宁波市加快创建智慧城市行动纲要（2011—2015)》，标志着宁波智慧城市建设从深刻认识走向扎实实践。

（2）理论前瞻，保障实践。由于智慧城市建设是一个全新的探索，宁波市一方面扎实推进智慧城市建设实践，不断地交流和总结建设经验，另一方面也前瞻性地探索智慧城市建设相关理论，形成了一大批创新性成果，有力地指导和保障了宁波市的智慧城市建设实践工作的顺利推进。以本书为例，研究组走访了我国长三角、珠三角、中西部、环渤海地区部分代表性城市，共计 20 余个，并通过参与 2011 年度宁波市智慧城市建设考核、召开重点部门智慧城市建设项目座谈会、组织智慧城市基础设施建设调研等方式对宁波市智慧城市创建情况进行了调研考察，获取第一手资料，先后形成了《国内智慧城市建设典型案例研究》等 8 份调研报告、《我国智慧城市系统架构构建研究》等 6 份子课题研究报告，在国内外学术刊物发表论文 21 篇，形成决策咨询报告和政策建议稿 6 份，并延伸开展了“宁波

智慧物流研究”等相关课题11项。在此基础上,研究组进一步综合形成了《我国智慧城市建设若干关键问题研究》（总研究报告）和本专著。这些理论研究成果对宁波市的智慧城市实践起到了积极的推动作用，同时对我国智慧城市建设具有很好的借鉴价值。

（3)扩大宣传,营造环境。一是积极开展智慧城市学术交流与科普活动。2012年，全市面向公务员和广大市民举办了12期关于智慧城市知识的科普大讲堂讲座；面向社区居民开展了500余次“智慧生活”等主题科普活动，参与民众超过50万人次；面向青少年举办了以智慧城市为主题的宁波市首届青少年科学嘉年华，形式多样。二是设立宁波智慧城市建设成果常年展。宁波建设了首个智慧城市应用成果常年展展厅，采用云计算、物联网及大屏拼接等先进技术，集中展示建设应用成果，参展项目划分为智慧社会管理等十大主题。32个国内领先的成果项目作为首批展示项目。其中包括宁波先行试点的“智慧物流”和“智慧健康”建设项目，以及在全国电子政务会议上作为典型案例进行经验交流的“智慧信用宁波”等，起到了较好的宣传和推广作用。三是多渠道加强智慧城市建设的宣传推广力度。通过报纸、电视、广播、网络等新闻媒体，建立智慧宁波（nbsmartcity.gov.cn)、中国（宁波）智慧城市技术与应用产品博览会（www.cnsce.net）等网络平台，多渠道加强智慧城市建设工作动态播报、理论知识教育、行业资讯推介,在全社会范围形成关心、支持、参与智慧城市建设的良好氛围。四是大力推动居民信息应用能力建设，积极提升智慧城市发展环境。

二、宁波智慧城市建设保障体系的组织实践

（1）加强领导，统一指挥。智慧城市建设涉及面广，并且受体制机制等的制约，推进难度大，因此，宁波市高度重视智慧城市建设的组织建设。从2010年起，成立了宁波市智慧城市建设工作领导小组、5个相关试点工作推进协调小组和宁波市智慧城市规划标准发展研究院。其中领导小组办公室承担领导小组的日常工作，负责加强与各职能部门的联系与沟通，协

调处理涉及智慧城市建设的有关事项；宁波市智慧健康保障试点工作推进协调小组等 5 个相关协调小组统一协调智慧健康保障体系等智慧城市应用体系建设；市政府直接管理的宁波市智慧城市规划标准发展研究院为智慧城市提供智力支持。2012 年，根据浙江省政府统一部署，成立了以市长任组长的宁波市智慧城市建设试点工作领导小组，各县（市、区）也相应建立智慧城市领导小组。市级有关部门把加快推进智慧城市建设列入重要议程，积极主动做好各项工作，加强部门之间的密切配合，形成工作合力；各县（市、区）党委、政府根据市统一部署，结合当地实际，明确牵头单位，健全工作机构，确定发展目标，明确工作重点，落实政策措施。形成“分工明确，责任落实”、“有人决策、有人协调、有人落实、有人督查”的良好工作局面。

（2）强化顶层设计，重视试点示范。一是突出智慧宁波顶层设计。通过经验借鉴和理论研究，从城市转型发展战略高度和全局视角出发，进行总体设计，明确了宁波智慧城市建设的体系架构、发展模式，在《宁波市委市政府关于建设智慧城市的决定》中确定了智慧城市建设的指导思想、基本原则和总体目标；2011 年 6 月，宁波市发布的《宁波市加快创建智慧城市行动纲要（2011—2015）》，明确了“十二五”期间的发展目标和重点；构建宁波智慧城市发展评价指标体系，指导、考核和评估智慧城市建设情况。二是坚持以点带面，试点示范带动。近年来，宁波市按照“试点先行、示范带动、稳步推进”的思路，围绕民生保障、社会服务、公共管理等领域的重点难点问题，重点推进智慧物流、智慧健康保障、“光网城市”、智慧软件研发推广产业基地等试点工作，积极探索智慧城市建设模式、积累智慧城市建设经验，稳步扎实有序地推进智慧城市建设。市现代物流业发展领导小组办公室、市卫生局、宁波杭州湾新区管委会、宁波国家高新区管委会等具体牵头开展各类试点工作。试点示范取得的相关建设经验，通过交流机制，推广到全市的智慧城市建设当中，坚持全市“一盘棋”，提升智慧城市试点建设水平。

（3）加强交流，提升合作。一是积极开展以智慧城市建设为主题的国内外合作交流活动。为集中展示智慧城市建设的新技术、新产品、新成果，共同探讨智慧城市建设的新理念、新模式、新经验，构建智慧城市建设展示、交流、合作的大平台，自2011年起，连续3年举办中国（宁波）智慧城市技术与应用产品博览会（简称智博会）。智博会由国家工信部、国家广电总局、中国科学院、中国工程院、中国电信、中国移动、中国联通和浙江省人民政府主办，宁波市人民政府承办，是宁波市近年来国家部委支持最多、规格最高、影响最广的大型博览会。其中，2012年第二届智博会期间，举办了"智慧城市发展高峰论坛"及包括"智慧健康"、"智慧装备"、"三网融合"、"智慧交通"等内容的多个分论坛，来自海内外的数十位嘉宾就智慧城市建设作了富有深度的主题演讲；300多名海内外记者多层次、多角度地报道了智博会的举办盛况，扩大了影响力。展会吸引了5.6万人次参展，其中专业客商3万多人次；吸引一大批国内外相关企业在宁波落地生根，有23个智慧城市合作项目落户宁波。二是加强工作经验交流。积极宣传推广智慧城市建设典型案例，建立信息员、联络员工作机制，编发智慧城市建设简报和年度发展报告，加强工作经验交流。

三、宁波智慧城市建设保障体系的要素实践

（1）保障资金要素，引导社会投入。宁波智慧城市建设的资金保障在全国属于先发地区。宁波市已经明确每年用于智慧城市建设的财政资金不少于10个亿，其中市本级财政每年安排扶持资金不少于5个亿。智慧城市建设专项资金由市财政预算每年安排，主要用于对智慧城市建设项目合作引进、智慧城市基础设施建设、综合应用项目建设、智慧产业基地创建、智慧城市示范项目及智慧城市建设推进工作等方面的政策支持；按照强化基础、整合资源、突出重点、带动产业、注重实效的原则，对资金实行统筹使用。为规范专项资金的使用管理，提高资金使用绩效，发挥财政资金的引导和扶持作用，宁波专门出台了《宁波市智慧城市专项资金管理办法（暂行）》，对资金的使用原则、支持对象和方式、申报评审、项目确

定、监督管理进行了详细规定。办法中规定，无论是智慧项目合作引进、智慧城市基础设施、综合应用项目、智慧产业基地建设都可以获得不同程度的补助。包括列入智慧城市建设年度计划的项目前期研究，按照投资规模、技术复杂程度等，能获得最高30万元的研究经费补助。与市民密切相关的一些应用类、创新类示范项目，也能获得10万～50万元补助。同时，还积极探索多元化的投资方式，设立创业投资引导基金，成立专业投资公司，争取带动更多的社会投入。

（2）强化人才培养，加快人才集聚。一是加强智慧城市建设人才保障工作的组织领导。建立由市委人才办、市智慧城市建设工作领导小组办公室、市教育局、市财政局、市人力社保局等部门参加的联席会议制度，每年定期召开会议，加强统筹协调，明确责任分工，制订实施计划，落实保障措施。二是加强智慧城市高端人才引进和紧缺人才培养。大力引进智慧城市建设需要的高端创新创业人才、各类拔尖人才、急需紧缺的专门人才和外国专家（海外工程师）；大力推进智慧城市人才基地建设，培养智慧城市建设紧缺技术技能人才，培养智慧城市建设高层次领导人才、高层次复合型实用人才和高技能人才。三是组织开展多层次的智慧城市人才培训。开展了县（局）级领导智慧城市专题培训班、智慧城市骨干培训班等人才培训活动，以及“百校千企”电子商务人才推介会等人才推介活动，重点抓好推进智慧城市的领导干部和工作人员的培训，深入学习国内外智慧城市建设的先进理念和经验，尽快提升领导水平和业务能力，以尽快适应智慧城市建设的要求。四是大力推进智慧城市人才基地建设。创建一批以智慧产业基地为依托的人才集聚平台和以智慧城市建设试点园区为主体的人才特区；重点推进智慧城市建设的企业、科技和文化创新团队集群建设；大力建设一批以信息产业重点企业为主的院士工作站和博士后科研工作站。五是加大人才开发投入，提供良好的工作、生活环境。统筹落实全市财政创建智慧城市人才培养引进的专项经费和职教经费；实施“三年万套”人才公寓建设计划，进一步加强人才的生活保障和服务；大力开展市杰出人才、突出贡献专家、优秀高技能人才、优秀海外人才的评选表彰活动，广泛宣传人才创新创业先进典型，积极营造事业召唤人才、人才发展事业的良好氛围。

（3）突出重点项目，加强产业引进。一是做好智慧基础设施建设。宁波市着力推进“光网城市”建设，制定实施了光网城市三年行动计划，重点推进五大工程项目建设，并取得明显成效。着力推进无线城市建设，3G移动宽带网络已覆盖全市城区，无线局域网已初步覆盖机场、车站、学校、中央商务区等重要公共场所，首个4G（TD-LTE）体验网已投入使用，重点公共场所市民免费无线上网工程初见成效。着力推进小区驻地网共建共享工程，制定实施《小区驻地网共建共享建设标准》，规范共建共享。二是应用需求为导向，选择重大应用体系建设作为突破口。大力推进智慧物流、智慧制造、智慧贸易、智慧能源应用、智慧公共服务、智慧社会管理、智慧交通、智慧健康保障、智慧安居服务、智慧文化服务十大应用体系，建设积极推进网络数据基地、软件研发推广产业基地、智慧装备和产品研发与制造基地、智慧服务业示范推广基地、智慧农业示范推广基地、智慧企业总部基地六大智慧产业基地建设。三是加强产业引进合作。以重大智慧应用体系建设为载体，着力加强与国内外知名IT企业的合作，努力做到“开发一个系统，引进一个团队，推出一批产品，培育一个产业”。充分发挥政府财政资金的引导作用，以智慧软件、智慧装备等产业基地为载体，着力引进有影响力的重点合作项目，做好一批企业落户服务工作，储备一批新的合作企业，逐步在物联网、云计算、智慧行业应用、智慧工业产品领域形成集聚。

四、宁波智慧城市建设保障体系的制度实践

1. 制定政策文件，建立规章制度

一是制定规划行动方案，明确工作任务目标。为进一步落实《宁波市委市政府关于建设智慧城市的决定》和《宁波市加快创建智慧城市行动纲

要（2011—2015）》，从2011年起，宁波连续三年出台当年的《宁波市加快创建智慧城市行动计划》，下属各县（市、区）制定适合各自实际情况的《加快创建智慧城市（城区）行动计划》，各个智慧应用体系、智慧基础设施建设、智慧产业基地制定相应的工作实施方案，如《宁波市智慧物流试点工作实施方案》、《宁波市“光网城市”建设三年行动计划（2012—2014）》等，使得宁波智慧城市建设得以有序推进。二是制定保障性政策文件，初步形成政策体系。重点推进基础数据库和重大智慧应用系统的管理办法、信息共享交换目录体系的研究制定，开展《宁波智慧城市基础设施建设与管理办法》前期调研，以及《宁波市政务信息资源共享管理办法》实施意见的研究。制定《宁波市智慧城市专项资金管理办法（暂行）》、《宁波市智慧产业基地认定管理办法（暂行）》、《宁波市智慧城管工作考核办法》，初步形成与智慧城市建设发展规划、推进计划相适应、相配套的政策体系，保障和规范相关工作的开展。三是积极研究智慧城市标准化建设的总体方案，努力形成完整的制度保障体系。科学设计智慧城市标准体系规划框架，努力构建符合宁波智慧城市建设发展亟须的标准体系框架；加强智慧城市地方性立法工作；引进培育一批相关领域的标准化研究机构，提高建设智慧城市的技术标准、法规规范、制度规则的创新能力和保障能力，努力形成由技术通用标准、网络活动信用制度、监管制度和法规制度等组成的支撑保障体系。

2．推进体制机制创新

宁波市高度重视体制机制建设，目前已形成较为完善的智慧城市推进机制，包括决策咨询机制、国内外合作交流机制、宣传培训机制、督察考核机制等。我们选取其中的两大机制描述如下。一是决策咨询机制日益成熟完备。为提升宁波市智慧城市建设的前瞻性、科学性和可行性，2011年宁波市智慧城市建设专家咨询委员会成立。咨询委员会由工信部、中国工程院、国家信息化专家咨询委员会、中国联通科技委、浙江省经济和信息化委员会、中国互联网协会等部门的领导和专家组成，中国工程院常务副院长潘云鹤担任主任，为宁波市智慧城市建设提供决策咨询指导工作。自成立以来，已先后召开多次宁波市智慧城市建设工作专家咨询会，就宁波智慧城市建设总体部署、重点智慧应用体系建设等具体工作提出了许多宝贵的指导意见。此外，成立政府直接管理的宁波市智慧城市规划标准发展研究院，主要从事宁波智慧城市发展战略研究、规划编制、标准与法规的研究和项目决策咨询等工作，为市委、市政府对全市智慧城市建设重大决策提供科学依据。自成立以来，已承担国家级、省部级、市级等 40 多项重大和急需课题项目，产生一大批重要成果。二是督察考核机制日益健全完善。宁波市智慧城市建设试点工作领导小组办公室（智慧办）是智慧城市建设推进工作的常设机构。根据宁波市智慧城市建设的总体规划和阶段性工作任务与工作要求，智慧办每年制定年度行动计划，明确工作任务和责任单位，确定年度考核指标；对担负智慧城市建设工作任务的市政府相关部门和各县（市、区）政府加强工作督察，并根据考核指标进行年度工作业绩量化考核，激发全市上下参与创建智慧城市的积极性和创造性；完善智慧城市建设相关统计工作体系；制定宁波市智慧城市发展的评价指标体系，评估考核下属各县（市、区）的智慧城市总体建设水平。

五、宁波智慧城市建设保障体系的技术管理实践

1. 促进技术创新，推动产业发展

一是持续加大产业技术创新扶持力度。宁波市持续加大对企业自主创业、技术创新、开拓市场等活动的扶持力度，对企业在 CMMI、系统集成服务、标准起草等方面取得突出成效者给予奖励；以物联网、云计算、工业软件、行业应用软件、智慧环保等领域为支持重点，支持企业进行技术研发；鼓励本地资本投资智慧产业，择优给予扶持；指导企业申报国家物联网专项，2012 年宁波诺可电子科技发展有限公司等两家企业获物联网专项支持，共获得国家扶助资金 500 万元。二是着力构建智慧城市产学研体

系。鼓励高校、科研院所、著名IT公司来宁波市建立研发中心或其产业配套基地，提高引进、消化、吸收、创新的能力；积极鼓励高校、科研机构与企业共建研究平台，支持各方建立紧密结合、资源共享、互惠互利的产学研技术创新联盟。截至2012年，已建成宁波市物联网产业联盟、宁波智能家电产学研技术战略联盟等10余个技术创新联盟，增强了产业技术创新的能力和活力。三是加强技术标准科研与创新。制定《宁波市标准化战略“十二五”发展规划》，引导企业积极主导或参与国际、国家、行业、地方技术标准制定，抢占技术标准的制高点；技术标准创新成效不断显现，智慧城市技术标准化水平不断提升，技术标准与服务标准完备性不断提高，技术标准化支撑能力与监管力度持续加大。

2. 整合数据资源，强调信息

一是积极促进信息资源融合共享。宁波市以推进集约化建设，强化资源整合，促进共建共享为目标，重点推进人口、法人、自然资源与空间地理、信用信息等信息库建设。具体包括：以政务云计算中心建设作为资源整合的突破口；推进人口基础信息库建设；推进法人单位基础信息库建设；推进自然资源和空间地理基础信息库建设；推进智慧信用宁波信息库建设等。以政务云计算中心建设为例，目前，《宁波市政务云计算中心建设总体方案》编制完成。政务云计算中心的总体架构、建设目标和运营服务管理模式等已经明确，并将启动建设。政务云计算中心的建设将实现政府部门之间计算机硬件、基础软件、通用软件、信息资源、信息安全等方面的共享，实现部门应用子集和基础平台的相对分离，促进信息、技术和业务的集成和融合。二是强化智慧城市信息安全机制。建立健全全市网络与信息安全协调小组工作机制，制定下发《宁波市网络与信息安全协调小组2012年工作要点》，加强协调部署；2012年，智慧办会同市公安局、市国家安全局、市保密局和市密码管理局等单位，按照“谁主管谁负责、谁运营谁负责、谁使用谁负责”的原则，采取自查与抽查相结合的方式，对全市党政机关、重点行业、市政领域重要网络与信息系统进行了安全检查，检查内容涵概安全管理、技术防护、应急处置及容灾备份等情况，取得了良好的督促和预防的效果；对全市基础信息网络与重要信息系统的安全等级进行定级、评审、备案等；治理改善全市网络应用环境，营造绿色网络环境。

第六章

我国智慧城市发展的评价指标设计

第一节　智慧城市评价指标设计的实践基础

一、城市信息化评价指标设计实践与述评

（一）国外城市信息化评价指标设计实践与述评

1. 国外城市信息化评价指标设计的实践

（1）国际电信联盟（International Telecommunication Union, ITU）的评估指标体系。ITU 通过三套指标来测评信息化发展水平。一是数字接入指数（digital access index, DAI），该指数于 2003 年提出，主要评估经济体在互联网应用方面的接入水平，包含基础设施、用户接入承受能力、经济体知识素养、信息通信产业（Information and Communications Technology，ICT）质量与实际使用能力五个方面，包含 8 项二级指标，但 ITU 利用该指数发布过一年报告后就开始修正与完善指标体系；二是数字机会指数（digital opportunity index, DOI），该指数于 2005 年提出，并在 2007 年发布了升级版。指标主要涵盖机会、基础设施与应用状况三个层面，包含 11 项二级指标，用来评价数字经济的发展水平；三是走向整合的 ICT 发展指数（ICT development index, IDI）。据此，ITU 构建了一个信息社会化的三阶段模型，在该模型的基础上，应用主成分分析方法，于 2009 年完成了该指数，

并每年发布一次 IDI，成为当前具有较高国际认可度的信息社会测度指数（图 6.1）。

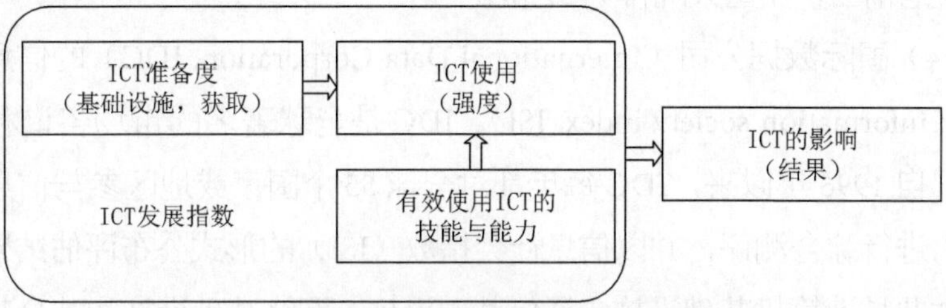

图6.1　ITU提出的信息社会化三阶段模型

（2）联合国贸发会议（United Nations Conference on Trade and Development, UNCTAD）有关 ICT 产业的测评指标体系。UNCTAD 针对 ICT 测评建立了专门的网站，利用该平台定期发布、更新有关 ICT 测评方法的技术性文献与研究报告，该机构重点关注 ICT 核心指标的构建与测评。贸发会议已公布了 2010 年 ICT 产业评价的核心指标体系，从 ICT 基础设施与获取、居民获取与使用 ICT、企业使用 ICT、ICT 生产部门、ICT 产品国际贸易、ICT 教育六个层面构建了包含 46 项核心指标和 2 项参考指标的评价体系。

（3）世界经济论坛（World Economic Forum, WEF）的网络化准备指数（networked readiness index, NRI）测评指标体系。2002 年以来，哈佛大学国际发展中心与世界经济论坛合作，首次对全球 75 个国家（地区）的信息与通信技术应用现状与发展潜力进行了评估与对比分析。此后每年定期公布全球 NRI 指数的排名，并在近十年不断改进与完善指标体系。NRI 指数构建基于三个原则：第一，网络化准备就绪的前提是已形成良好的 ICT 环境；第二，网络化准备就绪需要全社会的努力；第三，ICT 使用情况与 ICT 准备就绪与否关系密切。NRI 指数是根据上述三原则构建的，该指标包含三项一级指标，即环境指数（市场环境、政治与法规环境、基础设施环境，下设 31 项指标）、准备度指数（个人准备、企业准备、政府准备情况，下设 10 项指标）和使用指数（个人、企业与政府使用情况，下设 11 项指标），最终的NRI得分为三个指标得分的平均值。2011年3月，世界经济论坛公布了2010年全球138个国家（地区）的NRI指数排名，瑞典、新加坡和芬兰位居前三，中国大陆排名37位。

（4）国际数据公司（International Data Corporation, IDC）的信息社会指数（information society index, ISI）。IDC是全球著名的市场咨询和顾问机构。自1996年以来，IDC每年都对全球55个国家或地区参与信息社会的能力进行综合测评，并以信息社会指数（ISI）的形式公布评估结果。该指数主要从计算机基础设施、通信基础设施、网络基础设施和社会基础设施四个方面去评价社会信息化水平，2003年前的二级指标体系有23项，现精简为15项，其中，计算机层面包含4项指标（家庭电脑、IT消费占GDP比例、IT服务占GDP比例、软件花费），通信层面包含3项指标（家庭宽带、无线用户、手机普及率），网络层面包含4项指标（互联网网民、家庭网民、移动网民、电子商务），社会层面包含4项指标（中等教育、高等教育、公民自由和政府腐败）。

2．国外城市信息化评价指标设计述评

国外城市信息化评估指标主要包括：日本电信与经济研究所（RITE）构建的信息化指数模型、弗里茨·马克卢普（Friz Machlup）的信息经济测度理论与马克·波拉特（Marc Porat）的信息产业测度理论。

RITE信息化指数模型形成于1968年，包含社会发展信息量、信息装备率、通信主体水平、信息系数4项一级指标和11项二级指标，RITE利用该指数测算了日本46个县的社会信息化发展水平，并对部分发达国家信息化发展水平进行了测算与排名。

美国学者马克卢普1968年首次提出了知识产业的概念与分类（即教育、研发、通信媒介、信息设备设施、信息服务五大类），在此基础上根据宏观经济学的最终需求法，测算了美国知识产业的生产与分配，得出两点结论：一是1958年美国信息产业生产总值已占GNP的28.5%；二是1947～1958年，美国信息产业的综合增长率高达10.6%。

美国经济学家马克•波拉特于1977年发展并完善了马克卢普对知识产业的概念与分类，并出版了名为《信息经济》的系列研究报告，将三次产业中的信息与信息活动分离出来，形成了独立的信息产业，用以替代知识产业，并把信息部门划分为第一信息部门（制造信息设备或出售信息服务的产业）与第二信息部门（生产的信息仅供自身消费的部门），在此基础上定量测算了美国信息经济的产值贡献与就业贡献。随后，OECD成员国开始采用波拉特的方法测算信息经济的规模与贡献程度。

1993年，美国提出《国家信息基础行动实施纲要》，随后全球掀起了一股信息化基础设施建设浪潮。信息高速公路的快速发展引发了国际组织与发达国家对信息化建设评估的高度关注，许多国际组织与政府机构提出了不少相关指标评价体系。

2002年至今，一些基于短期需求进行测评的企业和机构基本没有发布信息化测评报告，但有一部分国际组织和咨询机构仍致力于改进评估方法，对国家信息化发展水平进行跟踪研究，如国际电信联盟、世界经济论坛、英国经济学人智库、联合国贸发会议、国际数据公司等。现将这些主流评估方法的指标构成与发展动态做一简介（表6.1）。

表6.1　国际常用的信息化评估指标体系（1995年以来）

评估体系	评估对象	提出时间	体系特点	体系架构
国际电信联盟（ITU）指标体系法	七国集团	1995	主要从基础设施方面对信息化水平进行测评，数据收集比较简单	2级 6/12项
韩国：信息化指数评估体系	50个国家（地区）	1995	由韩国电算局组织，每年公布评估结果。包括计算机、因特网、电信、广播4项一级指标，7项涉及信息基础设施及设备普及应用情况的二级指标，评估内容比较单一	2级 4/7项
美国：国际数据公司：信息社会指数	55个国家（地区）	1996	主要评价各国收集信息、吸收信息及有效使用信息的能力，着重于信息化基础环境评估，对信息化社会环境描述较少。2005年，IDC对指标进行了修正，包含15项指标	2级 4/15项
澳大利亚：信息经济办公室指数评估体系	14个国家（地区）	2002	该体系由政府制定，具有很强的权威性，其比较直观、可操作性强，涉及普及与应用、接入成本与安全、数字鸿沟、电子政务、电子商务五大方面。但也存在一些指标设置不太合理的情况	1级 23项

续表

评估体系	评估对象	提出时间	体系特点	体系架构
英国：电子经济评估体系	9个国家	2002	由政府部门、学术团体和企业共同完成，具有很强的权威性，评估体系比较全面和科学，但没有公布具体的指数计算方法，指标设置太多，不利于测评工作的开展	4级 4/12/35/118项
俄罗斯：各地区信息化评估指标体系	89个联邦主体	2002	由政府和企业联合组织多方人士参与评估，比较全面。没有公布各级要素具体的分值计算方法	3级 5/31/106项
哈佛大学与世界经济论坛：网络化准备指数	75个国家（地区）	2002	网络化准备指数是国际组织与学术机构合作提出的，评估全面、体系结构完善，整合统计数据和调查数据，要素选择精炼	4级 2/9/10/60项

资料来源：根据李农（2009），陈淑英（2008），王天民（2011）相关资料整理而成

（二）国内城市信息化评价指标设计实践与述评

1. 国内城市信息化评估指标设计实践

自20世纪80年代中期起，国内开始从事信息化测评指标体系的构建与评价工作，李农（2009）对国内信息化评估的研究文献进行了梳理与归纳。综合来看，除国家统计局、工信部、信息化办公室等政府机构长期关注信息化发展水平的评估外，其他学者的研究以“一次性”居多。以下部分概述国内具有代表性的测评方法。

（1）信息化综合指数模型法。钟义信、舒华杰、吕廷杰等在总结波拉特方法和日本信息化指数法优缺点的基础上，提出了包含5项一级指标和18项二级指标的信息化综合指数模型。

（2）综合信息产业力度法。1993年，靖继鹏在借鉴波拉特方法的基础上，设计了一套包含6项一级指标、252项三级指标的信息产业综合能力测度方法。

（3）社会信息化测度指标体系。该指标体系来源于南京大学郑建明教授主持的国家社科基金项目《中国社会信息化进程的测度分析》（1999～2001年），该研究参照国家信息化体系的六要素，在日本信息化指数测度模型基础上，构建了包含4项一级指标、21项二级指标的社会信息化指数模型，在此基础上测度并比较了北京、上海、南京、广州及全国

社会信息化水平的纵向与横向发展态势。

（4）国家信息化指标体系。为了科学评价国家及地区信息化水平，建立全国统一的信息化指标体系，我国信息产业部（现为工业和信息化部）连同有关部委共同研究并于2001年7月公布了《国家信息化指标构成方案》，该体系是根据国家信息化的六大要素（信息资源、信息网络、信息技术应用、信息技术与产业、信息化人才、信息化政策法规）选择了20项指标测算信息化水平。根据该方案，国家信息化测评中心对1996年和1997年全国及各地区信息化水平总指数发展速度进行了测算，结果显示全国信息化水平总指数速度分别为1.16和1.13。

由于国家信息化指标体系中的部分指标只能通过抽样数据资料、抽样调查等途径获得，在一定程度上影响了实际测算的准确性。因此方案公布后，仍有不少机构与学者对城市信息化测度指标进行跟踪研究，在重点关注数据可获得性的基础上对单个或多个城市的信息化水平进行测评。代表性研究包括：《2003年中国城市信息化水平测评报告》围绕城市信息化基础设施、城市信息化支撑环境与信息技术应用三方面，设计了包含15项指标的城市信息化水平测评方案。

总体看，国内有关城市信息化的研究成果日益丰富，国家层面的信息化指标体系已经建立，并在不断调整与完善。但是，国家层面公布的信息化排名还是20世纪90年代中期的国家与地区排名，受限于数据可获得性，除少数研究对长三角城市或小样本典型城市的信息化水平进行衡量与比较外，全国城市信息化评估工作尚没有完全开展。尽管如此，国内外有关城市信息化指标体系构建的文献，仍然为研究智慧城市评价指标体系奠定了良好基础。

2. 国内城市信息化评估指标设计述评

傅文彪（2005）从信息基础设施、信息产业、城市建设与管理、社会领域信息化应用、信息安全、信息化管理体制等多个方面对上海市信息化建设状况进行了总结；魏诗礼（2005）、宋琳（2008）、吴伟萍（2008）、王翠（2010）基于横向与纵向对比视角，在构建合适指标体系的基础上，分别对上海市、天津市、广州市和西安市的信息化水平进行了测算与比较。吴伟萍（2008）对城市信息化的内涵与建设内容、城市发展与城市信息化的关系、城市信息化发展战略的选择与影响因素等进行了较全面的研究。陈淑英（2008）从通信运营商的立场出发，构建了一套城市信息化评估体系，并以上海市为例，对个人、家庭、企业和政府等信息化应用主体的应用水平和需求进行了评估，此外对指标体系构建方法、权重赋值、数据采集等也进行了深入研究。王天民（2011）对城市信息化测评指标体系进行了综述与分析，构建了适合评价我国大都市的信息化测评体系，选取国内四大城市（北京、上海、广州和深圳），以及发达国家中心城市（如纽约、伦敦等），对北京市信息化发展水平进行了测算与比较研究。

从近十年来国际信息化测评的研究文献看，可以总结如下发展趋势与特点：一是信息化评估的主体主要是政府、国际组织与知名咨询公司，评估已成为政府或国际组织制定长期发展规划的一项重要工作；二是信息化评估是一项动态的工作，评估所选取的指标体系随着信息化进程的深化进行着动态调整与完善；三是信息化评估指标体系与评估目标、研究者的关注视角密切相关。ITU 是以电信、通信等技术统计指标为重点，世界经济论坛、联合国贸发会议等组织注重从更广阔的社会系统或经济系统去构建指标体系。此外，国外信息化评估指标日益细化，更加关注 ICT 核心指标或基准指标的构建与评价。

二、智慧城市发展评价指标设计实践与述评

（一）国外智慧城市发展评价指标设计实践

2007 年 10 月维也纳理工大学 Giffinger 教授带领的研究小组，在归纳智慧城市六大特点——智慧人群、智慧经济、智慧治理、智慧流动、智慧环境、智慧生活的基础上，构建了包含 31 项二级指标、74 项三级指标

的智慧城市评价体系（表6.2）（Giffinger，2007），进而在对指标体系进行标准化变换与加总后，对70个欧洲中等规模智慧城市的发展水平进行了测算与排名。结果表明，瑞典、芬兰等北欧国家及荷兰、比利时、卢森堡、奥地利等国的城市智慧程度较高。

表6.2　智慧城市发展评价指标体系（欧洲）

一级指标	二级指标	三级指标
智慧经济	创新精神	R&D占GDP比重、知识密集型部门的就业率、人均专利申请量
	创业能力	自主就业率、新企业注册数量
	经济形象与商标	大型公司总部数量
	生产力	就业人员创造的人均GDP
	劳动力市场灵活性	失业率、兼职就业比重
	国际融入性	在国际股市上市的具有总部的公司数量、空运乘客数量、空运货物量
智慧人群	资格水平（如学历、专业资格水平等）	研究中心与高校数量、受过高等教育的市民数量、外语水平
	终身学习的偏好	人均图书借阅量、参与终身学习的人员比重、参与外语学习的人员比重
	社会和民族的多元性	外国人比重、国外出生的本地人比重
	灵活性	对获取新工作的认知
	创造力	创意产业就业人数所占比重
	开放性	欧洲选举投票率、对待移民态度、对EU的了解
	公共生活参与度	城市选举的投票率、义务工作的参与度
智慧治理	决策的公众参与	人均市民代表、市民的政治活动、女性代表比重
	公共及社会服务	政府对相关服务的投入、入托儿童比重、对学校质量的满意度
	透明治理	主观指标（对政府治理腐败、治理公开的满意度）
智慧生活	文化设施	影院、博物馆、剧场的人次
	健康状况	预期寿命、人均病床数、人均医生数量
	个人安全	犯罪率、因袭击导致的死亡率
	居住质量	户均居住面积、达到最低住房标准的比重
	教育设施	人均学生数、对教育门槛与质量的满意度
	旅游吸引力	旅游景观数、居民每年熬夜时间
	社会凝聚力	贫困率
智慧流动	本地可达性	人均公共交通网络
	国内、国际可达性	国际可达性
	信息通信基础设施普及程度	户均电脑拥有量、宽带
	可持续、创新、安全的交通系统	经济型轿车使用量、交通安全等

续表

一级指标	二级指标	三级指标
智慧环境	自然环境吸引力	绿地覆盖率、日照时间
	污染度	夏季烟雾、大气颗粒物、致命的长期慢性呼吸道疾病
	环境保护	个人保护环境的努力、对保护自然环境的态度
	可持续资源管理	水、电利用效率（单位GDP耗水量与耗电量）

随后，IBM公司于2009年8月发布了《智慧的城市在中国》白皮书，提出智慧城市建设应该基于人（公共安全、医疗教育与生活质量）、商业（商业计划、对外开放、投资、劳工立法、产品市场立法等）、运输（公共交通网络、海运和空运）、通信（电子通信的基础架构，如电话、宽带和无线网络）、水（水的循环、供应与清洁）和能源（产生、运输体系与废弃物处理）六大核心系统，并指出这些系统的有效性、高效性和安全性决定一个城市如何运作和实现自身目标以获得城市发展上的成功。六大系统的划分为构建智慧城市评价一级指标体系提供了有益参考。国际智慧城市组织作为一个长期关注智慧城市发展的智囊团，以智慧社区建设为核心进行智慧城市的研究，寻求智慧城市的最佳实践，以期推动城市的可持续发展。ICF主要从宽带连接、知识型劳动力、创新能力、数字融合、营销与宣传五个方面来评价智慧社区的发展水平，并连续多年发布全球顶尖7大智慧城市排行榜（2002年至今）和全球21强榜（2006年至今）[①]。其中，2013年全球顶级7大智慧城市城市桂冠由美国俄亥俄州的哥伦布（Columbus）、芬兰的奥卢（Oulu）、加拿大的斯特拉特福（Stratford）、中国台湾地区的台中市、爱沙尼亚的塔林（Tallinn）、台湾地区的桃园县和加拿大的多伦多（Toronto）获得[①]。

（二）国内智慧城市发展指标设计实践

国内有关智慧城市评价指标体系的研究始于2010年，虽然国家标准

① 资料来源：Intelligent Community Forum 主页 . http://www.intelligentcommunity.org[2013-04-20].

的智慧城市评价指标体系尚未发布，但一些学者、政府部门与研究机构已开始关注智慧城市指标体系的构建工作。

1. 南京案例

南京市信息中心的邓贤锋（2010）在分析城市信息化评价指标体系的基础上，根据智慧城市的内涵和发展特点，总结提炼了智慧城市评价指标体系，其中一级指标包括城市网络互联领域、智慧产业领域、智慧服务领域、智慧人文领域四大部分，总共 21 项评价指标（表 6.3）。

表6.3　智慧城市评价指标体系（南京）

一级指标	二级指标
网络互联领域	无线网络覆盖率
	光纤接入覆盖率
	户均网络宽带
	国家级重点实验室数量
	智能电网技术和装备应用
智慧产业领域	智慧产业固定资产投资额
	智慧产业R&D经费支出
	智慧产业占GDP比重
	智慧产业从业人员数
	智慧产业年发明专利申请总量
	电子商务交易额
	万元GDP能耗
智慧服务领域	政府行政效能指数
	协同应用系统数量
	智慧公共服务应用普及率
	智慧服务建设资金投入额
智慧人文领域	文化GDP
	大专及以上文化程度人口比重
	信息化水平指数
	城市公共服务满意度调查

资料来源：邓贤峰，2010

2. 上海案例

2012 年 12 月，上海浦东智慧城市发展研究院在 2011 年 7 月发布的“智慧城市指标体系 1.0”基础上，经过实证研究、反复论证与修改完善，联合中科院上海高等研究院，智慧城市信息技术有限公司发布了“智慧城市评价指标体系 2.0”。该指标体系主要可分为智慧城市基础设施、智慧城市公共管理和服务、智慧城市信息服务经济发展、智慧城市人文科学素养、智慧城市市民主观感知、智慧城市软环境建设 6 个维度，包括 18 项二级指标、37 项三级指标，重点考虑了指标的代表性与可采集性（表 6.4）。

表6.4　智慧城市评价指标体系2.0（上海浦东新区）

一级指标	二级指标	三级指标
智慧城市基础设施	宽带网络建设水平	家庭光纤可接入率 主要公共场所无线网络覆盖率 户均网络接入水平
智慧城市公共管理和服务	智慧化的政府服务	行政审批事项网上办理水平 政府非涉密公文网上流转率
	智慧化的交通管理	智能公交站牌建设水平 市民交通诱导信息使用率
	智慧化的医疗体系	市民电子健康档案建档率 病历电子化率
	智慧化的环保	环境质量自动化监测比例 重点污染源监控水平
	智慧化的能源管理	家庭智能表具安装率 新能源汽车比例 建筑物数字化节能比例
	智慧化的城市安全	重大突发事件应急系统建设率 危化品运输监控率
	智慧化的教育体系	城市教育支出水平 网络教学比例
	智慧化的社区管理	社区综合信息服务能力
智慧城市信息服务经济发展	产业发展水平	信息服务业增加值占地区生产总值比例 信息服务业从业人员比例
	企业信息化运营水平	企业网站建站率 企业电子商务行为率 企业信息化系统使用率
智慧城市人文科学素养	市民收入水平	人均可支配收入
	市民文化科学素养	大专及以上学历人口占总人口比例
	市民生活网络化水平	市民上网率 家庭网购比例

续表

一级指标	二级指标	三级指标
智慧城市市民主观感知	生活的便捷感	交通信息获取便捷度 城市医疗信息获取便捷度 政府服务信息获取便捷度
	生活的安全感	食品药品安全电子监控满意度 环境安全信息监控满意度 交通安全信息系统满意度
智慧城市软环境建设	智慧城市规划设计	智慧城市发展规划 智慧城市组织领导机制
	智慧城市氛围营造	智慧城市论坛会议及培训水平

资料来源：上海浦东智慧城市发展研究院等，2012

3. 中国智慧工程研究会案例

2011 年 8 月 28 日，中国智慧工程研究会在北京发布中国智慧城市（镇）发展指数，首次提出用幸福指数、管理指数、社会责任指数三个指标推动中国智慧城市标准建设、促进以人为本的智慧城市创建，中国智慧城市（镇）发展指数评估体系包含 3 项一级指标，就业和收入、医疗卫生、社会安全等 23 项二级指标及信息和网络化水平等 86 项三级指标和 362 项四级细分指标。

4. 宁波案例

2011 年 9 月 3 日，宁波市人民政府举行智慧城市发展评价指标体系专家咨询论证会，发布了“智慧城市发展评价指标体系 V1.0”，该指标体系由 6 项一级指标、19 项二级指标、39 项三级指标构成，具体评估要点达 119 项（表 6.5）。

表6.5　智慧城市发展评价指标体系V1.0（宁波）

一级指标	二级指标	三级指标
智慧基础设施	信息网络设施	宽带网络 三网融合
	信息共享基础设施	公用云计算中心 信息安全服务 政务云
	城市基础设施	重点领域智能化转型

续表

一级指标	二级指标	三级指标
智慧治理	智慧政务	决策能力 政务服务及透明度 业务协同水平
	智慧公共管理	智慧交通 智慧城管 智慧管网 智慧安防 智慧食品药品管理 公众与社会参与度
智慧民生	智慧社会保障	社保体系建设水平 社保信息化服务水平
	智慧健康保障	健康保障信息化服务水平
	智慧教育文化	教育文化信息化服务水平
	智慧社区服务	社区信息化服务水平
智慧产业	人均产值	人均产值
	投入产出比	投入产出比
	万元GDP资源消耗率	万元GDP资源消耗率
	两化融合	两化融合环境 两化融合水平 两化融合效益
智慧人群	信息利用能力	信息产品的应用 信息资源的利用
	创新能力	创新环境 知识创新能力
	人才质量	高等教育状况 高级人才状况 人才引进情况
智慧环境	生态保护	环境建设水平 环保信息化水平
	资源利用	资源节约水平 资源智能化应用
	软环境建设	组织体系 规划政策 法规标准 评估考核 城市品牌

2011 年 9 月 9 日，宁波市智慧城市规划与标准发展研究院发布了《首届中国智慧城市发展水平评估报告》，从规划方案、组织架构、资金投入、示范项目、信息基础设施、用户能力基础、政府服务能力、产业基础、软环境建设、能源利用与环境保护 10 个方面（权重均为 10%，参见表 6.5），重点采取专家打分法，对 28 个代表性城市（地区）进行了测算，并按照智慧城市起步阶段的发展水平将这 28 个城市（地区）划分为 A（领先者）、

B（追赶者）、C（准备者）三个梯队。其中领先者有10个城市（地区）（北京、上海、广州、深圳、宁波、南京、佛山、扬州、浦东新区、宁波杭州湾新区），追赶者有13个城市，准备者有5个城市。

5. 工信部案例

工信部于2012年10月制定了《智慧城市评估指标体系（征求意见稿）》，形成了由智慧准备、智慧管理、智慧服务3项一级指标、9项二级指标、45个考察点组成的城市智慧度评估指标体系。其中，智慧准备包含网络环境、技术准备和保障条件3项二级指标；智慧管理包含城市运行管理能力、建设过程控制和运营管理模式3项二级指标；智慧服务包含智慧服务覆盖度、获取便捷性和处理效率3项二级指标。该评价指标体系更多的是从政府层面来考虑智慧城市建设问题，未考虑企业与民众的智慧度情况。

6. 住建部案例

2013年1月29日，住建部公布了首批国家智慧城市试点名单，要求各省和试点城市按照住建部发布的《国家智慧城市试点暂行管理办法》和《国家智慧城市（区、镇）试点指标体系（试行）》文件要求，切实、高效推进试点工作。该指标体系从保障体系与基础设施、智慧建设与宜居、智慧管理与服务、智慧产业与经济4个维度出发进行评价，包含11项二级指标、57项三级指标。总体上看，指标构成比较全面，但住建部制定的指标体系多侧重宏观与政府层面考评，定性指标偏多，有待进一步量化与细化。

（三）智慧城市发展评价指标设计综述

已有的评价体系虽然具有一定的借鉴价值，但相对于城市信息化而言，国内外关于智慧城市评价体系的研究还处于探索阶段，尚未形成完整意义上的智慧城市综合评价指标体系，主要体现在：①定性研究较多，定量分析不够。多数研究侧重智慧城市指标体系的提出与构建，鲜有文献采用科学的测评方法对智慧城市的发展水平进行测算、评价与归类，进而影响了测评结果的可信度与客观性；②现有智慧城市评价指标体系的应用范围有限，许多指标存在数据获取难、主观成分居多等缺点；③评估对象偏窄。中国已有50多个城市提出了智慧城市的建设目标与行动方案，尚未有文献对这50多个智慧城市的发展水平进行测评与排名。全面开展科学、系统的智慧城市评价体系研究是非常必要和紧迫的，同时智慧城市建设是一个长期不断发展完善的过程，并且智慧城市具有显著的阶段性特点及不同的发展路径，其在起步阶段、建设阶段、发展阶段、深化及成熟阶段也具有不同的特征，因此智慧城市评价体系一定要有针对性和可操作性。

第二节　我国智慧城市发展评价指标设计的理论分析

一、智慧城市发展评价指标设计的意义

（一）智慧城市发展评价是智慧城市建设的自然过程

智慧城市和所有顺应时代潮流的新生事物发展一样，一旦概念产生，会引发政府、市场、社会和学术界的高度重视和强烈反应，然后很快进入只有概念而无标准的百家争鸣、百花齐放、各打锣鼓、各自为政的自发而无序的初期阶段，然后才引发对内涵、本质、核心和标准与内容等实质性问题的关注、讨论和研究，进而进入中期阶段，并进一步提出科学的评价方法，以判断发展进程，发现存在问题，进而推进智慧城市发展进入成熟阶段。

（二）智慧城市发展评价是智慧城市建设的客观要求

2005年7月欧盟正式实施“i2010”智慧城市战略，并于2007年提

出了欧洲智慧城市评价指标体系，从而极大地推动了欧洲智慧城市建设；2009 年 IBM 提出“智慧地球”，并推出智慧城市的理念、行动方案和建设标准，从而成为世界很多国家和地区智慧城市建设的重要依据，也成了新一代信息技术应用和新兴产业发展的重要标准。当前，我国智慧城市建设正在全面推开和深入推进，几乎全部的一线城市和 50% 的二线城市将智慧城市建设纳入了“十二五”规划。但是，我国智慧城市建设的内涵、标准和发展路径与模式仍处于不断探索实践中，建设主体（政府、企业、社会）的认知并不一致。因此，构建一套指向明确、科学合理、体系完善、操作性强的智慧城市发展评价指标体系，以期科学衡量智慧城市发展进展与水平，发现存在问题，为进一步推动智慧城市的健康快速发展提供依据，不仅显得十分必要，而且非常迫切。

（三）智慧城市发展评价必须设计出科学合理的指标

智慧城市建设涉及城市系统的各方面和各环节，内容纷繁复杂，变化万千，是城市发展中史无前例的复杂而巨大的系统工程，并因建设背景、目的不同，而具有不同的目标和内涵，进而有不同内容、模式和路径。评价如此复杂多变的系统工程，仅凭直观感觉和模糊判断难以进行，必须采用科学的评价方法。指标是事物总体特征和本质属性的量化反映形式，是刻画、解释，以及认识和理解事物总体特征所必需的基本手段，也是任何科学评价、评估和计量分析所必需的基础性环节，或者说认识事物特征，首先必须进行指标设计。只有设计出科学合理的评价指标才能真正评价智慧城市发展的过程、水平和绩效。然而，单一指标只能刻画事物在某一具体时空条件下的某个具体的特征，难以达到全面认识事物总体特征的要求。因此，指标设计的关键在于设计出一套能全面刻画不同时空条件下事物总体特征的指标体系，即一系列相互联系的指标组成的有机整体。

二、智慧城市发展评价指标设计的依据

（一）依据智慧城市建设的目的和目标设计评价指标

1. 智慧城市建设的目的与评价指标设计

智慧城市建设目的驱动智慧城市建设。智慧城市发展评价不是无目的的为评而评，必须紧扣智慧城市建设目的。只有将智慧城市建设置于城市发展背景中，才能真正理解智慧城市建设的目的。尽管智慧城市建设的具体目的各有差异，但城市发展的共同背景决定了智慧城市建设的根本目的是一致的。例如，我国这一背景表现为：一是现代城市发展带来的日益严重的“城市病”亟待解决；二是居民物质和精神需求增长对城市发展的要求越来越高；三是资源环境压力迫切需要城市转型发展；四是现代信息技术加快了工业化、城市化、信息化、国际化融合的发展。为此，智慧城市发展评价指标设计，必须深入分析智慧城市建设的背景，端正智慧城市建设的目的，进而设计出能满足智慧城市建设目的的评价指标，确保评价指标设计的正确性。

2. 智慧城市建设的目标与评价指标

智慧城市建设目标引领智慧城市建设。智慧城市发展评价不是无目标的就事论事，评价的目的是推进智慧城市建设，促进城市发展与其时代背景和现实要求相适应。然而，智慧城市作为数字城市、智能城市的继承、创新和发展，是城市信息化的高级形态和未来目标，具有动态性、层次性、结构性和多维性等特点，智慧城市发展评价就是要将城市信息化水平推向更高阶段，而不至于在城市信息化进程中，概念不清、目标不明，盲目建设，甚至南辕北辙而不知。为此，智慧城市发展评价指标设计，必须在明确智慧城市建设目标的基础上，结合智慧城市建设的需要与可能，确立切实可行的智慧城市建设具体目标，进而设计出能满足智慧城市建设目标，并能引领智慧城市建设向更高阶段发展的评价指标，确保评价指标设计具有针

对性。

（二）依据智慧城市内涵与建设内容设计评价指标

1. 智慧城市的概念内涵与评价指标设计

智慧城市的概念内涵统领智慧城市建设。智慧城市发展评价不是无内涵的抽象评价，智慧城市发展评价指标设计必须严格服从智慧城市的概念内涵。只有将智慧城市发展评价指标置于智慧城市内涵之下，抓住智慧城市概念内涵的本质和核心，才能设计出准确刻画智慧城市建设特征的评价指标，进而真正实现智慧城市发展评价的价值。为此，智慧城市发展评价指标设计，必须在明确智慧城市建设目标基础上，认真研究，揭示并充分理解和界定智慧城市的概念内涵，深入分析并准确把握其本质和核心，进行设计出能符合智慧城市内涵的评价指标，确保评价指标设计的有效性。

2. 智慧城市建设的内容与评价指标设计

智慧城市发展评价不是无内容的凭空评价，智慧城市发展评价指标设计必须紧扣智慧城市建设的内容。只有智慧城市发展评价指标有效针对智慧城市建设内容，智慧城市评价才能有效实现评价的目标。为此，智慧城市评价指标设计，必须在准确界定智慧城市概念内涵基础上，结合不同时空城市智慧城市发展的基础和条件，认真研究确定和全面深入理解智慧城市建设的内容，设计出能准确刻画智慧城市建设内容的评价指标，并将其量化，进而确立评价方法，进行科学评价，总结经验，发现问题，推进智慧城市建设。智慧城市建设的内容从根本上决定了评价指标设计的适用性。

（三）依据智慧城市建设时间和空间设计评价指标

1. 智慧城市建设的时间与评价指标设计

智慧城市建设的时间一方面指智慧城市建设的时间背景，另一方面指智慧城市建设所处的发展阶段。智慧城市作为城市信息化的高级形态，不是一成不变的，而是时刻变化的，不同时间背景、不同发展阶段，智慧城市建设的客观需要不同，认知程度不同，技术手段不同，主体构成不同，等等。因此，智慧城市发展评价指标不可能一成不变，更不可能照搬照抄既有的指标，而必须根据建设的时间进行适应性设计。

2. 智慧城市建设的空间与评价指标设计

智慧城市建设的空间一方面指智慧城市建设的具体城市，另一方面指智慧城市建设所处的外部环境。智慧城市作为城市信息化的高级形态，不是千篇一律的，而是千姿百态的，不同的城市条件、不同的环境条件下，智慧城市建设的基础条件不同，资源要素不同，主体构成不同，等等。智慧城市发展评价指标必须根据建设的空间进行适应性设计。

三、智慧城市发展评价指标设计的原理

（一）智慧城市发展评价指标设计重点的选择

从城市信息化发展的角度来看，智慧城市与数字城市、智能城市相比，既有共性也有差异，智慧城市强调城市治理模式的变革，整合形成城市级的信息平台，实现更广泛深入的人的智慧与物的智能的互存互动、互促互补，促进城市发展。

建设智慧城市，需要政府、企业和社会多方参与互动、协调联动。但在智慧城市的建设过程中，不同主体又有着各自不同的目标和需要破解的关键环节。表 6.6 给出了详细的说明。

表6.6　参与式治理下智慧城市的建设目标和关键环节

参与主体	建设目标	关键环节
政府	推进经济社会科学管理和民生服务高品优质	推进城市管理服务流程的重塑优化，实现决策运行的智能化、协同化、精准化和高效化； 推动产业智能化和智能产业集聚
企业	做大做强现代产业	实现产品服务的高科技、高知识和高效益
社会	推进人文素质提高	实现信息和知识的获取、利用普及化、深度化和常态化

（二）智慧城市发展评价指标设计的 SOP 模型

1. 模型的结构

根据本书对智慧城市内涵的界定，智慧城市内涵是由主体、对象与过程构成的三维结构。在构建智慧城市发展评价指标体系之前，有必要依此结构对智慧城市建设的主体、对象（或内容）与过程，及三者之间的互动关系进行界定，构建智慧城市发展评价指标设计的主体（subject）—对象（object）—过程（process）三维模型。在前文对智慧城市内涵界定及智慧城市系统架构构建研究的基础上，本书认为，智慧城市发展指标设计主体由政府、企业和社会三者构成；对象由智慧人群、智慧基础设施、智慧政务、智慧民生、智慧经济与智慧环境六大部分构成；过程包括创建与发展两个阶段，模型如图 6.2 所示。

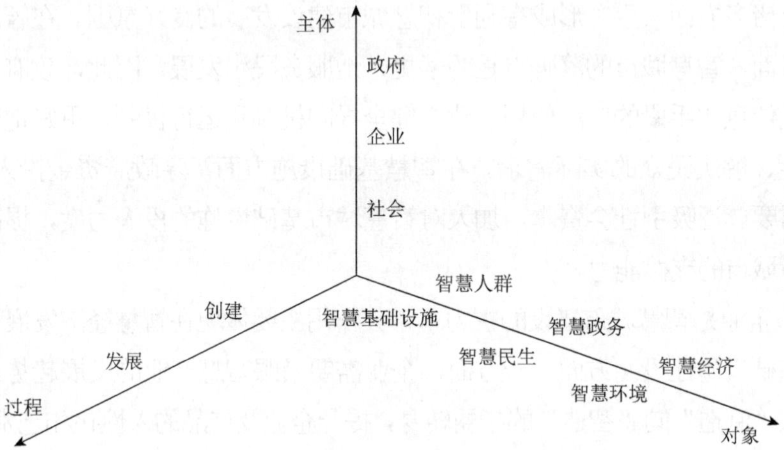

图 6.2 智慧城市建设的SOP模型

2. 模型的解读

从原点出发的三根轴分别给出了主体、对象和过程的各自要素。通过轴与轴之间的两两作用，可以分别得出不同发展阶段相互之间的作用表（表 6.7）。

表6.7　智慧城市建设的主体-对象作用表

主体	智慧人群	智慧基础设施	智慧政务	智慧经济	智慧环境	智慧民生
政府		√	√	√	√	√
企业		√		√		√
社会	√					√

政府在智慧城市建设中发挥着引导和协调作用，尤其在创建阶段，政府承担了大量的工作。在智慧政务方面，政府需要采取信息化手段，从根本上优化城市治理模式和城市运行机制，以信息技术引领城市变革，不断提升城市管理的效能和质量，推动和创新社会管理。在智慧经济方面，政府需要积极培育发展新一代信息技术产业，积极推进自主创新和工业转型升级，加快推进两化融合，不断提升智慧产业的竞争力，提高知识与信息资源对经济发展的贡献率，使经济发展更智慧、更健康、更高效。在智慧环境方面，政府需要积极营建优质、高效的服务环境，从人才、资金、政策等诸多方面入手，形成有利于智慧城市建设发展的良好氛围。在智慧民生方面，智慧城市的落脚点是为了更好地服务民生发展，因此，政府需要通过信息化手段的广泛使用，建立健全导向机制和运行机制，更好地服务民生、解决民众的实际需求。在智慧基础设施方面，除政府资金投入外，还需要广泛吸引社会资本，加大对智慧城市基础设施的投入力度，提高对智慧城市的支撑能力。

企业是智慧城市建设的主力军，其作用主要体现在智慧经济发展和智慧基础设施建设两方面。一方面，企业需要紧跟智慧产业的发展趋势，推进从“制造”向“智造”的华丽转身，提升企业及产品的人性化和艺术性，率先形成一批具有市场影响力的智慧企业和智慧产品，抢占市场制高点和时代前沿；另一方面，企业还需要积极投身于智慧基础设施的建设，如宽带网络、无线城市等，并在通信基础设施建设的基础上，创新推出各类智慧应用和服务。在智慧应用和服务上，尤其需要在统一规划引导下，努力打破部门间的信息壁垒，实现从零碎分割的局部应用到协同统一的平台服务转变，推进信息资源的共建共享。

社会公众是智慧城市建设的重要力量，扮演着自身利益代表者、规划过程的参与者和监督者的多重角色。通过充分发挥智慧人群的作用，可以提高公众参与的意识和能力，健全和完善公众参与智慧城市建设的体制机制。表6.8给出了智慧城市建设中的主体和过程的互动关系，表6.9给出了智慧城市建设的过程和对象之间的互动关系。

表6.8　智慧城市建设的主体-过程作用表

主体	创建	发展
政府	一是创造良好的环境和资源配置，培育市场；二是通过教育培训，提高社会公众素质；三是引导建立城市级的智慧产业集群；四是直接投资引导智慧城市建设方向；五是在国际间的竞争中承担保护本地技术的责任	为城市内各要素的发展提供宽松的环境和政策支持
企业	实现技术创新和制度创新，加大对智慧基础设施的相关投入	实行扁平化的网络化的组织管理，加强企业内部和外部的交流和合作
社会	让公众广泛参与智慧城市的规划制定、审议、决策和监督，充分发挥公众的智慧	公众广泛享有智慧城市发展所带来的各项便利

表6.9　智慧城市建设的过程-对象作用表

对象	创建	发展
智慧人群	提高公众参与积极性，加强公众的科学素养	推广普及公众对信息技术在城市管理各方面的使用
智慧政务	通过信息化手段在社会治理各个角落的普及，打击违法犯罪行为，实现社会稳定安全	以信息化手段构建犯罪预防和快速制止机制，提高公众遵纪守法意识，有效预防和阻止各类犯罪行为的发生
智慧经济	大力发展智慧城市急需的高新技术产业、新一代信息技术产业等各类智慧产业，降低经济产出的能源消耗，加大研发投入	实现各类智慧产业的融合，发展智慧产业集群；提升经济的创新与研发能力；实现信息化与工业化的深度融合
智慧环境	从环境保护、环境治理、节能减排等方面提高对创建智慧城市的生态环境支撑能力	加大对智慧城市生态环境的建设力度，营造宜居、可持续发展的城市环境
智慧民生	着力破解公众关注的食品安全、交通出行、教育医疗等民生问题，提高公众满意度	加大对医疗保健、终身教育、交通出行预警规划等方面的投入，使公众能更科学合理地对衣食住行进行规划
智慧基础设施	建设大容量、高速率的有线和无线宽带网络，提高对信息化的承载能力	通过基础设施源共建共享，实现信息资源的融合交汇，提高对智慧应用的支撑水平

综上所述，智慧城市治理所涉及的主体、对象和过程三者之间是相互联系，相互作用的，本模型为推进智慧城市发展评价的理论研究和实践提供了一个三维分析工具，其中，政府、企业、社会三者之间的互动，可形成参与式治理结构，这是实现智慧城市建设成功的保证。通过对智慧人群、智慧基础设施、智慧政务、智慧经济、智慧民生与智慧环境进行科学管理，充分发挥政府、企业、社会三者的各自职能，能够实现智慧城市从创建到发展的平稳过渡。

（三）智慧城市发展评价指标体系设计的原则

由智慧城市的主要内容可知，智慧城市建设涵盖诸多领域，且根据目前我国主要城市开展智慧城市建设的进展可知，发展模式与侧重点存在差异。因此，从国家层面构建智慧城市发展评价指标体系时，要在注重指标体系普适性的基础上，遵循以下基本原则。

1．科学性原则

科学性是设计评价指标体系的基石，是指要从智慧城市及信息化建设的基本原理出发，选取能够体现我国智慧城市内涵与主要内容的适当指标，客观准确地反映智慧城市发展的规律与特点。特别是需要在科学构建我国智慧城市系统架构的基础上构建指标评价维度，因此，需要科学继承有关智慧城市系统架构的要素构成图，进而重点关注一级、二级与三级指标之间的逻辑性。

2．代表性原则

开展智慧城市发展测评工作不宜设定过多的指标，应选择最有代表性的指标组成指标体系。所谓有代表性的指标就是指该指标能够反映智慧城市建设整体或某一环节的主要方面，或者是影响智慧城市建设的重要因素。从代表性这一点来说，指标体系的构建应做到“精”。

3．导向性原则

智慧城市建设是一个动态的、循序渐进的过程。因此，指标体系需要体现智慧城市发展愿景的指标，体现未来引导的方向，特别是要涵盖创新社会管理、新兴产业、民生保障领域的内容。

4．操作性原则

主要体现在四个方面：一是指标具有可采集性，受相关统计口径与指标前瞻性的影响，智慧城市评价指标体系的某些数据获取存在难度，所以，在选取指标时要充分考虑指标的难易程度与数据的可获得性；二是指标的可量化性，指标体系的构建要以客观指标为主、主观指标为辅，为进一步开展量化测评与排名奠定基础；三是指标的可比性，要明确指标体系中每一个指标的含义、统计口径与适用范围，以确保评价结果能够进行城市间的横向比较。此外，要注意将不可比因素转化为可比因素。

第三节　我国智慧城市发展评价指标与方法

一、我国智慧城市发展评价指标设计的思路

首先，根据对智慧城市建设内容、智慧城市建设 SOP 模型的梳理及评价的基本原则，选取构建中国智慧城市评价指标体系的蓝本与角度。本指标体系在参考信息化测评常用指标的基础上，重点参考了欧盟、上海浦东与宁波构建的智慧城市评价指标体系；评价角度方面，需要突破传统信息化测评关注基础设施装备与使用、信息产业、信息主体与信息消费的研究视角，而将智慧城市建设看作一项系统工程，涉及政府治理、经济、环境、民生、人文等诸多方面，从城市发展新形态的视角去理解智慧城市建设，在继承对我国智慧城市系统架构研究的基础上去科学设定指标评价维度，并参考借鉴了系统架构的“人—物—问题”模型。

其次，确定评价指标体系的层级。根据相关研究，将测评体系设定为三级，其中，一级指标与智慧城市系统架构的要素构成相一致，即包含智慧人群、智慧基础设施、智慧政务、智慧经济、智慧民生与智慧环境六个方面；二级与三级指标设计则重点关注指标的可操作性与数据的可获得性，及三级指标之间的逻辑性与合理性。目前，国内外智慧城市发展评价指标体系没有很好地解决指标数据可采集性、前瞻性和代表性等问题。有鉴于

此，本指标体系在重点确保数据可获得的基础上，尽可能多的采用体现智慧城市发展愿景的指标。

二、我国智慧城市发展评价指标设计的内容

智慧城市建设涉及经济、社会的各个方面，是一个复杂的系统工程，需要付出长期而艰苦的努力。智慧城市建设可以分为创建与发展两大阶段，每一个阶段的建设内容各不相同，相应的评价指标也应该各有侧重。本书借鉴国内外已有的研究理论和成果，构建了适用于我国智慧城市发展初级阶段的评价指标体系，力求为当前我国的智慧城市发展提供一个可行的评价体系。随着我国智慧城市建设的不断深入，智慧城市发展的评价指标体系也应该根据智慧城市的发展阶段进行调整。本书构建的我国智慧城市评价指标体系包含智慧人群、智慧基础设施、智慧政务、智慧经济、智慧民生与智慧环境六个方面的内容，与系统架构的六要素构成相吻合。一级、二级和三级指标及指标之间的逻辑关系如下。

（一）智慧人群

智慧城市是“智”、“慧”协同发展的结果，更突出人的因素、人文的因素。事实上，也只有人才有智慧，而物只有智能，也只有人的参与才能真正体现城市的智慧，这也是智慧城市区别于智能城市、数字城市的最主要特征。智慧人群不仅是智慧城市建设的重要内容，也是智慧城市建设的重要底层基础。

智慧人群可从居民素养和专业化信息人才两个层面加以体现，其中，居民素养是从整体角度衡量居民的文化素质与信息应用能力，在此基础上积聚的专业化人才则是影响智慧城市建设水平的关键投入要素。因此，该一级指标下设了 2 项二级指标，6 项三级指标（表 6.10）。

（1）居民素养。用每万人口中受过高等教育人数反映居民的文化素质，

用人均信息消费系数和市民上网率反映居民的信息消费与应用能力。

（2）专业化人才水平。用每万人拥有科技人员数、信息产业从业人员占全社会从业人员比重和专业化组织从业人员占全社会从业人员比重 3 项指标分别反映城市科技创新人才、信息产业从业人员及与智慧城市建设相关的专业化组织从业人员的规模。

表6.10 智慧人群指标构成

二级指标	三级指标	指标含义
居民素养	每万人口中受过高等教育人数	主要用于衡量智慧城市居民文化水平，是反映居民文化素质的重要指标
	人均信息消费系数	指居民用于消费信息类商品和服务的支出占总消费支出的比重，反映人群的信息消费能力，统计年鉴中是城镇居民人均数据。其中，信息类商品和服务支出指的是在城乡居民家庭调查中，购买和享受与信息产品密切相关的通信、教育、文化娱乐等内容的支出金额
	市民上网率	指经常上网的市民在总体市民中所占的比例，从侧面反映市民应用各种智慧应用系统、技术和产品的能力
专业化人才水平	每万人拥有科技人员数	反映城市科技创新人才的规模
	信息产业从业人员占全社会从业人员比重	反映信息产业从业人员规模
	专业化组织从业人员占全社会从业人员比重	反映与智慧城市建设相关的专业化组织从业人员规模

（二）智慧基础设施

智慧基础设施是确保智慧城市各项功能顺畅、安全运行的相关基础设施，是“人—物—问题”系统架构模型中“物”的重要体现，本书所指的智慧基础设施主要指与智慧城市建设密切相关的信息通信网络、公共服务平台等设施，该一级指标下设 3 项二级指标、10 项三级指标（表 6.11）。

（1）信息通信基础设施水平。主要指移动电话、电视等传统通信设施的智能化水平与宽带等新一代信息网络设施的建设与普及，包含 6 项三级指标。其中，用每百人移动电话持有数和有线电视双向数字化改造率反映传统通信设施的智能化水平；用户均网络带宽、有线宽带接入率与无线宽带网络覆盖率三项指标反映新一代信息网络基础设施的建设与普及水平；用信息网络共建共享一项主观指标反映网络基础设施集约建设与利用水平。

（2）公共信息服务设施水平。重点考察公共云计算中心、四大基础数据库、信息安全灾备等三类公共信息服务设施的建设与利用水平。

（3）城市基础设施的智能化建设水平。重点考察水网、电网、路网、环保、防灾等基础设施的智能化建设水平。

表6.11 智慧基础设施指标构成

二级指标	三级指标	指标含义
信息通信基础设施水平	每百人移动电话持有数	反映城市移动电话普及率
	有线电视双向数字化改造率	反映城市推进“三网”融合所具备的基础设施水平
	户均网络带宽	指全市每户家庭实际使用网络的平均带宽（包括各种家庭网络接入方式）
	有线宽带接入率	指接入宽带的家庭占全市家庭总数的比重，反映城市宽带发展速度与宽带家庭渗透率
	无线宽带网络覆盖率	指通过各种无线传输技术实现的无线网络连接在城市区域的覆盖率
	信息网络共建共享水平	反映网络基础设施集约建设和利用情况，主要指“三网”融合水平与小区驻地网共建共享水平
公共信息服务设施水平	公共云计算中心建设利用水平	城市公共云计算中心和行业云计算中心的建设和利用水平
	四大基础数据库建设共享水平	四大基础库是指人口基础数据库、企业法人基础数据库、自然资源和地理空间基础数据库、宏观经济基础数据库。该指标重点考察四大数据库的建设与共享水平
	信息安全灾备能力	重点考察政府部门灾备制度制定、灾备服务平台建设、机构设置和人员配置及相关服务提供的水平
城市基础设施的智能化建设水平	城市基础设施智能化水平	除信息通信设施之外的城市基础设施智能化建设水平，包括水网、电网、路网、环保、防灾等基础设施的智能化建设水平

（三）智慧政务

智慧政务是智慧城市建设的关键与核心，智慧政务的建设水平会对智慧人群、智慧基础设施、智慧经济、智慧生态环境和智慧民生产生显著影响，智慧政务的主体是政府，政府的主要职能体现在决策、执行与监管层面。该一级指标下设3项二级指标、8项三级指标（表6.12）。

（1）智慧决策。重点考察相关决策系统的建设与应用水平，及民众参与政府决策、民主监督的水平。用政府决策辅助系统支持能力、“两会”议案提案立案数与听证会数量3项指标加以反映。

（2）智慧执行。用一站式网上行政审批服务水平、社会应急联动信息支持能力加以体现。

（3）智慧监督。用电子监察系统、政务信息公开数量和公众满意度 3 项指标加以体现。

表6.12　智慧政务指标构成

二级指标	三级指标	指标含义
智慧决策	政府决策辅助系统支持能力	重点从政府决策辅助系统的建设与应用效果两个方面加以考察
	“两会”议案提案立案数	反映民众参与政府决策和政府了解民众需求的水平
	听证会数量	反映政府保障公民权益，实现民主监督与决策的水平
智慧执行	一站式网上行政审批服务水平	考察一站式网上行政审批化服务系统的建设情况与应用成效，反映政府的服务效率
	社会应急联动信息支持能力	重点考察城市综合应急平台的建设情况及应用效果
智慧监督	电子监察系统	电子监察系统是指行政监察机关运用网络技术，对行政审批服务事项实施监控、监督的系统。重点考察电子监察系统的监察范围与实际效果
	政务信息公开数量	指通过政府网站主动公开的政府信息条数，是公众了解政府行政行为的直接途径，也是公众监督政府行政行为的重要依据
	公众对政府的满意度	该项指标主要考察公众对政府决策与执行透明度与效果的满意程度

（四）智慧经济

智慧经济是智慧城市的推进动力。智慧经济是新一轮产业发展的必然趋势，是基于智慧人群和智慧基础设施等要素投入基础，在产出层面的体现，是增强智慧城市竞争力的重要支柱。

智慧经济可从经济实力、智慧产业及支撑智慧经济发展的研发能力三个层面加以反映。因此，该一级指标自下而上包含 3 项二级指标、7 项三级指标（表 6.13）。其中，地区研发能力用研发投入（R&D）占 GDP 的比重、万人专利授权量两项指标加以反映；智慧产业发展水平用信息产业（主要指电子、邮电、广电、信息服务业等产业）增加值占 GDP 比重、软件服务外包产值占 GDP 比重、规模以上高新技术制造业增加值占工业增加值比重和第三产业增加值占 GDP 比重 4 项指标加以反映；基于研发与产业结构基础上的地区经济实力用人均地区生产总值加以反映。以上 7 项三级指标均为客观指标，除软件服务外包产值外，其余指标均可在统计年鉴或信息年鉴中获取数据加以计算。

表6.13　智慧经济指标构成

二级指标	三级指标	指标含义
研发能力	R&D占GDP比重	反映研发投入与创新能力
	万人专利授权量	指每万人中专利授权的数量
智慧产业	信息产业增加值占GDP比重	信息产业增加值主要指电子、邮电、广电、信息服务业等产业的增加值，该项指标重点反映信息产业的地位和作用
	软件服务外包产值占GDP比重	反映软件服务外包等新兴服务业发展水平
	规模以上高技术制造业增加值占工业增加值比重	反映第二产业发展水平
	第三产业增加值占GDP比重	反映第三产业发展水平
经济实力	人均地区生产总值	反映城市一定时期内的总体经济运行状况

（五）智慧民生

智慧城市建设，必须以保障和改善民生为重点，这不仅关系到人民的切身利益，也是改革开放和社会主义现代化建设的根本目的。因此，智慧民生建设需要加大投入力度，不断提高政府服务能力及社会公益服务水平，为公众的衣食住行等日常生活提供便捷、良好的服务。智慧民生包含的内容比较广泛，如教育、就业、增收、社保、健康、出行、安全等，若将上述内容都放到智慧民生指标体系中，会造成指标数量过多，因此，本书重点选取了智慧安全、智慧社保、智慧健康、智慧交通、智慧教育、智慧家居六个方面来反映智慧社会，包含13项三级指标（表6.14）。

(1)智慧安全。主要从食品安全与公共安全两个层面加以反映。近年来，频发的食品安全问题已成为中国民众最关注的问题之一，用信息化手段提升食品安全是智慧民生建设亟待解决的问题，信息化手段包括食品安全追溯系统与安全信息平台的建设与应用等。除食品安全外，当居民收入达到一定水平时，对安全感的需求（公共安全机构的设置与保障效果、公共安全产品等）会大幅提升，如财产安全、生命安全等，因此，有必要用公共安全信息化建设水平反映智慧公共安全。

表6.14　智慧民生指标构成

二级指标	三级指标	指标含义
智慧安全	食品安全智慧化水平	包括食品安全信息平台、食品安全追溯系统等建设和应用效果
	公共安全智慧化水平	公共安全一般指多数人的生命、健康和公私财产安全，此处是指除食品安全以外的各种公共安全，用公共安全智慧化建设水平加以衡量
智慧社保	社保一卡通应用水平	利用统一的社保智能卡享受各种社会保障服务的人数占城市人口的比重和便利程度，在有条件的城市，社保卡还将发展成为“市民卡”，以实现更多的信息服务功能
智慧健康	网上预约挂号比例	二级以上医院网上预约挂号的比例，反映数字化医疗服务水平
	居民电子病历使用率	标准化、结构化的电子病历在二级及以上医疗机构使用率
	电子健康档案建档率	已经建立电子档案的居民人数占应建电子档案总人数的比重
	远程医疗水平	主要考察远程医疗会诊、多媒体医疗保健咨询系统的建设情况
智慧交通	城市公交出行率	城市公共交通日均客运量占城市人口的比重，可反映市民对公交出行的态度，也可动态反映城市交通拥堵的缓解情况
	城市交通诱导系统建设应用水平	主要指城市路况信息、车位信息等交通信息发布系统的建设和应用水平
智慧教育	智慧校园建设应用水平	智慧校园包括无处不在的网络学习、融合创新的网络科研、透明高效的校务治理、丰富多彩的校园文化、方便周到的校园生活。该指标重点考察学校内部信息化建设和应用水平
	“一站式”优质教学资源公共平台建设应用水平	反映城市数字化优质教学资源的共建共享水平
	网络远程教学比重	通过信息化手段接受网络教育的人群比例，反映网络教育普及水平
智慧家居	家居智能化水平	指家居安全性、便利性、舒适性、艺术性和环保节能的建设状况，包含家居智能控制，如智能家电控制、灯光控制、防盗控制和门禁控制等，家居数字化服务内容，家居设施安装等方面的建设

（2）智慧社保。社会保障是保障人民生活、调节社会分配的一项基本制度。智慧社保重点关注社保一卡通应用水平，实现多张社保卡数量的整合与社保卡功能的拓展，特别是实现社保卡的跨省、市结算，对于便利居民生活功不可没。社保一卡通建设可从一卡通发卡量、异地双向结算功能实现情况及相关管理信息系统的建设情况加以体现。

（3）智慧健康。健康是促进人的全面发展的必然要求。智慧健康主要指运用信息化手段为群众提供安全有效、方便价廉的公共卫生和基本医疗服务。目前，随着互联网与智能手机应用水平的快速提升，网上挂号与问诊的普及范围不断扩大，医院也日益重视电子病历与居民电子健康档案的建立与管理工作。智慧健康下设 4 项三级指标，分别是网上预约挂号比例、电子病历使用率、居民电子健康档案建档率和远程医疗水平。

（4）智慧交通。随着城镇化的快速推进与机动车数量的快速增长，交通拥堵已成为了我国许多大中城市面临的顽疾之一，如何利用信息化缓解交通拥堵情况是智慧交通需要重点关注的问题。该二级指标下设 2 项三级指标，即城市公交出行率和城市交通诱导系统建设应用水平。

（5）智慧教育。教育是民族振兴和社会进步的基石，教育信息化工作一直受到国家重视，教育部出台的《教育信息化十年发展规划（2011—2020 年）》指出，智慧教育可重点从智慧校园建设应用水平（校园内部信息化建设）、“一站式”优质教学资源公共平台建设应用水平（教育资源共建共享水平）和网络远程教学比重三个层面加以考察。

（6）智慧家居。信息化社会在改变人们生活方式与工作习惯的同时，也对传统的住宅提出了挑战，如何实现安全、方便、舒适的居家环境日益受到人们的关注。智慧家居重点考察家居智能化水平，如智能家电控制、灯光控制、防盗控制和门禁控制等，家居数字化服务内容，家居设施安装等方面的建设。

（六）智慧环境

这里的环境主要指生态文明，党的十八大报告也明确指出，建设生态文明，是关系人民福祉、关乎民族未来的长远大计。面对资源约束趋紧、环境污染严重、生态系统退化的严峻形势，必须树立尊重自然、顺应自然、保护自然的生态文明理念，把生态文明建设放在突出地位，融入经济建设、政治建设、文化建设、社会建设各方面和全过程。智慧环境是智慧城市建设与可持续发展的重要保障，重点从国土空间开发利用、环境保护与资源节约利用 3 个维度去考察智慧环境建设水平。其中，用城镇化率与城乡智慧化规划建设水平 2 项三级指标体现国土空间开发利用的合理程度；用空气质量优良率、自来水水质达标率、污水处理率和人均绿地面积 4 项三级指标反映环境保护的效果与环境吸引力；用工业固体废物综合利用率和万元地区生产总值能源消耗量 2 项三级指标体现资源节约利用的水平与效果。

总体看，该一级指标下设 3 项二级指标、8 项三级指标 (表 6.15)。

表6.15　智慧环境指标构成

二级指标	三级指标	指标含义
国土空间开发利用	城镇化率	城镇人口占全部人口（常住人口）的百分比，用于反映人口向城市聚集的过程和聚集程度
	城乡智慧化规划建设水平	指顺应信息化要求，统筹安排城乡建设发展空间布局，保护生态和自然环境，合理利用自然资源，维护社会公正与公平情况
环境保护	空气质量优良率	空气质量好于或等于2级的天数占全年的比重
	自来水水质达标率	符合《生活饮用水卫生标准》的自来水所占比重
	污水处理率	污水处理量与污水排放总量的比率
	人均绿地面积	城市非农业人口每人拥有的公共绿地面积
资源节约利用	工业固体废物综合利用率	反映废物综合利用能力与效益
	万元地区生产总值能源消耗量	该指标体现能源利用效率和经济增长方式转变，反映可持续发展水平

综上所述，本书以城市信息化评价指标为基础，借鉴国内外智慧城市评价指标体系，在对智慧城市含义和主要内容进行界定的基础上设计的中国智慧城市评价指标体系。该指标体系包含 6 项一级指标、20 项二级指标、52 项三级指标，其中客观指标 34 项，具有较强的可操作性。

三、我国智慧城市发展评价指标的赋权方法

评价已经广泛深入到社会、经济发展的各个方面，在经济管理活动中，评价方法更是得到了广泛的应用。随着管理理论和数学理论的不断发展，评价方法也从单一指标评价发展到多指标综合评价，从定性评价发展到定量的模型化评价。近年来，围绕着多指标综合评价，其他领域的相关知识不断渗入，使得多指标综合评价方法不断丰富，有关这方面的研究也不断深入。目前国内外提出的综合评价方法已有几十种之多，但总体上可归为两大类：主观赋权评价法和客观赋权评价法。前者多是采取定性的方法，由专家根据经验进行主观判断而得到权数，如层次分析法、模糊综合评判法等；后者根据指标之间的相关关系或各项指标的变异系数来确定权数，如灰色关联度法、主成分分析法等。

（一）我国智慧城市发展评价指标的主观赋权方法

1. 专家调查打分法

专家调查打分，即向专家发函，征得同意后，按专家要求组织必要的调查，然后分别征询专家根据评价目标及评价对象的特征，对评价指标设计的意见，经修改后赋权，然后进行统计处理，并反馈咨询结果。经过多轮咨询后，确定具体的评价指标体系及其权数。优点在于能够把各位专家的意见和分歧表达出来；缺点在于主观性强、研究过程较长。专家调查打分法的关键在于筛选出高水平的专家并激励其进行指标评价赋权。

2. 层次分析法

层次分析法（analytical hierarchy process, AHP）是一种定性分析和定量分析相结合的评价方法。基本过程为：①层次结构模型。先确定评价的目标，再明确方案评价的准则，然后把目标、评价准则连同行动方案一起构造一个层次结构模型。②因素两两比较评分和判断矩阵。层次结构模型做出之后，评价者对各风险因素进行两两比较评分。经评分可得若干两两判断矩阵。③计算各判断矩阵权重、排序，并做一致性检验。层次分析法的优点有三个：一是能进行系统性的分析。层次分析法中每一层的权重设置最后都会直接或间接影响结果，而且在每个层次中的每个因素对结果的影响程度都是量化的，非常清晰、明确。二是简洁实用。定性方法与定量方法有机结合，使复杂的系统分解，计算简便，并且所得结果简单明确。三是所需定量数据信息较少。层次分析法把判断各要素的相对重要性的步骤留给了大脑，只保留人脑对要素的印象，化为简单的权重进行计算，能处理许多用传统的最优化技术无法着手的实际问题。层次分析法的缺点在于：一是不能为决策提供新方案。层次分析法的作用是从备选方案中选择较优者，只能从原有方案中进行选取，而不能为决策者提供解决问题的新方案。二是定量数据较少，定性成分多，不易令人信服。层次分析法是一种带有模拟人脑的决策方式的方法，因此必然带有定性色彩，较多地取决于个人的经验。三是指标过多时，数据统计量大，且权重难以确定。

3．模糊综合评判法

模糊综合评判（fuzzy comprehensive evaluation）就是以模糊数学为基础，应用模糊关系合成的原理，将一些边界不清、不易定量的因素定量化，进行综合评价的一种方法。它是模糊数学在自然科学领域和社会科学领域中应用的一个重要方面。模糊综合评判法的优点在于，一是隶属函数和模糊统计方法为定性指标定量化提供了有效的方法，实现了定性和定量方法的有效集合；二是在客观事物中，一些问题往往不是绝对的肯定或绝对的否定，涉及模糊因素，而模糊综合评判方法则很好地解决了判断的模糊性和不确定性问题；三是所得结果为一向量，即评价集在其论域上的子集，克服了传统数学方法结果单一性的缺陷，结果包含的信息量丰富。模糊综合评判法的缺点在于不能解决评价指标间相关造成的评价信息重复问题；各因素权重的确定带有一定的主观性；在某些情况下，隶属函数的确定有一定困难。尤其是多目标评价模型，要对每一目标、每个因子确定隶属度函数，过于烦琐，实用性不强。

（二）我国智慧城市发展评价指标的客观赋权方法

1．主成分分析法

主成分分析法是一种数学变换的方法，它把给定的一组相关变量通过线性变换转成另一组不相关的变量，这些新的变量按照方差依次递减的顺序排列。在数学变换中保持变量的总方差不变，使第一变量具有最大的方差，称为第一主成分，第二变量的方差次大，并且和第一变量不相关，称为第二主成分。依次类推，k 个变量就有 k 个主成分。

主成分分析法的优点包括：一是根据评价指标中存在着一定相关性的特点，用较少的指标来代替原来较多的指标，并使这些较少的指标尽可能地反映原来指标的信息，从根本上解决了指标间的信息重叠问题，又大大简化了原指标体系的指标结构；二是各综合因子的权重不是人为确定的，而是根据综合因子的贡献率的大小确定的。克服了某些评价方法中人为确定权数的缺陷，使得综合评价结果唯一，而且客观合理。主成分分析法的缺点在于：计算过程比较烦琐，且对样本量的要求较高；评价的结果跟样本规模有关系；主成分分析法假设指标之间的关系都为线性关系，但在实际应用时，若指标之间的关系并非为线性关系，就有可能导致评价结果的偏差。

2．灰色关联度分析法

灰色关联度分析（gray relational analysis）是基于灰色系统理论针对少数据且不明确的情况下，利用既有数据所潜在之信息来白化处理，并进行预测或决策的方法。灰色关联度分析的基本原理：灰色关联度分析认为若干个统计数列所构成的各条曲线几何形状越接近，即各条曲线越平行，则它们的变化趋势越接近，其关联度就越大。因此，可利用各方案与最优方案之间关联度的大小对评价对象进行比较、排序。该方法首先是求各个方案与由最佳指标组成的理想方案的关联系数矩阵，由关联系数矩阵得到关联度，再按关联度的大小进行排序、分析，得出结论。

灰色关联度分析的优点在于计算简单，通俗易懂，数据不必进行归一化处理，可用原始数据进行直接计算。此外，无需大量样本，也不需要经典的分布规律，只要有代表性的少量样本即可。灰色关联度分析的缺点包括：①现在常用的灰色关联度量化模型所求出的关联度总为正值，这不能全面反映事物之间的关系，因为事物之间既可以存在正相关关系也可以存在负相关关系。而且存在负相关关系的时间序列曲线的形状大相径庭，若仍采用常用的关联度模型，必将得出错误的结论。②目前建立各种灰色关联度量化模型的理论基础很狭隘，单纯从比较曲线形状的角度来确定因素之间的关联程度是不合适的。总的来说目前的“规范性”准则不够全面、准确，应该进行修正。③该方法不能解决评价指标间相关造成的评价信息重复问题，因而指标的选择对评判结果影响很大。

3. 人工神经网络评价法

人工神经网络也简称为神经网络，是一种模仿动物神经网络行为特征，进行分布式并行信息处理的算法数学模型。这种模型依靠系统的复杂程度，通过调整系统内部大量节点之间相互连接的关系，达到处理信息的目的。人工神经网络具有自学习和自适应的能力，可以通过预先提供的一批相互对应的输入一输出数据，分析掌握两者之间潜在的规律，最终根据这些规律，用新的输入数据来推算输出结果，这种学习分析的过程被称为“训练”。人工神经网络是由大量处理单元互联组成的非线性、自适应信息处理系统。它是在现代神经科学研究成果的基础上提出的，试图通过模拟大脑神经网络处理、记忆信息的方式进行信息处理。

人工神经网络评价法的优点包括：①并行分布性处理。因为人工神经网络中的神经元排列并不是杂乱无章的，往往是分层或以一种有规律的序列排列，信号可以同时到达一批神经元的输入端，这种结构非常适合并行计算。同时如果将每一个神经元看作是一个小的处理单元，则整个系统可以是一个分布式计算系统，这样就避免了以往的“匹配冲突”、“组合爆炸”和“无穷递归”等问题，推理速度快。②可学习性。一个相对很小的人工神经网络可存储大量的专家知识，并且能根据学习算法，或者利用样本指导系统来模拟现实环境（称为有教师学习），或者对输入进行自适应学习（称为无教师学习），不断地自动学习，完善知识的存储。③容错性。由于采用大量的神经元及其相互连接，具有联想记忆与联想映射能力，可以增强专家系统的容错能力，人工神经网络中少量的神经元发生失效或错误，不会对系统整体功能带来严重的影响。而且克服了传统专家系统中存在的“知识窄台阶”问题。④泛化能力。人工神经网络是一类大规模的非线形系统，这就提供了系统自组织和协同的潜力。它能充分逼近复杂的非线形关系。当输入发生较小变化时，其输出能够与原输入产生的输出保持相当小的差距。⑤具有统一的内部知识表示形式，任何知识规则都可以通过对范例的学习存储于同一个神经网络的各连接权值中，便于知识库的组织管理，通用性强。人工神经网络评价法的主要缺点包括：①没有能力解释自己的推理过程和推理依据；②神经网络不能向用户提出必要的询问，而且当数据不充分的时候，神经网络就无法进行工作；③神经网络把一切问题的特征都变为数字，把一切推理都变为数值计算，其结果势必是丢失信息；④神经网络的理论和学习算法还有待于进一步完善和提高。

上述评价方法优缺点比较如表 6.16 所示。

表6.16　评价方法优缺点比较表

类别	名称	优点	缺点
主观赋权法	调查和专家打分法	能充分发挥各位专家的作用，集思广益，准确性高； 能把各位专家的意见和分歧点表达出来，取各家之长	评价取决于各位专家的经验，主观性强； 研究过程较长，效率不高
	层次分析法	每一层的权重设置最后都会直接或间接影响到结果，清晰、明确； 定性方法与定量方法有机地结合，计算简便； 所需定量数据信息较少	不能为决策提供新方案； 定量数据较少，定性成分多，不易令人信服； 指标过多时数据统计量大，且权重难以确定
	模糊综合评判法	实现了定性和定量方法的有效集合； 解决了判断的模糊性和不确定性问题； 克服了传统数学方法结果单一性的缺陷，结果包含的信息量丰富	不能解决评价指标间相关造成的评价信息重复问题； 各因素权重的确定带有一定的主观性； 在某些情况下，隶属函数的确定有一定困难
客观赋权法	主成分分析法	解决了指标间的信息重叠问题，大大简化了原指标体系的指标结构。 各综合因子的权重根据综合因子的贡献率的大小确定，客观合理	主成分分析法的计算过程比较烦琐，且对样本量的要求较大； 主成分分析法是根据样本指标来进行综合评价的，所以评价的结果跟样本量的规模有关系； 主成分分析法假设指标之间的关系都为线性关系，可能导致评价结果的偏差
	灰色关联度分析法	灰色关联度综合评价法计算简单，通俗易懂； 灰色关联度法无需大量样本，计算简便	现在常用的灰色关联度量化模型所求出的关联度总为正值，不能全面反映事物之间的关系； 目前建立各种灰色关联度量化模型的理论基础很狭隘； 该方法不能解决评价指标间相关造成的评价信息重复问题
	人工神经网络评价法	并行分布性处理； 可学习性； 鲁棒性和容错性； 泛化能力； 具有统一的内部知识表示形式	没有明确的推理过程和推理依据； 对数据的充分性要求较高； 计算过程中存在信息丢失； 理论和学习算法还有待于进一步完善和提高

其他还有 TOPSIS 评价法、蒙特卡罗模拟评价法，数据包络分析（data envelopment analysis, DEA）评价法等。从以上综述可以看出，不同的评价方法各有优缺点，需要根据数据分析的目的和数据本身的特点进行选择。根据本项目的特点，适合选择层次分析法确定权重。

参考文献

艾建国，陈泓冰，鲁璐 . 2011. 武汉城市圈城市发展水平与差异研究 . 统计与决策，(19): 84-86.

长勤 . 2010. 五种战略模式促动城市发展 . 科技与企业，(10): 60-61.

蔡进军 . 2011. 武汉市推进“智慧城市”建设的重点取向及思路选择 . 长江论坛，(6): 30-32.

陈宝国 . 2010-7-30. 智慧新城建设先要服务于民 . 佛山日报 .

陈宏伟，闫辉 . 2006. 数字化社区建设框架研究 . 金融理论与教学，(1): 25-29.

陈柳钦 . 2011. 智慧城市：全球城市发展新热点 . 青岛科技大学学报：社会科学版，(1): 8-16.

陈淑英 . 2008. 论城市信息化评估体系的建构和应用 . 上海：复旦大学硕士学位论文 .

陈田 . 1987. 我国城市经济影响区域系统的初步分析 . 地理学报，42(4): 308-318.

陈文科 . 1999. 中国区域特色经济发展模式比较 // 中共湖北省委办公厅，湖北省人民政府办公厅，湖北省社科院 . 湖北 21 世纪特色经济研究 . 武汉：湖北省人民出版社 .

陈旭梅 . 2007. 智能运输系统 . 北京：中国铁道出版社 .

崔婷婷 . 2012. 智慧城市建设重在制度 . 中国经济和信息化，(4): 79-80.

邓贤锋 . 2010.“智慧城市”评价指标体系研究 . 发展研究，(12): 111-116.

董雷，何世伟 . 2005. 区域物流信息平台的构建研究 . 物流科技，(7): 25-40.

樊博 . 2005. 政务智能：政府主动服务模式的决策支持技术 . 重庆：重庆大学出版社 .

方创琳，毛汉英 . 1999. 区域发展规划指标体系建立方法探讨 . 地理学，54(5): 410-419.

费孝通 . 1995. 农村 小城镇 区域发展 —— 我的社区研究历程再回顾 . 北京大学学报（哲学社会科学版），(2): 4-14.

冯伟 . 2010. 城市发展模式研究：以我国副省级城市为例 . 产经评论，7(4): 112-121.

符玉润 . 2010-9-27. 物联让城市智慧 . 光明日报 .

高玲玲，卢杰民，胡剑瑛 . 2009. 智慧驱动城市变革 ——“十二五”智慧浦东初探 . 上海信息化，12: 33-35.

高新民 . 2011-5-21. 智慧城市不仅仅是个帽子 . 中国经济导报 .

辜胜阻，王敏 . 2012. 智慧城市建设的理论思考与战略选择 . 中国人口资源与环境，(5): 74-80.

顾朝林 . 2011. 转型发展与未来城市的思考 . 城市规划，(11): 23-34.

关白 . 2000. 开放型经济理论与实务 . 北京：北京理工大学出版社 .

韩世友 . 2007. 中国城市经营学 . 价值中国 . http://www.chinavalue.net/BookSerialise/BookSeriaNo.

aspx?bookid=38[2013-12-20].
何东 . 2012. 智慧城市创新发展模式和策略探讨 . 信息通信 , (1): 265-266.
何一民 , 范瑛 , 付春 . 2005. 中国城市发展模式研究 . 社会科学研究 , (1): 49-54.
贺东林 . 2012. 智慧让城市腾飞 —— eCity 智慧城市解决方案研讨 . http://wenku.baidu.com/view/5d3bf6721711cc7931b7163c.html[2012-12-20].
黑格尔 . 1959. 精神现象学（第 1 卷）. 贺麟 , 王玖兴译 . 北京 : 商务印书馆 .
胡求光 , 汪浩瀚 . 2008. 基于长三角差异分析的宁波市场化水平测度 . 浙江学刊 , (1): 173-177.
胡蓉 , 夏洪胜 . 2012. 我国建设智慧城市的瓶颈及对策分析 . http://www.docin.com/p-687137702.html[2012-12-20].
胡小明 . 2011. 从数字城市到智慧城市资源观念的演变 . 电子政务 , (8): 47-56.
黄南 , 李程骅 . 2008. 副省级城市经济发展水平比较与实证分析 . 珠江经济 , (9): 83-91.
纪晓岚 . 2002. 论城市本质 . 北京 : 中国社会科学出版社 .
贾瑞霞 . 2012. 欧盟建设智慧城市动因分析 . http://ies.cass.cn/Article/cbw/ozkj/201204/4986.asp[2012-4-17].
康就升 . 1990. 中国城市化道路研究概述 . 学术界动态 , (6): 56-59.
兰惠 . 2013. 城镇化推进过程中面临的三大突出问题. http://news.ccidnet.com/art/1032/20130810/5117077_1.html[2013-8-10].
李伯重 . 2001. 工业发展与城市变化 ：明中叶至清中叶的苏州（上）. 清史研究 , (3): 9-22.
李继刚 . 2011. 智慧城市与融合服务 . http://www.zh-bj.cn/upload/lijigang.pdf[2012-12-20].
李健 , 张春梅 , 李海花 . 2012. 智慧城市及其评价指标和评估方法研究 . 电信网技术 , (1): 1-5.
李亮 . 2012. 浅析欧洲中小智慧城市建设 . 北华航天工业学院学报 , 22(1): 46-47.
李农 . 2009. 中国城市信息化发展与评估 . 上海 : 上海交通大学出版社 .
李庆钧 . 2010. 基于参与式治理理论的城市规划模式 . 城市问题 , (7) : 86-91.
李晓楠 . 2008. 科学发展观与发展道路、发展模式、发展战略 . 中共云南省委党校学报 , (1): 52-55.
李迅 . 2008. 关于中国城市发展模式的若干思考 . 城市 , (11): 23-33.
李重照 , 刘淑华 . 2011. 智慧城市 ：中国城市治理的新趋向 . 电子政务 , (6): 13-18.
李庄 . 2006. 论我国城市化战略模式的选择 . 求实 , (12): 61-64.
梁金兰 . 2012. 宁波建设“智慧城市”的路径探析 . 北方经济 , (4): 57-58.
廖瑾 . 2012. 来自“智慧首尔 2015”的启示 . 上海信息化 , (1): 21-23.
刘凤朝 , 潘雄锋 , 孙玉涛 . 2007. 我国 15 个副省级城市产业结构分析 —— 基于大连的视角 . 经济地理 , 27(1): 112-116.
刘金祥 . 2012. 城市文明与精神气质 . http://www.housebook.com.cn/201210/03.htm[2012-10-01].
刘奇 . 2013. 中国城市化干得好成欧美，干不好成拉美 . http://theory.people.com.cn/n/2013/0709/c83865-22134655.html[2013-7-9].
刘歧 , 张跃庆 , 梅保华 . 1990. 城市学 . 北京 : 北京燕山出版社 .
刘艳军 , 李诚固 , 孙迪 . 2006. 区域中心城市城市化综合水平评价研究 —— 以 15 个副省级城市

为例 . 经济地理 , 26(3): 225-229.
骆小平 . 2010.“智慧城市”的内涵论析 . 城市管理与科技 , (6): 34-37.
马军 , 刘军 . 2005. 电子化物流协同作业信息交换平台构建及经济分析 . 物流技术 , (10): 260-263.
马克思 , 恩格斯 . 1972. 马克思恩格斯全集（第八卷）. 北京 : 人民出版社 .
苗新 , 张恺 , 陈希 . 2009. 建设智能电网的发展对策 . 智能电力建设 , (6): 51-56.
倪金生 , 赵明伟 . 2008. 数字城市 . 北京 : 电子工业出版社 .
宁波市智慧城市规划标准发展研究院 , 浙大—国脉智慧城市研究中心 . 2011. 智慧城市发展水平评估研究报告（征求意见稿）.
牛文元 . 2010. 智慧城市与数字社会 . 百度文库. http://wenku.baidu.com/view/13704836a32d7375a4178057.html[2010-9-25].
潘什梅尔 . 1980. 法国 . 叶闻法译 . 上海 : 上海译文出版社 .
戚路辉 , 肖大威 , 杨思声 . 2012. 城市规划管理中政府与市场职责划分的探讨 . 华中建筑 , (2): 130-132.
钱大群 . 2009. 建设“智慧型”基础设施 . 瞭望 , (9): 95.
乔尔 • 科特金 . 2010. 全球城市史 . 王旭译 . 北京 : 社会科学文献出版社 .
饶旭鹏 , 刘海霞 . 2010. 论城市信息化及其经济社会影响 . 理论月刊 , (10): 96-98.
单文慧 . 1998. 城市发展的内涵与驱动力 . 城市发展研究 , (2): 19-21.
上海浦东智慧城市发展研究院，中科院上海高等研究院，智慧城市信息技术有限公司 . 2012. 智慧城市评价指标体系 1.0. http://www.pdxxh.gov.cn/pdxxh2010/content-101-5195.html[2012-5-20].
沈斌 , 刘渊 . 2011. 物联网应用的安全与隐私问题审视 . 自然辩证法通讯 , 33(6): 77-83.
史文勇 , 李琦 . 2006. 数字城市 : 智能城市的初级阶段 . 地学前缘 , (3): 35-39.
孙钰 , 李泽涛 , 姚晓东 . 2011. 城市发展新机遇的选择 —— 低碳城市模式探析 . 生态经济 , 5(238): 59-62.
汪洪涛 . 2005. 城市发展模式比较研究 . 统计研究 , (11): 69-72.
王桂新 , 沈建法 . 2002. 中国地级以上城市综合竞争力研究 . 复旦学报（社会科学版）, 3: 69-77.
王世福 . 2012. 智慧城市研究的模型构建及方法思考 . 规划师 , (4): 19-23.
王天民 . 2011. 城市信息化测评指标体系的设计与应用 . 北京 : 北京邮电大学硕士学位论文 .
王喜 , 范况生 , 杨华 , 等 . 2007. 现代城市管理新模式 : 城市网格化管理综述 . 人文地理 , (3): 116-119.
王兴军 . [2011-12-2]. 从概念到实践 , 智慧城市建设初探 . 太极计算机股份有限公司报告 .
王兆进 , 王凯 , 冯东雷 . 2012. 智慧城市发展趋势及案例 . 软件产业与工程 , (2): 18-24.
魏文翠 . 2012. 论城市公共管理模式与方式的创新 . 经营管理者 , (3): 41.
邬贺铨 , 默罕默德 • 苏韦勒 , 等 . 2010-10-11. 网络技术与智慧城市 . 解放日报 .
巫细波 , 杨再高 . 2010. 智慧城市理念与未来城市发展 . 城市发展研究 , 17(11): 56-60.
吴桂珍 . 2006. 中国区域经济发展水平与差距的实证研究 . 长春 : 吉林大学博士学位论文 .
吴伟萍 . 2008. 城市信息化战略理论与实证 . 北京 : 中国经济出版社 .

吴义杰 . 2006. 基于复杂系统理论与方法的数字化城市建设 . 北京 : 中国电力出版社 .
谢开 , 刘永奇 , 朱治中 . 2008. 面向未来的智能电网 . 中国电力 , (6): 52-58.
谢文惠 , 邓卫 . 2008. 城市经济学 . 北京 : 清华大学出版社 : 72.
修文群 . 2010. 数字化城市管理 . 北京 : 中国人民大学出版社 .
许继楠 . 2011-11-21. 智慧城市从顶层设计开始 . 中国计算机报 .
亚里士多德 . 1995. 形而上学 . 吴寿彭译 . 北京 ：商务印书馆 .
阎小培 , 林彰平 . 2004. 20 世纪 90 年代中国城市发展空间差异变动分析 . 地理学报 , 59(3): 437-445.
杨红 . 2010. 基于城市本质的认识对未来城市发展理念的思考 . 现代经济（现代物业中旬刊）, (2): 13, 41-42.
杨红艳 . 2012.“智慧城市”的建设策略 ：对全球优秀实践的分析与思考 . 电子政务 , (01): 81-88.
杨靖 . 2011-9-14. 宁波 ：巧用财政投入 建设智慧城市 . 科技日报 .
叶舒婷 , 陈可嘉 . 2010. 宁德与宁波经济发展比较研究．综合竞争力 , (3): 43-49.
尤建新 . 2006. 城市定义的发展 . 上海管理科学 , (3): 67-69.
于明 , 李颐 . 2011. 智慧城市四路径 . 中国经济和信息化 , 9(18).
余红艺 . 2012. 智慧城市 ：愿景、规划与行动策略 . 北京 : 北京邮电大学出版社 .
余少华 . 2010-10-8. 建设智慧城市是提高我国综合竞争力的战略选择 . 科技日报 .
云学峰 . 2011. 公共治理视角下的城市社区管理模式研究 —— 以呼和浩特市为例 . 呼和浩特 : 内蒙古大学硕士论文 .
曾芬芳 . 1997. 虚拟现实技术 . 上海 : 上海交通大学出版社 .
曾海鹰 . 2008. 欠发达地区开放型经济发展动力研究 . 经济管理出版社 .
翟宝辉 . 2009. 厘清城市管理的概念 构建城市综合管理体制 . 城市管理与科技 , (6): 16-20.
张飞相 , 陈敬良 . 2011. 国外城市转型的趋势及经验借鉴 . 企业经济 , (5): 137-139.
张进洁 . 2012. 智慧城市开发模式研究 . http://www.cnblogs.com/luspa/archive/2012/03/02/2377288.html[2012-03-02].
张敬淦 . 2007. 节约型城市与北京城市发展 . 城市问题 , 12(149): 3-7.
张陶新 , 杨英 , 喻理 . 2012. 智慧城市的理论与实践研究 . 湖南工业大学学报（社会科学版）, (1): 1-7.
张永民 , 杜忠潮 . 2011. 我国智慧城市建设的现状及思考 . 中国信息界 , (2): 28-32.
张永民 . 2011. 智慧城市总体方案 . 中国信息界 , (3): 12-21.
张志强 . 2009. 城市增长的时空演进规律研究 . 天津 : 南开大学博士学位论文 .
赵刚 . 2012. 关于智慧城市建设的理论思考 . 中国信息界 , (5): 20-22.
赵全军 , 夏以群 . 2012. 加快创建智慧城市需要深入研究解决的若干问题 . 宁波经济 , (2): 8-10.
郑国 . 2009. 国内外数字化城市管理案例 . 北京 : 中国人民大学出版社 .
郑皓 , 蓝运超 , 范凌云 . 2001. 浅谈虚拟现实技术及其在城市规划中的应用 . 武汉大学学报（工学版）, (6): 45-50.
郑立明 . 2011. 关于建设智慧城市的战略思考 . 现代管理科学 , (8): 66-68.

中国城市经济学会 . 2001. 中国城市经济学会推出中国城市经济社会综合指标体系 . 中国城市经济 , (5): 8-11.

中国大城市社会发展综合评价指标体系研究课题组 . 2001. 构建中国大城市社会发展综合评价指标体系的背景和依据 —— 中国大城市社会发展综合评价指标体系研究报告之一 . 城市 , (4): 16-19.

中国大城市社会发展综合评价指标体系研究课题组 . 2002. 中国大城市社会发展综合评价指标体系的框架设计、指标遴选及测试与确定 —— 中国大城市社会发展综合评价指标体系研究报告之二 . 城市 , (1): 45-47.

中国电信上海研究院 . 2011. 中国电信助力上海智慧城市建设. http://wenku.baidu.com/view/14f4af146c175f0e7cd1377b.html[2012-12-20].

周一星 , 张莉 , 武悦 . 2001. 城市中心性与我国城市中心性的等级体系 . 地域研究与开发 , 20(4): 1-5.

AL-Hader M. 2009. The smart city infrastructure development & monitoring. Theoretical and Researches in Urban Management, 2(11): 87-94.

Balch O. 2013. Smart Cities: How to Build Sustainable Urban Environments?. The Guardian.

Bastelaer B. 1998. Digital cities and transferability of results. Proceedings of the 4th EDC Conference on Digital Cities. New York: ACM Press: 61-70.

Besselaar P V D, Beckers D. 1998. Demographics and sociographics of the digital city. Community Computing and Support Systems. Berlin: Springer Verlag: 108-124.

Chourabi H. 2012. Understanding smart cities: an integrative framework. 45th Hawaii International Conference on System Sciences.

Friedmann J. 2002. The Project of Cities. Minneapolis: University of Minnesota Press.

Fu B, Zhou C Y. 2012. Smart city ——a new mentality for resource-based cities’ sustainable development. International Conference on Information and Computer Applications.

Fujita P R M, Venables A.1999. The Spatial Economy: Cities, Regions, and International Trade. Cambridge: MIT Press.

Giffinger R, Fertner C, Kramar H, et al. 2007. Smart Cities-Ranking of European Medium-Sized Cities. Vienna University of Technology, Vienna, Austria.

Han J, Kamber M. 2001. Date Mining: Concepts and Techniques. Beijing: Higher Education Press: 145-178.

Heidegger M, Gasamtausgabe Bd. 1984. Grundfragen der Philosophie：Ausgewählte“Probleme”der “Logik”. Frankfurt am Main: Vittorio Klostermann.

Howard E. 1965. Garden Cities of Tomorrow. Cambridge: MIT Press.

http://www.theguardian.com/sustainable-business/smart-cities-sustainable-urban-environments[2013-12-20].

IBM 公司 . 2010. 智慧的城市在中国 . www.ibm.com/cn [2012-5-24].

IBM 商业价值研究院 . 2009. 智慧地球 . 北京 : 东方出版社 .

IEEE Architecture Working Group. 1998. IEEE Recommended Practice for Architectural Description. IEEE Std. 1471, Draft Version 3.0.

Intelligent Community Forum. 2012. Intelligent Community Indicators.

https://www.intelligentcommunity.org/index.php?src=gendocs&ref=Research_Intelligent_Community_Indicators&category=Research[2012-5-24].

Ioannides Y M, Overman H G ,Hansberg E R , et al. 2008. The effect of information and communication technologies on urban structure. Economic Policy, 23(54): 201-242.

Ishida T. 2002. Digital city Kyoto. Communications of the ACM, 7(45): 76-81.

Kuk G, Janssen M. 2011. The business models and information architectures of smart cities. Journal of Urban Technology, 18(2): 39-52.

Mahizhnan A. 1999. Smart cities: The Singapore case. Cities, 1(16): 13-18.

Naphade M, Banavar G, Harrison C, et al. 2011. Smarter cities and their innovation Challenges. Computer, 44(6), 32-39.

National Intelligence Council. 2012. Global Trends 2030: Alternative Worlds.

http://www.globalsecurity.org/intell/library/reports/2012/global-trends_2030.pdf[2012-12-20].

Oppenheim N. 1980. Applied Models in Urbanand Regional Analysis. New Haven, Connecticut: Yale University Press.

Paskaleva K A. 2011. The smart city: a nexus for open innovation? Intelligent Buildings, 2(11): 65-74.

Richardson H W. 1973. Regional Growth Theory. New Haven: Yale University Press.

Sairamesh J, Lee A, Anania L. 2004. Introduction. Special Issue: Information Cities, Communications of the ACM. New York: ACM Press, 2(47).

Santa Fe Institute. 2013. Cities Are a New Kind of Complex System: Part Social Reactor, Part Network. Science Newsline. http://www.sciencenewsline.com/articles/2013062018310036.html[2013-6-20].

Schaffers H, Komninos N. 2011. Smart cities and the future internet: towards cooperation frameworks for open innovation. Future Internet Assembly, 3(10): 431-446.

Winters J V. 2011. Why are smart cities growing? Who moves and who stays. Journal of Regional Science, 51(2): 253-270.

后 记

利用智慧技术，建设智慧城市，是当今世界城市发展的趋势和特征。智慧城市是以互联网、物联网、电信网、广电网、无线宽带网等网络组合为基础，以智慧技术高度集成、智慧产业高端发展、智慧服务高效便民为特征的城市发展新模式。早在三年前，宁波抢抓科技创新革命和信息产业浪潮的重大机遇，率先启动智慧城市建设，并把加快创建智慧城市作为“十二五”时期“六个加快”战略之一，以信息化提升工业化、市场化、城市化、国际化水平，以智慧城市建设助推创新发展、转型发展。

三年来，在国家有关部委、中国科学院、中国工程院及浙江省委、省政府的关心支持下，宁波注重加强信息资源的整合共享与开发利用，统筹推进智慧基础设施、智慧应用体系、智慧产业基地和居民信息应用能力建设，走出了一条富有宁波特色的智慧城市建设之路，先后被评为中国“智慧城市领军城市”和“2012 中国智慧城市推进十强城市”，荣获“2011 中国城市信息化卓越成就奖”、“2013 中国智慧城市推进杰出成就奖”等重要奖项。

按照“大网络、大数据、大平台、大共享”的思路，推进网络与通信基础设施、基础数据库系统和政务云计算中心等智慧基础设施建设。全市互联网宽带接入用户已达 220 余万户，光网覆盖家庭户数累计 185 余万户；互联网城域出口带宽已超过 1200G；3G 无线宽带网络已覆盖城区，具有 3G 业务的用户数量达到 200 万户；建成热点 7200 个，AP54 000 个，无线网络已初步覆盖机场、车站、学校、酒店、中央商务区等重要公共场所。

同时，三大基础数据库建设进展顺利，人口基础数据库实现了公安、人社、教育、卫生、计生、民政6个部门人口数据的有效整合；法人单位基础数据库采集了27万家法人单位的有效信息；自然资源和空间地理基础数据库共享交换平台建成投用，与市级16个部门21个系统实现了数据共享。

按照“试点先行、示范带动、资源整合、稳步推进”的思路，推进城市管理、民生服务等领域的智慧应用体系建设。在智慧健康保障体系方面，建成千兆裸光纤骨干网络及统一的数据中心和区域卫生医疗信息平台，完成下属5个区（市）、370万份电子健康档案、1.3亿条数据的梳理，建成37家数字化社区卫生服务中心、8个区域影像系统和3个区域临检系统，实现优质医疗资源的有效整合。在智慧城管体系方面，引入智能管控技术，共有309家单位纳入城市管理网络协同范围，“市级监督考核，区级受理指挥，网络协同处置”的城市管理体系基本形成。在智慧交通体系方面，逐步构筑起智慧交通状态感知与交换、智慧运输、智慧交通网管理、智慧港航物流信息服务、智慧交通运行调控指挥与协同、智慧化交通出行服务六大体系，推动“数字交通”向“智慧交通”的转变。

按照“开发一个系统，引进一个团队，推出一批产品，培育一个产业”的思路，推进宁波国家高新区智慧软件研发推广产业基地、宁波保税区液晶光电智慧产业基地、宁波杭州湾新区智慧装备研发制造基地三大智慧产业基地建设。目前已引进IBM、微软、百度等知名软件与服务外包企业，25家企业入选全国企业信息化500强；贝发、雅戈尔、奥克斯等多家企业获评全国首批最佳信息化实践标杆企业，形成了液晶光电、电子商务、行业应用软件、智慧行业应用软件、影视动漫、金融后台及数据中心等一批智慧产业集群。

建设智慧城市是一个全新的课题，是一个不断探索、不断完善的过程。智慧城市建设紧抓一步就能先人一步，就能抢占城市未来发展的制高点。通过承担国家软科学研究计划重大课题——《我国智慧城市建设若干关键问题研究》，我们进一步拓宽了智慧城市建设的思路眼界，厘清了智慧城市建设的实践路径。在历时两年的研究过程中，课题组全体成员投入了大量的心血，课题评审专家提出了许多富有创意的建议，科技部、工信部、中国工程院及浙江省、宁波市有关部门和高校给予了鼎力支持和帮助，在此一并深表谢意。

限于研究水平，该书难免有欠妥之处，恳请读者批评指正。

《我国智慧城市建设若干关键问题研究》课题组组长

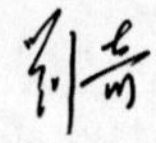

2013年12月于宁波